Q&A
隣地・隣家
に関する
法律と実務

相隣・建築・私道・時効・筆界・空き家

司法書士　末光 祐一 著

日本加除出版株式会社

推薦のことば

　司法書士業務の核は「登記手続の代理」であり，現在に至るまで，不動産に関する専門家として不動産登記取引の安定，制度の健全化に寄与してきた。また，それとともに司法書士はこれまで市民に「身近なくらしの中の法律家」として，裁判書類作成，簡裁訴訟代理，成年後見等を通じて，市民の生活に関わる紛争の解決や予防等の法的支援を行ってきた。今後も多種多様な事件に関する法的支援を担うべく，より一層研鑽を積んでいかなければならない。

　隣地・隣家に関するトラブルは，身近な生活に関する問題である。境界（筆界）トラブル，建築トラブル，通行など，様々な問題が生じた際，司法書士は「身近なくらしの中の法律家」として対応することができる法知識が不可欠であり，十分な準備があれば紛争予防にもつながる。

　また，現在顕著化している空き家問題も社会的に関心の高い課題だといえる。空き家問題の解決にも，司法書士は不動産に関する専門家として，その周辺知識や法改正等の動向を注視し，知識を活かしていく必要がある。平成26年11月27日には「空家等対策の推進に関する特別措置法」（空家特措法）が公布され，平成27年5月26日に全面施行されたことにより，「特定空家等」として勧告を受けたものは固定資産税について住宅用地の特例措置を受けられなくなる。社会がこの空き家問題の解決を求めており，司法書士はこの問題解決に対処すべき重責を担っていると考えられる。

　本書は，隣地・隣家関連の法規に精通し，土地家屋調査士資格も有する著者が，実践的に対応を解説しており，司法書士が実務を行ううえで必携の書である。司法書士が関連する様々な法規に精通することで，社会の安定に貢献できることを願い，本書を推薦する。

平成28年6月

日本司法書士会連合会

会長　三河尻　和　夫

は　し　が　き

　不動産を購入する際，物件の権利関係の他，境界線，ライフラインの引き込み，建築基準法関連を確認する必要があり，それらは専門的な知識を要する。また，後日，隣地との間で相隣関係，境界線，通行権などの問題が生じることもある。

　筆境界線に関するプロである土地家屋調査士等と同様に，司法書士は不動産に関するプロであり，依頼者はプロとしての手続代理や助言を期待している。隣地・隣家に関する諸問題は市民に最も身近に起こり得る法律問題であり，司法書士が，登記業務，簡裁訴訟等代理等関係業務，裁判書類作成関係業務，後見業務等を通じて，くらしの法律家として期待に応えるには，周辺法規の知識は実務上不可欠である。

　なお，現在空き家問題が顕著化しており，2013年の日本の空き家数は820万戸，空き家率は13.5パーセントを記録しており（平成25年総務省調査），喫緊の課題に対処するため，「空家等対策の推進に関する特別措置法」（空家特措法）が施行された。

　戦後は市街地を無秩序に広げ，そこに再利用が難しい住宅が大量に建てられたが，一転して人口減少時代に入ると，条件の悪い住宅から引き継ぎ手がなくなり，放置されるようになった。都心部でも東京の木造住宅密集地域などでは，建てられた時点では適法でも，現在の法令では違法状態で再建築できない土地の場合，空き家となり，そのまま放置されている。

　また，空き家問題に限らず，耕作放棄農地や管理放棄森林など，所有者の所在の把握が難しい土地の問題も全国的に，各種復興，公共事業等に悪影響を及ぼしている。

　司法書士は相続人の探索，登記手続などをもって現在の放置された空き家問題，所有者の所在の把握が難しい土地の問題の解消に，遺憾なく力を発揮する必要がある。

　本書は，隣地・隣家，所有者の所在の把握が難しい土地，建物，相隣関係，建築基準と私道，占有権と取得時効，筆界特定，空き家とに項目を分けて解

iii

は　し　が　き

説した。随所に判例，先例，実例の要旨を掲載しているが，実際の実務への適用に関しては，できるだけ原典に当たっていただくことを希望する。

　本書が今後，隣地・隣家に関する法律実務において司法書士のみならず，様々な実務家にとって有益かつ実用的な書籍として社会に貢献することができるものとなれば，著者として望外の喜びである。

　最後に本書の出版に当たり，多くのアドバイスを頂いた日本司法書士会連合会理事の今川嘉典氏，同執務調査室執務部会長の中久保正晃氏，並びに日本土地家屋調査士会連合会副会長の岡田潤一郎氏，そして，企画段階から終始お世話になった日本加除出版株式会社の佐伯寧紀氏には心から感謝を申し上げる。

　　平成28年6月

末　光　祐　一

凡　　例

1　本書中，法令名等の表記については，原則として省略を避けたが，括弧内においては以下の略号を用いた。

【法令等】

不登	不動産登記法	住基台帳	住民基本台帳法
不登令	不動産登記令	建基	建築基準法
不登規	不動産登記規則	建基令	建築基準法施行令
準則	不動産登記事務取扱 手続準則	司法	司法書士法
		空家	空家等対策の推進に関する 特別措置法
民	民法		
戸籍	戸籍法	河川	河川法
戸籍規	戸籍法施行規則	都計	都市計画法

住基台帳省令…………住民基本台帳の一部の写しの閲覧及び住民票の写し等の交付に関する省令

指針…………………「空家等に関する施策を総合的かつ計画的に実施するための基本的な指針（平成27年2月26日総務省告示・国土交通省告示第1号）」（平成28年4月1日改正を含む。）

パブコメ結果…………『「特定空家等」に対する措置に関する適切な実施を図るために必要な指針（ガイドライン）（案）』に関するパブリックコメントの募集の結果について（平成27年5月26日国土交通省住宅局総務省地域力創造グループ）

所有者不明土地………所有者の所在の把握が難しい土地に関する探索・利活用
ガイドライン　　　のためのガイドライン（第1版）（平成28年3月所有者の所在の把握が難しい土地への対応方策に関する検討会）

達…………………平成17年12月6日民二第2760号法務省民事局長通達「不動産登記法等の一部を改正する法律の施行に伴う筆界特定手続に関する事務の取扱いについて（通達）」

特定空家等　…………「特定空家等に対する措置」に関する適切な実施を図る
ガイドライン　　　ために必要な指針（ガイドライン）（平成27年5月26日国土交通省）

千号通達……………平成20年4月7日民一第1000号法務省民事局長通達「戸籍法及び戸籍法施行規則の一部改正に伴う戸籍事務の取扱いについて（通達）」（平成22年5月6日民一第1080号法務省民事局長通達による改正を含む。）

v

凡　例

【先例・裁判例】

・大判大 3 ・ 8 ・10新聞967号31頁
　→大審院判決大正 3 年 8 月10日法律新聞967号31頁
・東京控判大13・ 8 ・11新聞2317号15頁
　→東京控訴院判決大正13年 8 月11日法律新聞2317号15頁
・最二小判平 3 ・ 4 ・19民集45巻 4 号477頁
　→最高裁判所第二小法廷判決平成 3 年 4 月19日最高裁判所民事判例集45巻 4
　　号477頁
・横浜地小田原支判昭62・ 3 ・31訟月34巻 2 号311頁
　→横浜地方裁判所小田原支部判決昭和62年 3 月31日訟務月報34巻 2 号311頁
・横浜地決平 3 ・ 7 ・ 5 判時1404号103頁
　→横浜地方裁判所決定平成 3 年 7 月 5 日判例時報1404号103頁
・昭44・ 8 ・29民甲1760号民事局長通達・登先 9 巻10号 1 頁
　→昭和44年 8 月29日民事甲第1760号法務省民事局長通達・登記先例解説集 9
　　巻10号 1 頁

2　　出典の表記につき，以下の略号を用いた。

大民集	大審院民事判例集	東高民時報	東京高等裁判所民事判
大刑集	大審院刑事判例集		決時報
刑集	最高裁判所刑事判例集	判タ	判例タイムズ
民集	最高裁判所民事判例集	判自	判例地方自治
民録	大審院民事判決録	判時	判例時報
裁判集民	最高裁判所裁判集民事	登研	登記研究
下民	下級裁判所民事裁判例集	新聞	法律新聞
訟月	訟務月報	戸籍	月刊戸籍
高民	高等裁判所民事判例集	金法	金融法務事情
裁時	裁判所時報	登情	登記情報

『空家解説』	自由民主党空き家対策推進議員連盟編『空家等対策特別措置法の解説』（大成出版，2015年）
『簡裁訴訟』	日本司法書士会連合会編『司法書士　簡裁訴訟代理等関係業務の手引　平成25年版』（日本加除出版，2012）
『注釈民法 7 』	川島武宜＝川井健『新版注釈民法(7)物権(2)』（有斐閣，2007）
『訓令』	日本加除出版編集部編『親族，相続，戸籍に関する訓令通牒録』（日本加除出版，1932）

目　次

第1編　所有者の所在の把握が難しい土地，建物

第1章　所有者の所在の把握が難しい土地に関する探索・利活用のためのガイドライン———*1*

図1　土地所有者等の探索フロー ·········· *9*

表1　登記事項証明書の確認後の対応 ·········· *10*

第2章　相続人の特定のための戸籍法等の基礎知識———*11*

第1　概　要 ·········· *11*

第2　戸籍謄本等の交付の請求 ·········· *11*

1　本人等請求 ·········· *11*
2　第三者請求 ·········· *13*
3　戸籍の謄本等の交付請求における説明要求 ·········· *15*
4　代理人等による請求 ·········· *16*
5　公用請求 ·········· *17*
6　職務上請求 ·········· *17*
7　本人確認等 ·········· *20*
8　送付請求 ·········· *22*
9　成年後見人等に就任している司法書士による請求 ·········· *23*

第3　住民票の写し等の交付の請求 ·········· *25*

1　本人等の請求 ·········· *25*
2　国又は地方公共団体の機関の請求 ·········· *28*
3　本人等以外の者の申出 ·········· *29*
4　職務上の申出 ·········· *30*
5　請求又は申出の任に当たっている者が本人であることを明らかにする方法 ··· *31*
6　代理人等が権限を明らかにする方法 ·········· *33*
7　基礎証明事項以外の事項 ·········· *35*
8　送付による請求 ·········· *35*
9　成年後見人等に就任している司法書士による請求，申出 ·········· *35*

第4　戸籍の附票の写し等の交付の請求 ·········· *36*

1　本人等の請求 ·········· *36*
2　国又は地方公共団体の機関の請求 ·········· *36*
3　本人等以外の者の申出 ·········· *36*
4　職務上の申出 ·········· *37*
5　住民票の写し等の交付の手続の準用 ·········· *37*

vii

目 次

　　　6 成年後見人等に就任している司法書士による請求，申出 ································· *37*

　第5　公用請求と職務上請求 ·· *37*

　　図2 住民票の写し等や戸籍の附票の写しによる所有者特定のフロー ············· *38*
　　図3 法定相続人の特定フロー ·· *39*
　　図4 現行民法の相続人 ·· *39*
　　表2 相続人及び相続分一覧表 ·· *40*
　　表3 所有者の所在の把握が難しい土地の状況と利用可能な制度の対応········ *40*
　　表4 家庭裁判所の権限外行為許可を得なければならない処分行為等········· *41*
　　図5 相続人不存在の場合の手続のフロー ·· *42*
　　図6 土地所有者等の探索フロー（用地買収を伴う公共事業：地方公共団
　　　　 体ケース） ··· *43*
　　表5 相続登記・各種届出の提出状況 ·· *44*

第2編　相隣関係

第1章　隣地・隣家立入―――――――――――――――――――――――――45

　　Q1　必要があるときは隣人の承諾がないときであっても隣地や隣家に立ち
　　　　 入ることができるか。　*45*
　　Q2　隣地立入権に基づいて隣地に立ち入られた隣人は，立入料を請求する
　　　　 ことができるか。　*47*

第2章　囲繞地――――――――――――――――――――――――――――――48

　　Q3　他人の土地に囲まれている土地の所有者は，囲んでいる土地を通行す
　　　　 ることができるか。　*48*
　　Q4　崖であっても直に公道に接している土地については，囲繞地通行権は
　　　　 発生するか。　*50*
　　Q5　所有権移転未登記の袋地の所有者は，囲繞地通行権を主張することが
　　　　 できないか。　*51*
　　Q6　囲繞地通行権者は囲繞地に通路を開設することができるか。　*52*
　　Q7　囲繞地通行権に基づいて通行するには通行料等を支払う必要がある
　　　　 か。　*55*
　　Q8　無償で囲繞地を通行することができる場合もあるか。　*56*

第3章　境界関連――――――――――――――――――――――――――――――59

　　Q9　土地の「境界」と呼ばれるものにはどのようなものがあるか。　*59*
　　Q10　土地の境界標を設置したときは，筆界は確定するか。　*60*
　　Q11　隣接する土地の所有者が共同して境界に塀を設置しようとしたもの
　　　　 の，塀の高さについて意見が合わなかったときは塀を設置することが
　　　　 できないか。　*61*

viii

目　次

Q12　土地の境界線上の境界標はどちらの土地の所有に属するか。　*62*

Q13　土地の境界線上の障壁を一方的に高くするはできないか。　*63*

Q14　隣地から樹木の枝及び根が越境してきたときは切ることができるか。
　　　64

Q15　自己の土地内であれば隣接地との境界線間近まで建物を建築すること
　　　ができるか。　*65*

Q16　隣接地との境界線から50センチメートル以上の間隔のある建物の窓に
　　　は目隠しを設ける必要はないか。　*68*

Q17　隣接地との境界標を移動させることは刑事責任にも問われることがあ
　　　るか。　*69*

■ 第4章　水路・海浜 ─────────────────*71*

Q18　自己の土地であればどこにでも導水管を埋設することができるか。　*71*

Q19　隣接地所有者の同意が得られないときは当該隣接地に排水管を設置す
　　　ることはできないか。　*72*

Q20　下水道法等の法令に直接該当しない場合は隣接地所有者の同意が得ら
　　　れないときは当該隣接地に導管を設置することはできないか。　*77*

Q21　自己の土地（低地）より高い隣地（高地）から水が流れてくるときは
　　　低地の所有者は低地の高地との境に水が流れてくるのを防ぐための土
　　　手を設置することができるか。　*84*

Q22　高地から流れる自然の水が地震等によって低地に滞留したときは低地
　　　の所有者は滞留を取り除かなければならないか。　*85*

Q23　他の土地の排水路の（所有者の責めに帰すことができない原因によ
　　　る）破損によりあふれた水が自己の土地に及ぶおそれがあるときは，
　　　排水路の修復を他の土地の所有者に請求することができるか。　*86*

Q24　雨天時に隣家の屋根から雨水が直接に自己の土地に注いでくる場合
　　　は，隣地所有者に雨樋の設置を要求することができるか。　*87*

Q25　個人所有の土地に接する同人所有の溝について同人が同人所有地側を
　　　掘削して拡幅することができるか。　*88*

Q26　生活用水を下水道に排水するためであっても他人の土地をその同意な
　　　く通水させることはできないか。　*89*

Q27　必要がある場合において隣接地所有者（他人）の設置した隣接地上の
　　　排水路にその同意なく排水することはできるか。　*90*

Q28　水路に設置されている他人の堰を対岸の所有者は，堰所有者の同意
　　　なく利用することはできるか。　*92*

Q29　水利権とはどのような権利か。　*92*

Q30　海面下の土地は登記の対象となるか。　*95*

ix

目　次

第**3**編　建築基準と私道

▌第1章　建築基準—————————————————————99

- Q31　建築基準法が適用される建築物とはどのようなものか。　*99*
- Q32　建築基準法においては建築物の敷地面積はどのように算定するか。　*101*
- **図7**　敷地面積··*101*
- Q33　建築基準法においては建築物の建築面積はどのように算定するか。　*101*
- **図8**　建築面積··*103*
- Q34　建築基準法においては建築物の床面積はどのように算定するか。　*103*
- **図9**　床面積（木造）··*104*
- Q35　建築基準法においては建築物の高さはどのように算定するか。　*104*
- **図10**　軒の高さ···*105*
- **図11**　軒の高さの測り方···*105*
- **図12**　地盤面··*106*
- Q36　建築基準法においては屋上の昇降機塔は階数に算入するか。　*106*
- Q37　建築をしようとする場合はどのような手続をとらなければならない
　　　か。　*107*
- **表6**　建築基準法別表第1　耐火建築物等としなければならない特殊建築
　　　物（第6条，第27条，第28条，第35条―第35条の3，第90条の3
　　　関係）···*110*
- Q38　建築確認を受けた建築工事が完了したときは建築物を使用することが
　　　できるか。　*111*
- Q39　保安上危険な建築物に対してはどのような措置がとられる可能性があ
　　　るか。　*113*
- Q40　建築物の敷地は周囲の道より低くても差し支えはないか。　*114*
- Q41　建築基準法の規定のうち都市計画区域及び準都市計画区域内に限って
　　　適用されるものはどのようなものがあるか。　*115*
- Q42　都市計画区域内において建築することができる建築物の用途に制限が
　　　あるか。　*116*
- **表7**　建築基準法別表第2　用途地域等内の建築物の制限（第27条，第48
　　　条，第68条の3関係）··*117*
- Q43　容積率とは何か。　*127*
- Q44　容積率の数値が異なる区域にまたがった敷地に建築する建築物の容積
　　　率の限度はどうなるか。　*130*
- Q45　建ぺい率とは何か。　*131*
- Q46　建ぺい率の数値が異なる区域にまたがった敷地に建築する建築物の建
　　　ぺい率の限度はどうなるか。　*133*
- Q47　建築物の敷地面積には下限が定められているか。　*133*
- Q48　建築物の外壁の位置に制限は設けられているか。　*134*
- Q49　建築物の高さに制限は設けられているか。　*135*
- Q50　建築物の各部分の高さの制限はどのようなものがあるか。　*136*

x

目　次

| 表8 | 建築基準令別表第3　前面道路との関係についての建築物の各部分の高さの制限（第56条，第91条関係）······················ *138* |

| 表9 | 建築基準法別表第4　日影による中高層の建築物の制限（第56条，第56条の2関係）······························· *141* |

Q51　防火地域内の建築物は耐火建築物としなければならないか。　*144*

Q52　都市計画区域及び準都市計画区域以外の区域内の建築物の敷地及び構造については制限はないか。　*145*

Q53　地域住民が建築物の敷地，位置，構造等の基準を定めることはできないか。　*146*

Q54　建築物の所有者等が守るべき建築基準法上の義務にはどのようなものがあるか。　*148*

Q55　隣地に建築中の建築物が建築基準法に違反しているときに行政はとり得る措置にはどのようなものがあるか。　*148*

第2章　私　道 ―――――――――――――――――――――*151*

Q56　私道とはどのような道か。　*151*

Q57　建築基準法上の道路にはどのような道が該当するか。　*152*

| 図13 | 建築物と道路の関係（接道義務）························· *153* |

Q58　既存道路とはどのような道路か。　*153*

Q59　指定道路とはどのような道路か。　*154*

Q60　幅員が4メートルに満たない道は建築基準法上の道路とは認められないか。　*155*

| 図14 | 2項道路（片側が崖などの場合）····················· *156* |

Q61　建築基準法上の道路について道路敷地の所有者が擁壁を設置することはできるか。　*157*

Q62　建築基準法上の道路について道路敷地の所有者は第三者の通行を妨げることができるか。　*158*

Q63　建築基準法上の道路の通行を妨害された（道路所有者以外の）者は妨害排除請求を行うことができるか。　*159*

Q64　公道に至るため隣接する他人の土地を長年通行している者は通行地役権を認められるか。　*161*

Q65　時効によって通行地役権を取得した者であっても登記がなければ第三者に対抗することはできないか。　*163*

Q66　私道において人格権的通行権が認められるのはどのような場合か。　*164*

第3章　建築と不法行為 ―――――――――――――――――*167*

Q67　隣地に建築中の建築物が建築基準法に違反しているときは民事上の不法行為責任となるか。　*167*

Q68　隣地に建築中の建築物によって日照妨害が生じるときは民事上の不法行為となるか。　*169*

Q69　隣地に建築中の建築物によって景観に不都合が生じるときは民事上の不法行為となるか。　*170*

Q70　違法操業中の工場によって騒音被害が生じるときは民事上の不法行為

xi

目 次

となるか。　*171*

Q71　総合設計許可に係る建築物により日照を阻害される周辺の他の建築物に居住する者は当該許可の取消訴訟の原告適格を有するか。　*173*

Q72　建築工事が完了した場合は建築確認の取消しを求める訴えの利益は失われるか。　*174*

Q73　開発行為に関する工事の完了検査を終えた後も予定建築物の建築確認がされていなければ開発許可の取消しを求める訴えの利益は失われないか。　*176*

第4編　占有権と取得時効

■ 第1章　占有権 ─────────────────────────── *177*

Q74　占有権を取得するには行為能力が必要か。　*177*

Q75　他人による現実の占有をもって自己の占有権が成立することがあるか。　*178*

Q76　土地の登記済権利証を交付することは，当該土地を引渡ししたことになるか。　*179*

Q77　占有権は相続されるか。　*181*

Q78　被相続人が賃借していた土地を被相続人の所有地と信じて相続後に占有を開始した相続人であっても，他主占有による占有権を承継するか。　*183*

Q79　占有者が自主占有であることを主張するときは，所有の意思をもって占有していることを占有者自身が証明しなければならないか。　*184*

Q80　賃借人として占有している者が内心では所有の意思を有しているときは自主占有であると判断することができるか。　*186*

Q81　所有者の共同相続人の一人が相続開始後に土地を独占的に自主占有したときは，当該一人の相続人は単独で自主占有をしたものといえるか。　*187*

Q82　占有者は善意，平穏，公然，無過失の占有であると推定されるか。　*188*

Q83　10年又は20年間継続して土地を占有していることを証明するためには，当該全期間において占有を継続していることを証明する必要があるか。　*190*

Q84　承継された土地について現在の占有者が主張することができる当該土地の占有は，自己が承継を受けた以後の占有に限られるか。　*191*

Q85　不動産の占有者は所有者であると推定されないか。　*193*

Q86　土地の占有者が当該土地を貸し出して賃料を得ているとき，後日になって占有者が真の所有者でなかったことが明らかになった場合は，得た賃料のすべてを真の所有者に返還しなければならないか。　*194*

Q87　建物の占有者が当該建物を毀損した後に真の所有者に返還するときは損害の全部を賠償する必要があるか。　*195*

Q88　建物の占有者が当該建物の保存に必要不可欠な修繕を行った後に真の所有者に返還するときは修繕費用の償還は求められないか。　*195*

Q89　所有権等の本権に基づかずに占有権のみに基づいて妨害排除の請求を
　　　　することができるか。　*196*
　　Q90　占有者の占有が他人に奪われたときは，元の占有者の占有権が消滅す
　　　　るか。　*199*

■第2章　取得時効─────────────────────*200*

　　Q91　土地の占有者が当該土地の所有権を時効取得することができるための
　　　　要件は何か。　*200*
　　Q92　農地について農地法所定の許可を得なければならないことを知らずに
　　　　売買契約によって占有を始めた者は，時効取得の要件において過失が
　　　　なかったといえるか。　*201*
　　Q93　自己の不動産については取得時効が成立し得ないか。　*203*
　　Q94　担保権等が設定されている土地を時効取得した場合，その担保権等は
　　　　消滅するか。　*205*
　　Q95　1筆の土地の分筆されていない一部分を時効取得することはできる
　　　　か。　*206*
　　Q96　時効取得により，登記されている不動産の所有権を取得した場合，ど
　　　　のような登記を申請するか。　*208*
　　Q97　農地の時効取得による所有権移転登記申請には，農地法所定の許可書
　　　　を添付する必要があるか。　*210*
　　Q98　不動産を時効取得した者は登記をしなければ所有権の登記名義人（元
　　　　の所有者）に対抗することができないか。　*211*
　　Q99　不動産を時効取得した者は登記をしなければ時効完成後に所有権の登
　　　　記名義人（元の所有者）から当該不動産の譲渡を受けた者に対抗する
　　　　ことができないか。　*213*
　　Q100　時効完成後に土地の譲渡を受けた者が先に所有権移転登記を受ける
　　　　と時効取得者は一切所有権を主張することができないか。　*215*
　　Q101　時効完成後に土地の譲渡を受けた者が先に所有権移転登記を受けた
　　　　後も，引き続き占有を継続し時効取得の要件が満たされたときであっ
　　　　ても，占有者は所有権を登記名義人に対抗することができないか。　*216*
　　Q102　時効取得による所有権移転登記の原因の日付はいつになるか。　*217*
　　Q103　自主占有の要件を充足する占有期間の10年又は20年が経過した時は，
　　　　占有者は自動的に所有権を取得するか。　*219*
　　Q104　時効取得の対象となる土地上の建物の賃借人も当該土地の取得時効
　　　　を援用することができるか。　*220*
　　Q105　他人に占有されている土地の所有者が占有者に対して当該土地の明
　　　　渡しを求めたときは，当該取得時効は中断するか。　*221*
　　Q106　土地の占有者と地上権設定契約を締結して占有する者に対して当該
　　　　土地の所有者が請求を行ったことによる時効の中断の効果は当該土地
　　　　の占有者にも及ぶか。　*224*
　　Q107　被保佐人が土地を占有している場合に取得時効の中断を承認するに
　　　　は保佐人の同意が必要か。　*225*
　　Q108　土地の占有者は未成年である土地の所有者に対して時効を完成させ

目　次

　　　　ることができるか。　*226*

Q109　共有不動産について一人の共有持分だけを時効取得により移転登記
　　　　をすることはできるか。　*227*

Q110　占有者が土地の占有を開始し時効完成後に占有者が死亡したが，占
　　　　有者が取得時効を援用していたときの登記手続はどのようになるか。
　　　　228

Q111　占有者が土地の占有を開始し時効完成後に占有者が死亡し占有者の
　　　　相続人の一人が取得時効を援用したときは，当該相続人の単独名義で
　　　　所有権移転登記をすることはできないか。　*229*

Q112　占有者が土地の占有を開始し時効完成前に占有者が死亡し占有者の
　　　　相続人が取得時効を完成させて時効を援用していたときの登記手続は
　　　　どのようになるか。　*230*

Q113　占有者が土地の占有を開始する前に当該土地の所有者が死亡して，
　　　　後に占有者が取得時効を完成させて時効を援用したときの登記手続は
　　　　どのようになるか。　*231*

Q114　占有者による土地の占有開始のあと取得時効の完成までの間に，当
　　　　該土地の所有者が死亡したときに占有者が時効を援用した場合の登記
　　　　手続はどのようになるか。　*232*

Q115　占有者による土地の占有により取得時効が完成（援用も）した後に
　　　　当該土地の所有者が死亡した場合の登記手続はどのようになるか。　*233*

Q116　時効取得による所有権移転登記を不在者財産管理人が登記義務者と
　　　　なって申請するときは家庭裁判所の権限外行為許可書の添付を要する
　　　　か。　*234*

Q117　贈与後に取得時効の要件を満たすときは，遺留分減殺はできないか。
　　　　235

Q118　公有地を占有し続けると時効取得の対象となるか。　　*236*

第5編　筆界特定

第1章　概　要　――――――――――――――――――――――――――*239*

Q119　筆界特定制度とはどのような制度か。　*239*

Q120　筆界特定がされると土地境界確定訴訟や所有権確認訴訟を提起する
　　　　ことができないか。　*240*

Q121　筆界特定手続と土地境界（筆界）確定訴訟との間に特別の規定は設
　　　　けられているか。　*242*

Q122　筆界について紛争が生じている場合にのみ筆界特定制度を利用する
　　　　ことができるか。　*243*

Q123　筆界特定を申請すると必ず筆界が特定されるか。　　*245*

Q124　筆界特定の手続の流れはどのようになるか。　*246*

Q125　「筆界」とは。　*246*

Q126　筆界の形成された最初の時期は。　*248*

xiv

目　次

■第2章　手続の流れ————————————————————————249

Q127　「筆界特定」とは。　*249*

Q128　「対象土地」とは。　*249*

図15　筆界特定における対象土地 ……………………………………………… *250*

Q129　「関係土地」とは。　*251*

Q130　「所有権登記名義人等」とは。　*251*

Q131　「関係人」とは。　*252*

Q132　筆界特定は誰が行うか。　*253*

Q133　筆界調査委員の任務は。　*253*

Q134　筆界特定に要する期間は。　*255*

Q135　「手続番号」とは。　*256*

Q136　筆界特定申請が受け付けられたときは公告や通知が行われるか。　*257*

Q137　「進行計画」とは。　*258*

Q138　法務局ではどのような事前準備調査を行うか。　*259*

Q139　登記所に備え付けられている地図等の成立の過程は。　*261*

Q140　筆界調査委員はどのような調査を行うか。　*263*

Q141　特定調査における測量又は実地調査はどのように行われるか。　*264*

Q142　特定調査における測量は誰が実施するか。　*266*

Q143　申請人や関係人は意見や資料を提出することができるか。　*266*

Q144　意見や資料を代理人によって提出することができるか。　*268*

Q145　申請人及び関係人は意見又は資料の提出の他にも筆界特定登記官に
　　　　対して意見を直接述べることはできるか。　*269*

Q146　意見聴取等の期日はどこで開かれるか。　*269*

Q147　意見聴取等の期日はいつ開かれるか。　*270*

Q148　意見聴取等の期日において意見又は資料を提出するにはどのように
　　　　すればよいか。　*271*

Q149　意見聴取等の期日においては申請人及び関係人以外の者が陳述する
　　　　ことはできないか。　*271*

Q150　意見聴取等の期日は公開されているか。　*272*

Q151　意見聴取等の期日における筆界調査委員及び筆界特定登記官の役割
　　　　は。　*273*

Q152　意見聴取等の期日における記録は公開されるか。　*274*

Q153　筆界特定はいつ，どのようになされるか。　*275*

Q154　筆界特定書にはどのような事項が記録されるか。　*277*

Q155　筆界特定は筆界調査委員の意見に拘束されるか。　*278*

Q156　筆界特定がなされたときは登記記録にはどのような事項が記録され
　　　　るか。　*279*

Q157　筆界特定がなされたときは境界標が設置され，地積更正登記等がな
　　　　されるか。　*280*

Q158　筆界特定の手続の記録は公開されるか。　*281*

Q159　筆界特定の手続途中に代理人が選任されたときは，何らかの届出が
　　　　必要か。　*282*

Q160　筆界特定の手続途中に申請人等に変動が生じたときは，以後の手続

xv

目 次

に影響があるか。 *283*

第3章 申請方法 ―――――――――――――――――*285*

Q161 筆界特定申請の申請先はどこか。 *285*

Q162 誰が筆界特定を申請することができるか。 *285*

Q163 土地の一部の所有権を取得した者は筆界特定を申請することができるか。 *287*

Q164 隣接していない土地間にあっては筆界特定を申請することができない。 *287*

Q165 東日本大震災の復興に関連して筆界特定の申請者について特例は設けられていないか。 *288*

Q166 筆界特定申請書にはどのような事項を記載するか。 *289*

Q167 筆界特定申請書に記載すべき「申請の趣旨」はどのような内容か。 *291*

Q168 筆界特定申請書に記載すべき「対象土地について筆界特定を必要とする理由」はどのような内容か。 *291*

Q169 筆界特定申請書に記載すべき「工作物,囲障又は境界標の有無その他の対象土地の状況」はどのように明示するか。 *292*

Q170 筆界特定申請書には申請人が対象土地の筆界として特定の線を主張する線を明示しなければならないか。 *293*

Q171 複数の筆界について同一の申請書によって申請することができるか。 *294*

図15 筆界特定における対象土地（再掲）‥‥‥‥‥‥‥‥‥‥‥‥‥*295*

Q172 筆界特定申請はどのようなときに却下されるか。 *295*

Q173 既に筆界特定がなされている筆界については再び筆界特定を申請することはできないか。 *297*

Q174 筆界特定の申請は筆界特定がなされるまでであれば当該申請はいつでも取り下げることができるか。 *298*

Q175 筆界特定の申請には手数料を納めなければならないか。 *299*

表10 筆界特定申請の手数料額‥‥‥‥‥‥‥‥‥‥‥‥‥‥‥‥‥‥*299*

Q176 対象土地の一方が未登記の道路など表題登記がない土地で課税台帳に登録された価格がない土地である場合,当該土地の価格はどのように取り扱うか。 *301*

Q177 申請人所有でない対象土地の価格が正確に分からないときはどのように取り扱うか。 *301*

Q178 一括申請の場合の手数料はどのように算定するか。 *302*

Q179 筆界特定申請書にはどのような書面を添付するか。 *303*

Q180 筆界特定添付書面としての所有権に関する証明書にはどのような内容である必要があるか。 *305*

Q181 筆界特定の手続において手数料以外の金銭的負担が生じることがあるか。 *306*

Q182 司法書士の業務に筆界特定の手続は含まれるか。 *308*

Q183 筆界特定手続に関して司法書士の代理権の範囲は。 *309*

Q184 筆界特定の申請を一括申請する場合の司法書士の代理権の範囲は。 *311*

目　次

Q185　申請人所有地以外の対象土地の価格が不明であるときは司法書士の被界特定手続に関する代理権はどうなるか。　*312*

第6編　空　き　家

第1章　概　説————————————————————————*315*

Q186　空家等対策の推進に関する特別措置法はどのような目的で制定されたか。　*315*

Q187　空家等とは何か。　*316*

Q188　空家等に該当することとなる建築物・附属する工作物とはどのような構造物か。　*317*

Q189　樹木や自立看板（建築物と一体となっていないもの）は空家等に該当しないか。　*318*

Q190　空家等の定義とされている「居住その他の使用がなされていないことが常態である」とはどのような状態のことか。　*319*

Q191　適正に管理している建築物は空家等には該当しないか。　*320*

Q192　物置，倉庫は空家等に該当するか。　*321*

Q193　所有者等の物品が残置されている建築物は空家等とはいえないか。　*321*

Q194　遺品が置かれている家屋は空家等とはいえないか。　*322*

Q195　いわゆるゴミ屋敷は空家等に該当するか。　*323*

Q196　大部分の住戸に居住者がいないマンションは空家に該当するか。　*323*

Q197　将来使用する予定のある賃貸物件は空家等には該当しないか。　*324*

Q198　空家等に起因する周辺の生活環境に悪影響を及ぼすような問題の第一義的な責任の所在は誰にあるか。　*325*

Q199　空家特措法における国，都道府県，市町村の役割は。　*325*

Q200　空家等対策計画にはどのような事項が盛り込まれるか。　*327*

Q201　協議会の構成員と協議事項は。　*328*

Q202　市町村長は空家等の所在及び当該空家等の所有者等を把握するための調査をどのように行うか。　*330*

Q203　市町村は空家等及び空家等の跡地の利活用のためにどのような対策を講じるべきか。　*331*

Q204　空家等に関して市町村が整備すべきデータベースにはどのような内容が載せられるか。　*332*

Q205　市町村が空家等の所有者等に行う情報の提供，助言その他必要な援助については，例えばどのような体制を整備することが望まれるか。　*334*

Q206　市町村長が適切な管理が行われていない空家等についての所有者等の事情を把握しようとするときは必ず特定空家等に対する措置によらなければならないか。　*336*

Q207　行政が空家等に対応する場合の措置は空家特措法に基づかなければならないか。　*337*

Q208　空家特措法に基づく罰則はどのようなものか。　*338*

xvii

目　次

第2章　特定空家等に関する措置―――――――――――――――――――*339*

Q209　どのような空家等が特定空家等に該当するか。　*339*

Q210　「そのまま放置すれば倒壊等著しく保安上危険となるおそれのある状態」であるか否かの判断に際して参考となる基準はなるか。　*341*

Q211　倒壊した建築物や建築物取り壊し後に残された擁壁はもはや特定空家等には該当しないか。　*342*

Q212　建築物の立地条件等は特定空家等であるか否かの判断に影響を与えるか。　*343*

Q213　特定空家等について指導・勧告等を行っている途中で，当該空き家に占有者が現れた場合でも，特定空家等として取り扱うことになるか。　*343*

Q214　立木，看板，アンテナ等が危険な状態である場合も特定空家等と判断されるか。　*344*

Q215　「そのまま放置すれば著しく衛生上有害となるおそれのある状態」であるか否かの判断に際して参考となる基準はなるか。　*345*

Q216　人の居住しない家屋の敷地に著しく不衛生な大量のゴミがあっても，それが不法投棄によるときは特定空家等には該当しないか。　*346*

Q217　「適切な管理が行われていないことにより著しく景観を損なっている状態」であるか否かの判断に際して参考となる基準はなるか。　*346*

Q218　「その他周辺の生活環境の保全を図るために放置することが不適切である状態」であるか否かの判断に際して参考となる基準はなるか。　*348*

Q219　防犯，火災予防の観点から，特定空家等であることを判断することはできるか。　*349*

Q220　市町村長は空家等に対して立入調査を実施することができるか。　*350*

Q221　特定空家等に対する措置の実施に必要な限度で立入調査を実施するときは当初の所有者が死亡している場合その相続人の一人に事前通知を行えば足りるか。　*351*

Q222　所有者等に立入調査を拒否されたときであっても立入調査を実施することができるか。　*352*

Q223　門扉が閉じられている敷地や鍵が施錠されている建物に立ち入ることもできるか。　*353*

Q224　立入調査の際に必要とされる事前通知をしなくても差し支えない場合があるか。　*354*

Q225　特定空家等の所有者等を把握するための調査として固定資産税の課税に関する情報を利用する場合はどのようなことに留意しなければならないか。　*355*

Q226　市町村長が特定空家等の所有者等に対して空家特措法に基づいてとることができる措置にはどのようなものがあるか。　*357*

Q227　特定空家等に対する措置を講じようとする特定空家等について抵当権等が設定されていること等が判明した場合は市区町村長が関係する権利者と調整を行う必要があるか。　*358*

Q228　特定空家等の所有者等に対して市区町村長はどのような助言又は指導をするか。　*359*

xviii

目　次

Q229　所有者等が複数いる場合や所有者等が死亡している場合はその一部
　　　に対して助言又は指導をすることで足りるか。　359

Q230　特定空家等の所有者等に対する助言又は指導はどのように行うか。　360

Q231　助言又は指導後においても状態が改善されないときや改善した後,
　　　再び元の状態になったときは直ちに勧告を行うか。　362

Q232　助言又は指導をした場合においても特定空家等の状態が改善されな
　　　いと認めるときに市区町村長が次にとることができる措置は。　363

Q233　特定空家等の所有者等が複数存在するときは全員に対して勧告する
　　　必要があるか。　365

Q234　勧告後に特定空家等の一部又は全部の所有者に変動が生じたときで
　　　あっても勧告の効力は継続するか。　366

Q235　勧告をした場合においても当該勧告に係る措置をとらなかったとき
　　　に市町村長が次にとることができる措置は何か。　367

Q236　特定空家等の所有者等が複数存在するときは全員に対して命令を発
　　　する必要があるか。　368

Q237　勧告を受けた特定空家等の所有者等のうち命令の対象とならない正
　　　当理由を有する者とは。　369

Q238　市町村長が措置命令をしようとするときに事前にとらなければなら
　　　ない手続があるか。　370

Q239　勧告に係る措置の命令の事前通知書の交付を受けた者は意見書の提
　　　出以外の方法で意見陳述をすることはできないか。　371

Q240　公開による意見の聴取に際して証人を出席させることもできるか。　372

Q241　空家特措法に基づく行政代執行と行政代執行法に基づく行政代執行
　　　との関係はどのようになるか。　373

Q242　空家特措法に基づく略式代執行の要件である「過失がなくてその措
　　　置を命ぜられるべき者を確知することができない」とはどのような状
　　　況をいうか。　376

Q243　いつ措置命令は発令されるか。　378

Q244　措置命令が守られないときは市区町村は強制力を発動することがで
　　　きるか。　379

Q245　複数の所有者等の一部についてだけ確知できないときは行政代執行
　　　の対象となるか。　380

Q246　過失がなくてその措置を命ぜられるべき者を確知することができな
　　　いときは略式代執行の措置をとる以外の手段はないか。　381

Q247　緊急事態においては特定空家等に対する措置について助言又は指導,
　　　勧告,命令を経ずして行政代執行を行うことができるか。　382

Q248　措置命令は公示されるか。　382

Q249　特定空家等の敷地の固定資産税については固定資産税等の住宅用地
　　　特例の適用がなくなるか。　383

Q250　勧告の措置の内容が敷地内の立木のみの場合は当該敷地については
　　　住宅用地特例から除外されることはないか。　385

xix

目　次

付　録

■ 資　料

【1】建築協定許可（変更・廃止）申請書 ……………………………… *387*

【2】立入調査員証 ……………………………………………………… *388*

【3】勧告書 ……………………………………………………………… *389*

【4】命令に係る事前の通知書 ………………………………………… *390*

【5】命令書 ……………………………………………………………… *391*

【6】標　識 ……………………………………………………………… *392*

【7】戒告書 ……………………………………………………………… *393*

【8】代執行令書 ………………………………………………………… *394*

【9】執行責任者証 ……………………………………………………… *395*

【10】国有財産時効取得確認申請書 …………………………………… *396*

■ 索　引

事項索引 ………………………………………………………………… *401*

条文索引 ………………………………………………………………… *403*

判例索引 ………………………………………………………………… *409*

先例索引 ………………………………………………………………… *412*

第1章　所有者の所在の把握が難しい土地に関する探索・利活用のためのガイドライン

第1編
所有者の所在の把握が難しい土地，建物

第1章　所有者の所在の把握が難しい土地に関する探索・利活用のためのガイドライン

　本書のテーマである隣地，隣家については，隣人にとって少なからず迷惑なものもあり，そのような土地，建物は，その所有者が明らかでないものも少なくない。

　例えば，隣地が長期間空き地で大量のゴミが放置，放棄されている状態で，近隣に害虫による被害が発生したり，隣家が長期間空き家で，建物の傷みがひどく，強風の際には，隣人の敷地に瓦が落下して危険な状況にあるような場合，被害を被っている隣人としては，それらの空き地，空き家の所有者に，その解消を申し出て，必要があれば，民事訴訟を提起して，解決を図ることもあろう。

　しかし，このような場合，それらの空き地，空き家の所有者を把握することが困難であるため，解決に至らない事例も多々ある。住所移転の登記がなされていなかったり，あるいは，所有者は死亡しているものの，相続登記がなされていないため，土地，建物の登記事項を確認しただけでは，所有者の現住所が分からない事例や，相続人が分からない事例である。

　隣人としては，戸籍法，住民基本台帳法に則って，住民票の写し，戸籍謄本等を請求することによって，現在の住所，相続人を特定することになるわけであるが，このことは後述する（第2章参照）。

　ところで，平成28年3月，「所有者の所在の把握が難しい土地に関する探索・利活用のためのガイドライン」が，国土交通省：所有者の所在の把握が難しい土地への対応方策に関する検討会（委員長：山野目章夫早稲田大学大学院

第 1 章　所有者の所在の把握が難しい土地に関する探索・利活用のためのガイドライン

法務研究科教授）によって公表された。

　「所有者が直ちに判明しない，又は所有者に連絡がつかない土地（以下「所有者の所在の把握が難しい土地」という。）については，地方から都市への人口移動が進む中で，地方を中心に今後も増大するおそれがあります。このような状況において，「所有者の所在の把握が難しい土地」の現状，課題について整理した上で，所有者の探索手法やこのような土地の利活用等，現場における対応の進展を支援するための総合的な方策を，分野横断的に検討することを目的として，有識者からなる「所有者の所在の把握が難しい土地への対応方策に関する検討会」」（国土交通省ホームページより）が開催され，検討が行われ，「最終とりまとめ」とともに，その別冊として同ガイドラインが公表されたものである。

　ガイドライン（以下，「所有者不明土地ガイドライン」という。）は，主に，都道府県，市区町村，事業主体等の担当者の活用に供されるために策定されたものではあるが，所有者の所在の把握が難しい土地，建物の問題に関係する隣人，近隣住民等だけでなく，各種の民間の事業においても，大いに参考になるものである（国土交通省ホームページ，http://www.mlit.go.jp/seisakutokatsu/iten/shoyusha.guideline.html）。

　最終とりまとめにおいては，不動産登記簿等の所有者台帳により，所有者が直ちに判明しない又は判明しても連絡がつかない土地への対応が公共事業用地の取得，農地の集約化，森林の適正な管理を始め，様々な分野で多くの都道府県，市区町村等が直面する喫緊の課題となっていることを共通認識として，所有者の所在把握が難しい土地の現場で発生状況を挙げながら，今後，国地方公共団体及び関係団体が取り組むべき対策の方向性が，次のとおり整理されている（詳細は，国土交通省ホームページ「最終とりまとめ」参照。）。

（1）　多様な状況に応じた対応策に係るノウハウの横展開
　　①　基礎自治体等向けガイドラインの策定
　　②　所有者の円滑な探索のための環境整備
　　③　関連する既存制度活用のためのサポート体制の構築

第1章　所有者の所在の把握が難しい土地に関する探索・利活用のためのガイドライン

　　④　その他の指摘事項
　(2)　所有者とその所在の明確化
　　①　相続登記等を促進するための働きかけ
　　②　その他の指摘事項

第1章　所有者の所在の把握が難しい土地に関する探索・利活用のためのガイドライン

所有者の所在の把握が難しい土地への対応方策　最終とりまとめ　概要　🏛国土交通省

所有者の所在の把握が難しい土地とは：

不動産登記簿等の所有者台帳により、所有者が直ちに判明しない、又は判明しても連絡がつかない土地

1　背景

① 土地の資産価値に対する強い意識
　→ 土地の保有・管理に対する関心の低下、負担感
② 伝統的な地縁・血縁社会の中での土地所有
　→ 先祖伝来の土地への関心の低下

2　相続登記等が行われないままの土地が存在

3　公共事業などでの土地利用ニーズが生じると、問題が顕在化し、現場での対応は喫緊の課題

現状の整理と対策の方向性：

1. 多様な状況に応じた所有者探索や土地の利活用策に係るノウハウの横展開

・特に市区町村で、探索に係るノウハウや人手の不足の問題

[市区町村建設部局において、所有者情報の把握の際に、苦労した点（上位5項目）n=589]（複数回答）

探索にかかるノウハウがなく、手間と時間がかかった	298
所有者探索にあたることのできる人手が少なかった	230
戸籍等の交付等が認められなかった	101
住民票の写し等の交付が認められなかった	85
固定資産税台帳の情報を提供してもらえなかった	65

注1 平成27年度実施の地域における土地の利活用に関する案件についての実態調査による
注2 市区町村を対象とした建設部局に関するアンケート結果より（平成28年国土交通省（連絡）調べ）

・地方公共団体において、財産管理制度の活用が他と比較すると低位
・認可地縁団体の登記の特例等、近年措置された制度の周知、活用が必要

[H23年度に利用登記3年以上経過した契約対抗案件のうち、次年度までに財産管理制度を活用して契約を行った件数]

	契約対抗件数[注1]	不明土地による名寄契約件数	財産管理制度利用件数
地方公共団体[注2]	73,476	363	19
国有籍	61,018	94	39

注1 契約済件及び契約約に至っていない件数
注2 平成24年度に全国53地区、平成26年度に全国加盟営業者の54区、任意の回答による地区83調査、市町村46-49に実態調査を基づく

2. 所有者とその所在の明確化

・相続登記の申請、農地売買、森林組合への加入及び組合員変更の届出をはじめとした相続時申請等の各種届出の提出は十分には実施されていない

[相続登記、各種届出の提出状況]

	実施せず	一部実施	全て実施
農地	12.9%	76.6%	10.5%
森林	17.9%	76.0%	6.1%

注）居住地とは異なる市町村に農地・森林を所有し、市町村や農業委員会への届出、農地所有者への変更届出、森林組合への届出をはじめとした各種届出の提出状況。（国家調査等平成28年8月から9月）森林法に基づく
トアンケート（国家調査等平成28年8月から9月）森林法に基づく
・平成28年度実施。（国家調査等平成28年8月から9月）森林法に基づく
出典：平成23年度報告書（平成24年3月国土交通省）

出典：国土交通省「所有者の所在の把握が難しい土地への対応方策　最終とりまとめ（概要）」

第1章　所有者の所在の把握が難しい土地に関する探索・利活用のためのガイドライン

所有者の所在の把握が難しい土地への対応方策　最終とりまとめ概要　🌏国土交通省

第1編　所有者の所在の把握が難しい土地・建物　最終とりまとめ（概要）

対策の方向性：

1. 多様な状況に応じた対応方策に係るノウハウの横展開
　①所有者探索の円滑化
　②関連制度を活用のための環境整備

2. 所有者とその所在の明確化
　相続登記等の促進

対策：

ガイドラインの策定
・所有者の探索方法を各事業別、土地の状況別に整理
・所有者の探索等に活用できる補助制度の紹介

・財産管理制度や認可地縁団体の登記の特例等、関連する既存制度の活用
・市区町村が専門家等に相談する際の相談窓口や費用
・制度活用事例等についての豊富な事例

〔現場の実務で活用されるガイドラインを目指し、現場での利用状況を踏まえた継続的な見直しを行う
事例の追加・現場での活用の環境整備〕

円滑な探索のための環境整備
・保存期間を経過した住民票の除票、戸籍の附票の除票の活用（市区町村の判断によること、個人情報の長期間の保存となることに十分留意）
・戸籍の職務上請求の活用による事務負担の軽減

関連制度活用のためのサポート体制の構築
・弁護士会、司法書士会によるサポート体制の構築（法律相談、財産管理人選任の申立て、財産管理人候補者の推薦）
・司法書士会での財産管理人候補者リストの作成

相続登記等の促進
・法務局と司法書士会が連携して、市区町村に対する、死亡届受理時等における相続登記促進のための取組についての働きかけ
・地籍調査説明会等の土地への関心が高まる各種機会を活用した働きかけ

事例：きめ細やかな案内により届出が増加
京都府精華町では、土地所有者への死亡時の各種届出の案内を役所内を総合窓口で一元化するなど、きめ細やかな案内を行うことで届出件数が増加。
農地法に基づく届出件数の変化：（実施前）2～3件/年⇒（実施後）20件/年

今後に向けて：
① 上記改善策の取組状況についてフォローアップし、引き続き更なる改善を図る
② さらに社会情勢の変化を踏まえた、新たな国土政策や土地制度についての長期的な政策論からの政策論が必要

出典：国土交通省「所有者の所在の把握が難しい土地への対応方策　最終とりまとめ（概要）」

第1章　所有者の所在の把握が難しい土地に関する探索・利活用のためのガイドライン

　これを受け，所有者不明土地ガイドラインにおいては，具体的に，所有者
情報の調査方法等が解説されている。

　ここで，「所有者の所在の把握が難しい土地」とは，「不動産登記簿等の所
有者台帳により，所有者が直ちに判明しない，又は判明しても所有者に連絡
がつかない土地」をいい，具体的には，「所有者の探索を行う者の利用でき
る台帳が更新されていない，台帳間の情報が異なるなどの理由により，所有
者（登記名義人が死亡している場合は，その相続人も含む。以下同じ。）の特定を直ち
に行うことが難しい土地」，「所有者を特定できたとしても，転出先・転居先
が追えないなどの理由により，その所在が不明である土地」，「登記名義人が
死亡しており，その相続人を特定できたとしても，相続人が多数となってい
る土地」，「所有者の探索を行う者の利用できる台帳に，全ての共有者が記載
されていない共有地など」をいうとされている。

　まず，第1章では，一般的な所有者情報の調査方法が，登記記録から所有
権登記名義人等を把握し，そこから，住民票，戸籍の附票，戸籍等の調査に
より公簿上において所有者（法定相続人）を把握し，居住確認を経て所有者
（法定相続人）を特定する流れが，登記情報（所有権登記名義人等の氏名及び住所）
の確認，住民票の写し等及び戸籍の附票の写しの取得（所有権登記名義人等の
現住所・転出・生存状況の確認），戸籍の取得（法定相続人の確認），聞き取り調査，
居住確認調査等の各段階におけるポイントとともに示されている。また，相
続人の探索を司法書士等に外部委託する場合で，委託者に戸籍の記載事項を
確認する正当な理由がある場合には，職務上請求を活用して戸籍謄本等の交
付を請求することができることについての言及がなされている。

　次に，第2章では，個別制度の詳細として，不在者財産管理制度，相続財
産管理制度，失踪宣告制度，訴訟等，土地収用法に基づく不明裁決制度，認
可地縁団体が所有する不動産に係る登記の特例についてが解説されている。
この中では，全国の弁護士会や司法書士会の司法書士総合相談センター等へ
の問合せについてや，管理人の候補者の推薦に関する弁護士会や司法書士会
等との連携の重要性が述べられている。

　第3章では，土地の状況別の所有者情報調査の方法と土地所有者が把握で

第1章　所有者の所在の把握が難しい土地に関する探索・利活用のためのガイドライン

きなかった場合の解決方法が紹介されている。所有権登記名義人等から所有権が移転等している土地としては所有権について取得時効を主張することができる土地，相続に伴う登記手続が一代又は数代にわたりされていない土地，所有権登記名義人等やその相続人が外国に在住している土地，解散等をした法人が所有権登記名義人等となっている土地を，歴史的な経緯等により名義が特殊な土地としては町内会又は部落会を所有権登記名義人等とする登記がされている土地，記名共有地，共有惣代地，字持地，表題部のみ登記がされている土地，未登記の土地に分類し，それぞれ考え得る解決方法が解説されている。

　第4章では，事業別の所有者情報の調査方法と土地所有者が把握できなかった場合の解決方法として，社会資本整備，農用地活用，土地改良，森林整備・路網整備等，地籍調査，地縁団体が行う共有財産管理，その他の民間で行う公益性の高い事業別に，解決方法が紹介されている。

　さらに，東日本大震災の被災地において，所有者の所在の把握が難しい土地の取得の加速化を図るため様々な特別措置等が講じられたところ，これらの取組は，今後，大規模災害が発生した際の参考となるだけでなく，運用の改善によって対応したものも多いことから，平時における用地取得等の場面においても参考になるものと考えられるため，第5章では，東日本大震災の被災地における用地取得加速化の取組が紹介されている。地方公共団体の負担軽減のための取組としては，司法書士，補償コンサルタント，土地家屋調査士等への権利者調査や登記業務の外注，司法書士の市町村への駐在，登記情報の共有（登記情報の電子データ提供制度の活用）が紹介され，財産管理制度の活用としては，財産管理制度の利用に関するQ&Aの作成等，財産管理人の候補者の確保（弁護士，司法書士），財産管理人選任申立てにおける申立地や提出書類の柔軟な対応，財産管理人の手続選任や権限外行為（土地の売買等）の許可手続の期間短縮が紹介されている他，土地収用制度の活用として特例と運用の改善が紹介されている。

　第6章では，所有者の探索や制度活用に係る費用と相談窓口等について，弁護士，司法書士，土地家屋調査士等の専門家に依頼できる業務内容，費用，補助制度が紹介され，さらに横断窓口として，全国の弁護士会，司法書士会

第1章　所有者の所在の把握が難しい土地に関する探索・利活用のためのガイドライン

（司法書士総合相談センター），土地家屋調査士会等が紹介されている。

　最終の第7章では，所有者の所在の把握が難しい土地については，利用ニーズが顕在化しなければ問題になることは少なく，また，土地を利用しようとして初めて所有者の所在の把握が難しいことが判明することも多いのが現状であることを踏まえ，所有者の所在の把握の難しい土地を増やさないためには，日頃から予防策を講じておくことが重要であるとして，所有者の所在の把握が難しい土地を増加させないための取組，その予防に寄与する制度や方策などが紹介されている。具体的には，相続登記と所有者届出の促進，情報の共有，地積調査結果の登記への反映等が紹介され，参考として所有者届出制度の概要が示されている。

　最後に，本ガイドラインでは，所有者の所在の把握が難しい土地に関連する問題解決の一助となるよう，数多くの具体的事例が紹介されて，締めくくられている。

　前述のとおり，本ガイドラインは，主に，都道府県，市区町村，事業主体等の担当者の活用に供されるために策定されたものではあるが，これらの問題のある土地，建物と，日常の業務の中で数多く接している司法書士，土地家屋調査士等にとっても重要な内容となっている。

　本ガイドラインの事例においても，時効取得の対象となる土地，数代にわたる相続未登記の土地，表題部のみの土地，存在が不明である人名義の土地，実体上地縁団体が所有する個人名義の土地，記名共有地，共有総代地等に対して，不在者財産管理人，相続財産管理人，特別代理人，清算人等の選任，相続放棄，遺産分割，相続分譲渡，そして即決和解，訴訟等の手続を活用した解決例が挙げられているが，いずれの段階においても，また，その他，成年後見人等の選任や，最終的な買収の前提となる土地の境界の問題等，そして，それらの登記手続においても，司法書士，土地家屋調査士等は密接な関わりを有している。

　司法書士，土地家屋調査士等は，これらの事業に関わる場合はもちろん，日常業務を通じて，あるいは司法書士会，土地家屋調査士会の活動を通じて，相続登記の促進等，これらの問題の解決と予防に積極的に努める必要があろう。

第1章 所有者の所在の把握が難しい土地に関する探索・利活用のためのガイドライン

〈図1 土地所有者等の探索フロー〉

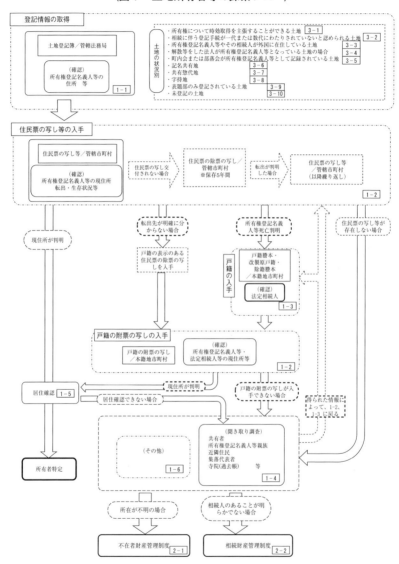

注1) 図中の 1-1 等は、ガイドラインの見出しを意味している。
注2) 公用請求については、ガイドライン1章1-2（6）、1-3（7）を参照のこと。
出典：所有者不明土地ガイドライン（3頁）

第1章　所有者の所在の把握が難しい土地に関する探索・利活用のためのガイドライン

〈表1　登記事項証明書の確認後の対応〉

	土地の状況	登記事項証明書での所有権登記名義人等の記載等土地の状況の確認方法
所有権登記名義人等から所有権が移転等している土地	所有権について時効取得を主張することができる土地	所有権について時効取得を主張することができる状態（取得時効が完成して時効を援用できる状態又は既に時効を援用した状態をいう。以下同じ。）であるにもかかわらず，取得時効を援用せず，あるいは取得時効の援用による権利変動が登記記録に反映されていない場合。現地調査等により判明する。
	相続に伴う登記手続が一代又は数代にわたりされていない土地	所有者情報を調査した結果，相続が発生しており，その次の代又は複数の代の相続人が所有している場合。例えば，登記事項証明書では，表題部の登記の日付（表題部のみ登記されている場合）又は権利部の受付年月日が古いときは，所有権登記名義人等の住民票の写し等を取得することにより相続の有無等を確認する。
	所有権登記名義人等やその相続人が外国に在住している土地	登記記録に記録されている住所が外国である場合のほか，登記記録に記録されている住所から外国に転出等している場合等。後者の場合には，所有権登記名義人等又は相続人の住民票の除票の写しを取得して外国への転出が判明する。
	解散等をした法人が所有権登記名義人等となっている土地	所有権登記名義人等が法人である場合には，当該法人の法人登記により解散を確認する。取締役等が長らく変更されていない場合は活動が停止されている可能性が高い。
歴史的な経緯等により名義が特殊な土地	町内会又は部落会を所有権登記名義人等とする登記がされている土地	登記事項証明書の権利部の所有者の欄に「A町内会」，「A部落会」と記録されている。
	記名共有地	登記事項証明書の表題部の所有者の欄に「A外○名」と記録されている。
	共有惣代地	登記事項証明書の表題部の所有者の欄に「共有惣代A」，「共有惣代A外○名」と記録されている。
	字持地	登記事項証明書の表題部の所有者の欄に「大字A」，「字A」と記録されている。
	表題部のみ登記がされている土地	登記事項証明書の表題部のみがあり，権利の登記がされていない土地（上記の土地の状況を除く。）
	未登記の土地	表題登記がされていない土地

出典：所有者不明土地ガイドライン（13頁）

第2章 相続人の特定のための戸籍法等の基礎知識

第1 概　要

　所有者の所在が把握できない，あるいは，その相続人が分からない土地や建物について，所有者の所在や相続人を特定するためには，住民基本台帳及び戸籍に頼らなければ，正確に特定することができないことはいうまでもないが，それらの情報は，登記に関する情報と異なり，一般に公開されている情報ではない。

　住民基本台帳及び戸籍に関する情報は，主に，住民票の写しや戸籍謄本等の交付を請求することになるが，これらは，誰でも請求することができるわけではなく，一定の要件を満たす者のみが請求することができるとされている。

　そこで，以下，戸籍法及び住民基本台帳法に基づいて，戸籍謄本等や住民票の写しや交付を請求することができる要件について概説する。

　司法書士による戸籍謄本等や住民票の写しや交付の請求についての詳細は，日本司法書士会連合会（司法書士執務調査室執務部会）発行（平成28年3月）の「司法書士のための戸籍謄本・住民票の写し等の交付請求の手引き（第2版）」を参照していただきたい。

第2　戸籍謄本等の交付の請求

1　本人等請求

　まず，戸籍謄本等についてであるが，戸籍に記載されている者又はその配偶者，直系尊属若しくは直系卑属は，その戸籍の謄本若しくは抄本又は戸籍に記載した事項に関する証明書の交付の請求をすることができるとされ（戸籍10条1項），これは，本人等請求と呼ばれている戸籍謄本等の交付請求の基本的な要件として定められている。ここで，戸籍の謄本若しくは抄本又は戸籍に記載した事項に関する証明書は戸籍謄本等と呼ばれ，また，この規定は，

11

第2章　相続人の特定のための戸籍法等の基礎知識

除かれた戸籍の謄本若しくは抄本又は除かれた戸籍に記載した事項に関する証明書（除籍謄本等）の交付の請求の場合にも準用されるため（戸籍12条の２），結局，以下，交付の請求に関しては，戸籍謄本等というときは除籍謄本等を含むことになる。

　本人等請求においては，戸籍謄本等は，戸籍に記載されている者又はその配偶者，直系尊属若しくは直系卑属（これらを本人等と総称する。）が請求することができる。つまり，請求しようとする戸籍（以下，除籍等を含む。）に記載されている者は，当該戸籍の謄本等の請求することができ，例えば，ある戸籍に甲，乙，丙が記載されている場合は，甲も乙も丙も，それぞれ，甲乙丙の全員が記載されている戸籍謄本の交付を請求することができる。本人等には，本人の配偶者，直系尊属，直系卑属も含まれるため，仮に，甲の非嫡出子丁が，生来，甲とは戸籍を異にしていても，丁は，甲乙丙の全員が記載されている戸籍謄本の交付を請求することができ，他方，甲は，丁の在籍する戸籍謄本等を請求することができるのである。戸籍に記載されている者には，その戸籍から除かれた者も含まれるため，その戸籍に，現在は在籍していないが，過去には在籍していた戊の記載がある場合（例えば，出生届がなされ，その戸籍に記載された後，婚姻によって当該戸籍から除かれている場合），戊も甲乙丙の全員が記載されている戸籍謄本の交付を請求することができることになる（ただ，その者に係る全部の記載が市町村長の過誤によってされたものであって，当該記載が戸籍法24条２項の規定によって訂正された場合におけるその者は除かれる。）。

　以上が戸籍謄本等の交付の請求に関する基本原則であり，要するに，その請求をすることができる者は，本人等に制限されているということである。本人等の範囲には傍系は含まれないので，例えば，兄弟（同父母）が，それぞれ婚姻により生来の戸籍から除かれ，それぞれ新戸籍が編成されている場合は，その兄弟は，本人等請求においては，相互の戸籍謄本の交付を請求することはできないことになる。

　本人等請求の場合は，後述するその他の請求と異なり，特段に戸籍謄本等を必要とする理由等が要件とはされていない。ただ，その請求が，不当な目的によることが明らかなときは，市町村長は，その交付を拒むことができる

とされている（戸籍10条２項）。不当な目的によることが明らかなときとは，プライバシーの侵害につながるもの，あるいは差別行為につながるもの等戸籍の公開制度の趣を逸脱して謄本等を不当に利用する目的をいい（昭51・11・５民二5641号民事局長通達・『訓令』７級9439頁），嫡出でない子であることや離婚歴等他人に知られたくないと思われる事項をみだりに探索し又はこれを公表するなどプライバシーの侵害につながる場合，その他戸籍の公開制度の趣旨を逸脱して戸籍謄本等を不当に利用する場合であるとされている（平20・４・７民一1000号民事局長通達・『訓令』10級14000頁（以下，「千号通達」という。））。

　なお，本人等請求の場合は，戸籍に記載されている者の配偶者，直系尊属又は直系卑属に該当することを請求において示す必要はあるが，それを証する書面の提供までは戸籍法上は求められていない。しかし，戸籍に記載されている者以外では，その配偶者，直系尊属又は直系卑属でなければ請求をすることはできないのであるから，市町村長において何らかの方法でそれが確認されなければ交付を受けることができないことになり，このような場合には，戸籍謄本等，配偶関係又は直系血族関係を確認することができる書面を提出する必要がある（戸籍815号45頁）。

2 第三者請求

　戸籍謄本等の交付の請求は本人等請求が原則であるが，本人等以外の者であっても，公共事業に関するときや，正当な理由がある等のときには，その交付の請求をすることができる場合がある。

　その一つが，第三者請求といわれるもので，本人等以外の者であっても，次に掲げる場合のいずれかに該当するときに限って，戸籍謄本等の交付の請求をすることができ，この場合において，当該請求をする者は，それぞれ次に定める事項（下線）を明らかにして請求しなければならないとされている（戸籍10条の２第１項１～３号）。

　一　自己の権利を行使し，又は自己の義務を履行するために戸籍の記載事項を確認する必要がある場合　権利又は義務の発生原因及び内容並びに当該権利を行使し，又は当該義務を履行するために戸籍の記載事項の確

第2章　相続人の特定のための戸籍法等の基礎知識

　認を必要とする理由

二　国又は地方公共団体の機関に提出する必要がある場合　戸籍謄本等を提出すべき国又は地方公共団体の機関及び当該機関への提出を必要とする理由

三　前二号に掲げる場合のほか，戸籍の記載事項を利用する正当な理由がある場合　戸籍の記載事項の利用の目的及び方法並びにその利用を必要とする事由

　つまり，本人等以外の者であっても，第三者請求に該当する場合には，自己や，自己の配偶者，直系尊属，直系卑属以外の者の戸籍謄本等の交付を請求することができるが，この場合は，上記各号に掲げた必要な場合に該当するだけではなく，さらに，戸籍謄本等の交付請求書に，その理由を記載しなければ，第三者請求によって交付請求をすることはできない。

　まず，相続が発生し，配偶者及び直系血族間の範囲を超えて相続人が生じる場合が，第三者請求が認められる典型例の一つである。例えば，3人兄弟（同父母）が，それぞれ婚姻により生来の戸籍から除かれ，それぞれ新戸籍が編成されている場合，長男である兄Aが死亡し，被相続人であるAには子も，直系尊属もなく，その弟らが相続人となるとき，二男である弟Bは，Aの戸籍謄本等も，三男である弟Cの戸籍謄本等も，またCは，Aの戸籍謄本等も，Bの戸籍謄本等も，その必要とする理由（被相続人の死亡によって開始した相続に関して遺産分割を行う等）を記載して，交付の請求をすることができることになる。債権者として請求するため債務者の相続人を特定する必要がある場合にも第三者請求は認められる。その他，市区町村，裁判所，登記所等に提出する必要がある場合にも認められる。また，成年被後見人が死亡したとき，成年後見人が，その管理している成年被後見人の相続財産等を相続人に引き渡す必要がある場合や，遺言執行者が相続財産目録を相続人に交付するために必要がある場合には，戸籍の記載事項を利用する正当な理由がある場合として，第三者請求が認められる。

　しかし，婚姻をしようとする相手方の婚姻要件等，又は財産的取引をしようとする相手方の行為能力等を確認するため，当該相手方の戸籍の記載事項

を利用することについて（千号通達），債権者が失踪宣告を申し立てることについて（平2・7・12民二2939号民事局長回答・『訓令』9級11279頁），債権者が債務者の生死を確認し，死亡の場合は債権を放棄し損金として税務控除の申請をし，転籍にあっては前記に準じた処理をすることについて，現在の氏の確認と特別送達の呼び出し状の正確を期することについては（平14・6・3民一1328号民事第一課長通知・『訓令』10級13390頁），いずれも第三者請求の要件を満たさない。

3 戸籍の謄本等の交付請求における説明要求

　前述のとおり，本人等請求にあっては，その範囲に該当する者の請求であれば，請求する理由を明らかにする必要なく戸籍謄本等の交付を請求することができるが，他方，第三者請求にあっては，その請求の理由を明らかにして請求しなければならず，その理由が前記2の戸籍法第10条の2各号の事項に該当しなければ，正当な請求であるとは認められない。

　そこで，第三者請求の場合には，市町村長は，請求者が明らかにしなければならない事項が明らかにされていないと認めるときは，請求者に対し，必要な説明を求めることができるとされている（戸籍10条の4）。

　つまり，第三者請求があったとき，市町村長は，その要件の存否を認定するに際し，それぞれの請求において明らかにすべき事項が明らかにされていないと認めるときは，請求者に対して必要な説明を求めることができるものとされ，「説明を求める」とは，請求者に口頭の説明を求めるほか，資料の提供を求めることを含み，交付請求書に記載された内容が，不十分である場合，矛盾がある場合，あるいは職務上知り得た他の事情等に照らし内容が真実でない強い疑いがある場合等は「明らかにすべき事項が明らかにされていないと認めるとき」に該当し，市町村長が，必要な説明を求めた結果，交付請求書上の記載が十分となり又は矛盾や疑いが解消されたと認めたときに限り，交付の請求が認められることとなる（千号通達）。

　また，請求が代理人による請求の場合には代理人に対し，使者による請求の場合には使者に対して，必要な説明を求めることができるとされている

第2章　相続人の特定のための戸籍法等の基礎知識

（千号通達）。

4 代理人等による請求

　本人等請求の場合も，第三者請求の場合も，必ずしも，各請求の要件を満たす請求者自身が，現実に請求事務に当たらなければならない（窓口に赴く等）わけではなく，代理人等によって請求することもできる。

　この場合，現実に請求事務に当たる（窓口に赴く）者，すなわち，現に請求の任に当たっている者が，当該請求をする者の代理人であるときその他請求者と異なる者であるときは，当該請求の任に当たっている者は，市町村長に対し，請求者の依頼又は法令の規定により当該請求の任に当たるものであることを明らかにする書面を提供しなければならないこととなる（戸籍10条の3第2項）。

　請求者の依頼又は法令の規定により当該請求の任に当たるものであることを明らかにする書面とは，委任状，法人の代表者又は支配人の資格を証する書面その他の現に請求の任に当たっている者に戸籍謄本等の交付の請求をする権限が付与されていることを証する書面であり（戸籍規11条の4第1項），いわゆる権限確認書面と呼ばれ，官庁又は公署の作成したものは，その作成後3か月以内のものに限られている（戸籍規11条の4第2項）。

　要するに，現に請求の任に当たっている者が請求者の代理人又は使者である場合には，当該請求の任に当たっている者は，市町村長に対して，請求者の依頼又は法令の規定により当該請求の任に当たるものであることを明らかにする委任状，法人の代表者又は支配人の資格を証する書面その他の自己に戸籍謄本等の交付の請求をする権限が付与されていることを証する書面を権限確認書面として提供しなければならないのであり，窓口請求において，請求者がその意思に基づいて権限を付与したときは請求者（請求者が法人であるときはその代表者）が作成した委任状，請求者の法定代理人（未成年者の親権者，成年被後見人の成年後見人等）が現に請求の任に当たっている場合は戸籍謄本等，後見登記等の登記事項証明書又は裁判書の謄本その他のその代理権を証する書類，第三者としての請求者が法人である場合は，代表者が現に請求の任に

16

第2 戸籍謄本等の交付の請求

当たっているときは代表者の資格を証する書面，支配人が現に請求の任に当たっているときは支配人の資格を証する書面，従業員が現に請求の任に当たっているとき社員証の提示又は代表者が作成した委任状の提出及び代表者の資格を証する書面を提出しなければならないのである（千号通達）。

権限確認書面は，その原本の還付を請求することができ，委任状についても，当該委任状に還付を請求する権限を証する旨の記載がある場合には，還付を請求することができる（千号通達）。

なお，司法書士等も，後述する職務上請求によらない場合であっても，他の法令で制限されていない限り，本人等請求又は第三者請求の要件を満たす請求者から委任を受けて，代理人として本人等請求又は第三者請求を行うことは可能である。

5 公用請求

本人等請求，第三者請求以外の場合でも，国又は地方公共団体の機関は，法令の定める事務を遂行するために必要がある場合には，戸籍謄本等の交付の請求をすることができる（戸籍10条の2第2項）。この請求は，公用請求と呼ばれているが，この場合においては，当該請求の任に当たる権限を有する職員は，その官職，当該事務の種類及び根拠となる法令の条項並びに戸籍の記載事項の利用の目的を明らかにしてこれをしなければならないとされている（同項）。

なお，公用請求は，公文書によってされることを要する（千号通達）。

6 職務上請求

本人等請求，第三者請求，公用請求以外の場合でも，資格者は，受任している事件又は事務に関する業務を遂行するために必要がある場合には，戸籍謄本等の交付の請求をすることができ，この場合において，当該請求をする者は，その有する資格，当該業務の種類，当該事件又は事務の依頼者の氏名又は名称及び当該依頼者についての第三者請求の戸籍法第10条の2第1項各号に定める事項を明らかにしてこれをしなければならないとされ，ここで資

17

第2章　相続人の特定のための戸籍法等の基礎知識

格者とは，弁護士（弁護士法人を含む。），司法書士（司法書士法人を含む。），土地家屋調査士（土地家屋調査士法人を含む。），税理士（税理士法人を含む。），社会保険労務士（社会保険労務士法人を含む。），弁理士（特許業務法人を含む。），海事代理士又は行政書士（行政書士法人を含む。）をいう（戸籍10条の２第３項）。

　「受任している事件又は事務に関する業務を遂行するために必要がある場合」とは，資格者が特定の依頼者からその資格に基づいて処理すべき事件又は事務の委任を受けて，当該事件又は事務に関する業務を遂行するために必要がある場合をいい，資格者法人がそのような事件又は事務の委任を受けた場合において，当該資格者法人に所属する資格者が当該事件又は事務に関する業務を遂行するために戸籍謄本等の交付の請求をするときも，これに該当する（千号通達）。司法書士の場合は司法書士法第３条に，土地家屋調査士の場合は土地家屋調査士法第３条に掲げる業務を遂行する場合がこれに該当する。

　なお，資格者が，この要件による交付の請求をする場合は，依頼者からの委任状の提出は要しない（千号通達）。

　職務上請求が認められるには，資格者が特定の依頼者からその資格に基づいて処理すべき事件又は事務の委任を受けて，当該事件又は事務に関する業務を遂行するために必要がある場合であって，なおかつ，依頼者についての第三者請求の戸籍法第10条の２第１項各号に定める事項に該当する必要があるため，まず，依頼者から上記業務の依頼を受けることが大前提となって，その業務の遂行にとって必要であり，依頼者にとっても第三者請求をするための要件を満たす理由が必要となる。

　司法書士の場合は，例えば，空き地の所有者が死亡し，その相続人から相続による所有権移転登記手続の依頼を受けたときや，放置されている空き家が隣地に向かって倒壊しそうで，隣地の敷地内に多数の瓦が落下し，隣地所有者が，その損害賠償や，予防を求めようとしたところ，空き家の所有者が死亡しているため，その相続人に対して訴訟を提起することとし，隣地所有者から当該訴状の作成を依頼されたときなどは，それらの相続人を特定することができる範囲で職務上請求をすることができる。

土地家屋調査士の場合は，例えば，自己の土地を分筆するため，隣地との筆界を確認しようとしたが，隣地所有者が死亡しているため，その相続人に対して確認を求めることとし，当該土地の所有者から，分筆登記手続を依頼されたときなどは，それらの相続人を特定することができる範囲で職務上請求をすることができる。

他方，相続人から，遺産分割の協議を持ちかけたいので，他の相続人の戸籍謄本等を取得してほしいと頼まれても，（登記手続の代理，裁判所へ提出する書類の作成は依頼されていない場合）その相続人にとっては第三者請求の要件を満たしても，司法書士にとっては司法書士法第3条に掲げる業務ではないので，職務上請求の要件は満たさず，あるいは，子のいない叔父の存命中に，推定相続人である甥から，叔父が死亡したら相続登記を依頼したいので，今から，叔父の死亡後の相続について他の推定相続人と話し合っておきたいため，他の推定相続人の戸籍謄本等を取得してほしいと頼まれても，その甥にとって第三者請求の要件を満たさないので，職務上請求の要件も満たさない。

職務上請求は，所定の請求書（司法書士の場合は，いわゆる1号様式「職務上請求書」）をもって，有する資格，当該業務の種類，当該事件又は事務の依頼者の氏名又は名称及び当該依頼者についての戸籍法第10条の2第1項各号に定める事項を記載して行わなければならない。

なお，職務上請求において，紛争処理に関する手続等を遂行するために必要な場合には，依頼者の氏名・名称は明らかにする必要はなく，有する資格，当該事件の種類，その業務として代理し又は代理しようとする手続及び戸籍の記載事項の利用の目的を明らかにすれば足りる（戸籍10条の2第4項）。弁護士にあっては，裁判手続又は裁判外における民事上若しくは行政上の紛争処理の手続についての代理業務（弁護士法人については弁護士法30条の6第1項各号に規定する代理業務を除く。），司法書士にあって，司法書士法第3条第1項第3号及び第6号から第8号までに規定する代理業務（同項7号及び8号に規定する相談業務並びに司法書士法人については同項6号に規定する代理業務を除く。），土地家屋調査士にあっては，土地家屋調査士法第3条第1項第2号に規定する審査請求の手続についての代理業務並びに同項第4号及び第7号に規定する代理

第2章　相続人の特定のための戸籍法等の基礎知識

業務についてが，ここでいう紛争処理に関する手続等に該当する（戸籍10条の2第4項1号〜3号）。

したがって，司法書士の場合は，登記又は供託に関する審査請求の手続の代理業務，簡裁訴訟代理等関係業務，土地家屋調査士の場合は，不動産の表示に関する登記に関する審査請求の手続の代理業務，筆界特定の手続の代理業務，土地の筆界が現地において明らかでないことを原因とする民事に関する紛争に係る民間紛争解決手続における代理業務（いわゆるADR代理）の依頼に基づいて職務上請求を行うときは，依頼者の氏名・名称を明らかにする必要はない。

7 本人確認等

戸籍謄本等を請求する場合は，現に請求の任に当たっている者は，市町村長に対し，運転免許証を提示する方法その他の法務省令で定める方法により，当該請求の任に当たっている者を特定するために必要な氏名その他の法務省令で定める事項を明らかにしなければならない（戸籍10条の3）。

戸籍の謄本等の交付請求における本人確認の方法として，法務省令で定める方法は，次の各号に掲げる方法とされている（戸籍規11条の2）。

一　本人等請求，第三者請求又は公用請求をする場合には，道路交通法第92条第1項に規定する運転免許証，出入国管理及び難民認定法第2条第5号に規定する旅券，同法第19条の3に規定する在留カード，日本国との平和条約に基づき日本の国籍を離脱した者等の出入国管理に関する特例法第7条第1項に規定する特別永住者証明書，別表第1に掲げる国若しくは地方公共団体の機関が発行した免許証，許可証若しくは資格証明書等，行政手続における特定の個人を識別するための番号の利用等に関する法律第2条第7項に規定する個人番号カード又は国若しくは地方公共団体の機関が発行した身分証明書で写真を貼り付けたもののうち，いずれか1以上の書類を提示する方法

二　本人等請求又は第三者請求の請求をする場合において，前号に掲げる書類を提示することができないときは，イに掲げる書類のいずれか1以

上の書類及びロに掲げる書類のいずれか１以上の書類を提示する方法
（ロに掲げる書類を提示することができない場合にあっては，イに掲げる書類のいずれか２以上の書類を提示する方法）

イ　国民健康保険，健康保険，船員保険若しくは介護保険の被保険者証，共済組合員証，国民年金手帳，国民年金，厚生年金保険若しくは船員保険に係る年金証書，共済年金若しくは恩給の証書，戸籍謄本等の交付を請求する書面に押印した印鑑に係る印鑑登録証明書又はその他市町村長がこれらに準ずるものとして適当と認める書類

ロ　学生証，法人が発行した身分証明書（国若しくは地方公共団体の機関が発行したものを除く。）若しくは国若しくは地方公共団体の機関が発行した資格証明書（第１号に掲げる書類を除く。）で，写真をはり付けたもの又はその他市町村長がこれらに準ずるものとして適当と認める書類

三　本人等請求又は第三者請求の請求をする場合において，前二号の方法によることができないときは，当該請求を受けた市町村長の管理に係る現に請求の任に当たっている者の戸籍の記載事項について当該市町村長の求めに応じて説明する方法その他の市町村長が現に請求の任に当たっている者を特定するために適当と認める方法（筆者注：「戸籍の記載事項の説明」とは，例えば，交付の請求の対象となっている戸籍の記載事項のうち，現に請求の任に当たっている者が知っているべきと考えられる事項（続柄，父母その他の親族等の氏名等）の説明をいい，「その他の市区町村長が現に請求の任に当たっている者を特定するために適当と認める方法」とは，例えば，市区町村の職員と現に請求の任に当たっている者との面識を利用する方法等をいう（千号通達）。）

四　職務上請求をする場合には，第１号に掲げる書類又は資格者若しくは弁資格者の事務を補助する者であることを証する書類で写真をはり付けたものを提示し，資格者の所属する会が発行した戸籍謄本等の交付を請求する書面（以下「統一請求書」という。いわゆる「職務上請求書」）に当該資格者の職印が押されたものによって請求する方法

以上が，市区町村の窓口に出向いて戸籍謄本等の交付を請求する場合（窓口請求）に，現実に窓口において請求事務に行っている請求者又は請求者の

第2章　相続人の特定のための戸籍法等の基礎知識

代理人等の本人確認の方法である。

　それから，窓口請求，送付請求（次の8）を問わず，戸籍謄本等の交付の請求の際に，当該請求の任に当たっている者を特定するために必要な氏名その他の法務省令で定める事項は，氏名及び住所又は生年月日とされるが，公用請求の場合は氏名及び所属機関，住所又は生年月日，職務上請求の場合は，氏名及び住所，生年月日又は請求者の事務所の所在地とされている（戸籍規11条の3）。

8 送付請求

　本人等請求，第三者請求，公用請求，職務上請求のいずれの請求についても，郵便等により，戸籍謄本等の送付を求めることができる（戸籍10条3項，10条の2第6項）。

　この場合の本人確認の方法は，次に掲げる方法とされている（戸籍規11条の2第5号）。

　イ　本人等請求又は第三者請求をする場合には，前記7の第1号若しくは第2号イに掲げる書類のいずれか1以上の写しを送付し，当該書類の写しに記載された現住所を戸籍謄本等を送付すべき場所に指定する方法，戸籍の附票の写し若しくは住民票の写しを送付し，これらの写しに記載された現住所を戸籍謄本等を送付すべき場所に指定する方法又は当該請求を受けた市町村長の管理に係る現に請求の任に当たっている者の戸籍の附票，住民票若しくは外国人登録原票に記載された現住所を戸籍謄本等を送付すべき場所に指定する方法

　ロ　公用請求をする場合には，当該請求をする国又は地方公共団体の機関の事務所の所在地を戸籍謄本等を送付すべき場所に指定する方法

　ハ　職務上請求をする場合には，前記7の第1号に掲げる書類又は資格者であることを証する書類の写し及び統一請求書に資格者の職印が押されたものを送付し，当該資格者の事務所の所在地を戸籍謄本等を送付すべき場所に指定する方法（弁護士等の所属する会が会員の氏名及び事務所の所在地を容易に確認することができる方法により公表しているときは，前記7の第1号に

第2 戸籍謄本等の交付の請求

掲げる書類及び資格者であることを証する書類の写しの送付は，要しない。）。

なお，第三者請求において，請求者が法人である場合には，次に掲げる方法による。

① 法人の代表者又は支配人が現に請求の任に当たっているときは，前記7の第1号若しくは第2号イに掲げる書類のいずれか1以上の写しを送付し，法人の代表者若しくは支配人の資格を証する書面に記載された当該法人の本店若しくは支店（現に請求の任に当たっている者が支配人であるときは，支店に限る。）の所在地を，戸籍謄本等を送付すべき場所に指定する方法

② 法人の従業員が現に請求の任に当たっているときは，前記7の第1号若しくは第2号イに掲げる書類のいずれか1以上の写し及びその所属する法人の営業所若しくは事務所等の所在地を確認することができる書類を送付し，当該所在地を戸籍謄本等を送付すべき場所に指定する方法

9 成年後見人等に就任している司法書士による請求

司法書士が戸籍謄本等（司法書士自身の戸籍謄本等を除く。）の交付の請求を行う場合は，前記6の職務上請求による場合だけではない。

司法書士は，本人等請求の要件を満たす請求者から当該戸籍謄本等の交付の請求に関する権限の委任を受けて，その委任状を提供して当該戸籍謄本等の交付を請求したり，第三者請求の要件を満たす請求者から当該戸籍謄本等の交付の請求に関する権限の委任を受けて，その委任状を提供して当該戸籍謄本等の交付を請求したりすることもできるが，これらの場合は職務上請求には該当しないため，職務上請求書を使用して請求することはできないし，本人確認方法等も，資格者の職務上請求としてではなく，本人等請求，第三者請求としてのものとなる（会員証ではなく運転免許証による確認。送付の場合も，事務所宛ではなく住所地宛に送付される。）。その他にも，成年後見人に就任している司法書士が，その後見業務の遂行のために，戸籍謄本等の交付を請求することもある。例えば，成年被後見人自身の戸籍謄本等や，成年被後見人の傍系の被相続人の戸籍謄本等の交付を請求する場合である。

第2章　相続人の特定のための戸籍法等の基礎知識

　このような場合，司法書士には，別途，交付請求書が用意されている。いわゆる，2号様式の交付請求書である。

　2号様式は職務上請求書ではないが，司法書士法施行規則第31条第1号の，当事者その他関係人の依頼又は官公署の委嘱により，管財人，管理人その他これらに類する地位に就き，他人の事業の経営，他人の財産の管理若しくは処分を行う業務又はこれらの業務を行う者を代理し，若しくは補助する業務，又は同第2号の当事者その他関係人の依頼又は官公署の委嘱により，後見人，保佐人，補助人，監督委員その他これらに類する地位に就き，他人の法律行為について，代理，同意若しくは取消しを行う業務又はこれらの業務を行う者を監督する業務を遂行するために必要があるときは，2号様式の交付請求書を使用して，戸籍謄本等の交付を請求することができる。

　例えば，司法書士が，成年後見人，保佐人，補助人，相続財産管理人，不在者財産管理人，家庭裁判所選任に係る遺言執行者，破産管財人等に就任し，その職務の遂行に必要がある場合は2号様式の交付請求書を使用して，戸籍謄本等の交付を請求することができる。また，2号様式の交付請求書は，裁判所等の官公署の選任に係る場合だけでなく，本人から依頼，指名を受けて任意後見人，遺言執行者，財産管理人等の地位に就いたときも，その業務の遂行上に必要がある場合には2号様式の交付請求書を使用して，戸籍謄本等の交付を請求することができる。

　2号様式の交付請求書を使用してする戸籍謄本等の交付の請求は，職務上請求ではないものの，本人確認等に関しては，成年後見人等である司法書士の固有権限行使等に当たり，職務上請求と同様に，運転免許証ではなく会員証による確認であり，送付の場合も，住所地宛ではなく事務所地宛とする取扱いが認められている（千号通達）。

　2号様式の交付請求書を使用して戸籍謄本等の交付の請求する場合は，前記1又は2及び4の交付請求の要件を満たす場合であり，成年後見人である司法書士が成年被後見人や，その配偶者，直系尊属又は直系卑属の戸籍謄本等の交付を請求する場合は，成年被後見人の本人等請求の代理請求に当たることとなり，権限確認書面として成年後見登記事項証明書等を提供し，本人

24

等請求の要件を満たせば，特段に戸籍謄本等を必要とする理由等を明らかにする必要はない。

　成年後見人である司法書士が，成年被後見人の傍系の被相続人の戸籍謄本等や，その場合の他の相続人（成年後見人と同じ戸籍でない他の相続人。）の戸籍謄本等の交付を請求する場合も，成年後見人としての職務の遂行に必要（この場合は，遺産分割をする必要。）であれば2号様式の交付請求書を使用して戸籍謄本等の交付の請求することもできるが，この場合は，成年被後見人の第三者請求の代理請求に当たることとなり，権限確認書面として成年後見登記事項証明書等を提供するとともに，第三請求の要件を満たすための戸籍謄本等を必要とする理由等を明らかにする必要がある（前記3の説明要求の対象ともなる。）。

　その他，例えば，成年後見人である司法書士が，成年被後見人の居住用不動産の処分の許可を得るために，家庭裁判所に成年被後見人の戸籍謄本等を提出する必要がある場合や，成年被後見人が死亡したとき，成年後見人である司法書士が，その管理している成年被後見人の相続財産等を相続人に引き渡す必要がある場合，あるいは，遺言執行者である司法書士が相続財産目録を相続人に交付するために必要がある場合にも，2号様式の交付請求書を使用して交付を請求することができる。この場合は，成年後見人自身にとって第三者請求に当たることとなるため，権限確認書面の提出は必要とされないが，第三請求の要件を満たすための戸籍謄本等を必要とする理由等を明らかにし，さらに，前記3の説明要求の対象ともなることから，請求の際に，その意味において成年後見登記事項証明書等を提供しておく必要もあろう。

第3　住民票の写し等の交付の請求

1 本人等の請求

　住民基本台帳に記録されている者は，自己又は自己と同一の世帯に属する者に係る住民票の写し又は住民票に記載をした事項に関する証明書（住民票記載事項証明書）の交付を請求することができ（住基台帳12条1項），この場合は，

第2章　相続人の特定のための戸籍法等の基礎知識

次に掲げる事項を明らかにしてしなければならず（住基台帳12条2項），その際には，それらの事項を明らかにするため市町村長が適当と認める書類を提出してしなければならない（住基台帳省令4条1項）。

一　当該請求をする者の氏名及び住所

二　現に請求の任に当たっている者が，請求をする者の代理人であるときその他請求をする者と異なる者であるときは，当該請求の任に当たっている者の氏名及び住所

三　当該請求の対象とする者の氏名

四　前三号に掲げるもののほか，総務省令で定める事項として，次に掲げる事項（住基台帳省令4条2項）

　　ⅰ　配偶者からの暴力の防止及び被害者の保護等に関する法律第1条第2項に規定する被害者のうち更なる暴力によりその生命又は身体に危害を受けるおそれがあるものに係る請求である場合その他市町村長が住民基本台帳法第12条第6項の規定に基づき請求を拒むかどうか判断するため特に必要があると認める場合にあっては，請求事由

　　ⅱ　住民票の写し等の送付を求める場合において，請求をする者の住所以外の場所に送付することを求めるときは，その理由及び送付すべき場所

　住民基本台帳は，原則として，市町村長が，個人を単位とする住民票を世帯ごとに編成して作成し（住基台帳6条），住民票には，次に掲げる事項について記載される（住基台帳7条）。

一　氏名

二　出生の年月日

三　男女の別

四　世帯主についてはその旨，世帯主でない者については世帯主の氏名及び世帯主との続柄

五　戸籍の表示。ただし，本籍のない者及び本籍の明らかでない者については，その旨

第3　住民票の写し等の交付の請求

六　住民となった年月日

七　住所及び一の市町村の区域内において新たに住所を変更した者については，その住所を定めた年月日

八　新たに市町村の区域内に住所を定めた者については，その住所を定めた旨の届出の年月日（職権で住民票の記載をした者については，その年月日）及び従前の住所

八の二　個人番号

九　選挙人名簿に登録された者については，その旨

十　国民健康保険の被保険者である者については，その資格に関する事項で政令で定めるもの

十の二　後期高齢者医療の被保険者である者については，その資格に関する事項で政令で定めるもの

十の三　介護保険の被保険者である者については，その資格に関する事項で政令で定めるもの

十一　国民年金の被保険者である者については，その資格に関する事項で政令で定めるもの

十一の二　児童手当の支給を受けている者については，その受給資格に関する事項で政令で定めるもの

十二　米穀の配給を受ける者については，その米穀の配給に関する事項で政令で定めるもの

十三　住民票コード

十四　前各号に掲げる事項のほか，政令で定める事項として，次の事項
（住民基本台帳法施行令6条の2）

　　ⅰ　住民の福祉の増進に資する事項のうち，市町村長が住民に関する事務を管理し及び執行するために住民票に記載することが必要であると認めるもの

　ただ，本人等の請求の場合，市町村長は，特別の請求がない限り，前記第4号，第5号及び第8号の2から第14号までに掲げる事項の全部又は一部の記載を省略した写しを交付することができることとなっているため（住基台

27

第 2 章　相続人の特定のための戸籍法等の基礎知識

帳12条 5 項)，原則として，住民票の写し等には，氏名，出生の年月日，男女の別，住民となった年月日，住所及び一の市町村の区域内において新たに住所を変更した者については，その住所を定めた年月日，新たに市町村の区域内に住所を定めた者については，その住所を定めた旨の届出の年月日 (職権で住民票の記載をした者については，その年月日) 及び従前の住所のみが記載されることとなる。

　本人等の請求の場合，市町村長は，その請求が不当な目的によることが明らかなときは，これを拒むことができるとされている (住基台帳12条 6 項)。

2 国又は地方公共団体の機関の請求

　国又は地方公共団体の機関は，法令で定める事務の遂行のために必要である場合には，市町村長に対し，住民票の写し (前記 1 の住基台帳 7 条 8 号の 2 及び13号に掲げる事項の記載を省略したもの。) 又は住民票記載事項証明書 (同条 1 号から 8 号まで，9 号から12号まで及び14号に掲げる事項に関するもの。) の交付を請求することができ (住基台帳12条の 2 第 1 項)，この際，総務省令で定めるところにより，次に掲げる事項を明らかにして (住基台帳12条の 2 第 2 項)，公文書を提出してしなければならないとされている (住基台帳省令 8 条 1 項)。

一　当該請求をする国又は地方公共団体の機関の名称

二　現に請求の任に当たっている者の職名及び氏名

三　当該請求の対象とする者の氏名及び住所

四　請求事由 (当該請求が犯罪捜査に関するものその他特別の事情により請求事由を明らかにすることが事務の性質上困難であるものにあっては，法令で定める事務の遂行のために必要である旨及びその根拠となる法令の名称)

五　前各号に掲げるもののほか，総務省令で定める事項として，次に掲げる事項 (住基台帳省令 8 条 2 項)

　ⅰ　前記第 4 号に規定する犯罪捜査等のための請求である場合にあっては，請求事由を明らかにすることが事務の性質上困難である理由

　ⅱ　住民票の写し等の送付を求める場合にあっては，当該請求をする国又は地方公共団体の機関の事務所の所在地

第3　住民票の写し等の交付の請求

国又は地方公共団体の機関の請求の場合，市町村長は，特別の請求がない限り，前記1の住民基本台帳法第7条第4号，第5号，第9号から第12号まで及び第14号に掲げる事項の全部又は一部の記載を省略した住民票の写しを交付することができるとされている（住基台帳12条の2第4項）。

3 本人等以外の者の申出

本人等の請求，国又は地方公共団体の機関の請求以外の場合であっても，それら以外の者が住民票の写し等の交付を受けることができる場合がある。それが，本人等以外の者の申出と，後述する職務上の申出の場合であり，これらの場合は，その交付を求める者の「請求」ではなく（戸籍謄本等の第三者請求，職務上請求においては「請求」とされている。），その「申出」を受けて，市町村長が相当と認めるときに（戸籍謄本等の第三者請求，職務上請求においては，「市町村長が相当と認めるとき」という要件はない。），その交付がなされることに注意を要する。

すなわち，市町村長は，当該市町村が備える住民基本台帳について，次に掲げる者から，住民票の写しで基礎証明事項（前記1の住基台帳7条1号から3号まで及び6号から8号までに掲げる事項）のみが表示されたもの又は住民票記載事項証明書で基礎証明事項に関するものが必要である旨の申出があり，かつ，当該申出を相当と認めるときは，当該申出をする者に当該住民票の写し又は住民票記載事項証明書を交付することができる（住基台帳12条の3第1項）。

一　自己の権利を行使し，又は自己の義務を履行するために住民票の記載事項を確認する必要がある者

二　国又は地方公共団体の機関に提出する必要がある者

三　前二号に掲げる者のほか，住民票の記載事項を利用する正当な理由がある者

本人等以外の者の申出は，総務省令で定めるところにより，次に掲げる事項を明らかにしてしなければならず（住基台帳12条の3第4項），申出の際は，それらの事項を明らかにするため市町村長が適当と認める書類を提出してしなければならず，この場合において，市町村長が必要と認めるときは，住民

29

第2章　相続人の特定のための戸籍法等の基礎知識

票の写し又は住民票記載事項証明書の利用の目的を証する書類の提示又は提出を求めるものとされる（住基台帳省令10条1項）。

一　申出者の氏名及び住所（申出者が法人の場合にあっては，その名称，代表者又は管理人の氏名及び主たる事務所の所在地）

二　現に申出の任に当たっている者が，申出者の代理人であるときその他申出者と異なる者であるときは，当該申出の任に当たっている者の氏名及び住所

三　当該申出の対象とする者の氏名及び住所

四　住民票の写し又は住民票記載事項証明書の利用の目的

五　（略）

六　前各号に掲げるもののほか，総務省令で定める事項として，住民票の写し等の送付を求める場合において，申出者の住所又は主たる事務所の所在地以外の場所に送付することを求めるときは，その理由及び送付すべき場所（住基台帳省令10条2項）

4 職務上の申出

本人等の請求，国又は地方公共団体の機関の請求以外の場合であっても，それら以外の者が住民票の写し等の交付を受けることができる場合は，前述の本人等以外の者の申出の他は，職務上の申出の場合である。

すなわち，市町村長は，資格者から，受任している事件又は事務の依頼者が住民基本台帳法第12条の3第1項各号に掲げる者（3の本人等以外の者の申出の要件を満たすもの。）に該当することを理由として，住民票の写し又は住民票記載事項証明書が必要である旨の申出があり，かつ，当該申出を相当と認めるときは，当該資格者に当該住民票の写し又は住民票記載事項証明書を交付することができる（住基台帳12条の3第2項）。

ここで，資格者は，特定事務受任者と呼ばれ，弁護士（弁護士法人を含む。），司法書士（司法書士法人を含む。），土地家屋調査士（土地家屋調査士法人を含む。），税理士（税理士法人を含む。），社会保険労務士（社会保険労務士法人を含む。），弁理士（特許業務法人を含む。），海事代理士又は行政書士（行政書士法人を含む。）

30

第3　住民票の写し等の交付の請求

を指す（住基台帳12条の3第3項）。

　職務上の申出は，司法書士の場合は，いわゆる1号様式「職務上請求書」をもって，行わなければならない。

5 請求又は申出の任に当たっている者が本人であることを明らかにする方法

　本人等の請求の場合において，現に請求の任に当たっている者は，市町村長に対し，個人番号カードを提示する方法その他の総務省令で定める方法により，当該請求の任に当たっている者が本人であることを明らかにしなければならない（住基台帳12条3項）。ここで，総務省令で定める方法は，次のいずれかの方法であるとされている（住基台帳省令5条）。

　　一　個人番号カード等であって現に請求の任に当たっている者が本人であることを確認するため市町村長が適当と認める書類を提示する方法

　　二　前号の書類をやむを得ない理由により提示することができない場合にあっては，現に請求の任に当たっている者が本人であることを確認するため市町村長が適当と認める書類を提示し，若しくは提出する方法又は現に請求の任に当たっている者が本人であることを説明させる方法その他の市町村長が前号に準ずるものとして適当と認める方法

　　三　住民票の写し等の送付を求める場合にあっては，第1号又は前号の書類の写しを送付し，現に請求の任に当たっている者の住所を送付すべき場所に指定する方法その他の市町村長が前二号に準ずるものとして適当と認める方法

　国又は地方公共団体の機関の請求の場合において，現に請求の任に当たっている者は，市町村長に対し，国又は地方公共団体の機関の職員であることを示す書類を提示する方法その他の総務省令で定める方法により，当該請求の任に当たっている者が本人であることを明らかにしなければならず（住基台帳12条の2第3項），ここで，総務省令で定める方法は，次のいずれかの方法とされている（住基台帳省令9条）。

　　一　国又は地方公共団体の機関の職員たる身分を示す証明書を提示する方法

31

第2章　相続人の特定のための戸籍法等の基礎知識

　二　前号の書類をやむを得ない理由により提示することができない場合に
　　あっては，個人番号カード等であって現に請求の任に当たっている者が
　　本人であることを確認するため市町村長が適当と認める書類を提示し，
　　又は提出する方法
　三　住民票の写し等の送付を求める場合にあっては，第1号又は前号の書
　　類の写しを送付する方法その他の市町村長が前二号に準ずるものとして
　　適当と認める方法
　本人等以外の者の申出，職務上の申出をする場合において，現に申出の任
に当たっている者は，市町村長に対し，個人番号カードを提示する方法その
他の総務省令で定める方法により，当該申出の任に当たっている者が本人で
あることを明らかにしなければならず（住基台帳12条の3第5項），ここで，総
務省令で定める方法は，次のいずれかの方法とされる（住基台帳省令11条）。
　一　本人等以外の者の申出をする場合にあっては，次に掲げる方法
　　イ　個人番号カード等であって現に申出の任に当たっている者が本人で
　　　あることを確認するため市町村長が適当と認める書類を提示する方法
　　ロ　イの書類をやむを得ない理由により提示することができない場合に
　　　あっては，現に申出の任に当たっている者が本人であることを確認す
　　　るため市町村長が適当と認める書類を提示し，若しくは提出する方法
　　　又は現に申出の任に当たっている者が本人であることを説明させる方
　　　法その他の市町村長がイに準ずるものとして適当と認める方法
　二　職務上の申出をする場合にあっては，前号イの書類又は同条第3項に
　　規定する特定事務受任者若しくは特定事務受任者の事務を補助する者で
　　あることを証する書類（本人の写真が貼付されたものに限る。）を提示し，特
　　定事務受任者の所属する会が発行した住民票の写し等の交付を申し出る
　　書類に当該特定事務受任者の職印が押されたものによって申し出る方法
　　その他の市町村長がこれらに準ずるものとして適当と認める方法
　三　本人等以外の者の申出をする場合において，住民票の写し等の送付を
　　求めるときは，第1号ロに掲げる方法のほか次に掲げる方法
　　イ　第1号イ又はロの書類の写しを送付し，現に申出の任に当たってい

第3　住民票の写し等の交付の請求

る者の住所を住民票の写し等を送付すべき場所に指定する方法その他の市町村長が同号に準ずるものとして適当と認める方法（ロに掲げる方法による場合を除く。）

ロ　申出者が法人の場合において，現に申出の任に当たっている者が当該法人の役職員又は構成員であるときは，第1号イ又はロの書類の写し及び当該法人の主たる事務所の所在地を確認するため市町村長が適当と認める書類を送付し，当該主たる事務所の所在地を住民票の写し等を送付すべき場所に指定する方法その他の市町村長が同号に準ずるものとして適当と認める方法

四　職務上の申出をする場合において，住民票の写し等の送付を求めるときは，第1号イの書類の写し又は特定事務受任者であることを証する書類の写し及び特定事務受任者の所属する会が発行した住民票の写し等の交付を申し出る書類に当該特定事務受任者の職印が押されたものを送付し，当該特定事務受任者の事務所の所在地を住民票の写し等を送付すべき場所に指定する方法。ただし，特定事務受任者の所属する会が会員の氏名及び事務所の所在地を容易に確認することができる方法により公表しているときは，同号イの書類の写し又は特定事務受任者であることを証する書類の写しの送付は要しない。

6　代理人等が権限を明らかにする方法

　本人等の請求の場合において，現に請求の任に当たっている者が，請求をする者の代理人であるときその他請求をする者と異なる者であるときは，当該請求の任に当たっている者は，市町村長に対し，総務省令で定める方法により，請求をする者の依頼により又は法令の規定により当該請求の任に当たるものであることを明らかにする書類を提示し，又は提出しなければならない（住基台帳12条4項）。ここで，総務省令で定める方法は，次のいずれかの方法とされ，この場合において，市町村長が必要と認めるときは，請求をする者が本人であるかどうかの確認をするため必要な事項を示す書類の提示又は提出を求めるものとされている（住基台帳省令6条）。

33

第2章　相続人の特定のための戸籍法等の基礎知識

一　現に請求の任に当たっている者が法定代理人の場合にあっては，戸籍
　謄本その他その資格を証明する書類を提示し，又は提出する方法

二　現に請求の任に当たっている者が法定代理人以外の者である場合に
　あっては，委任状を提出する方法

三　前二号の書類をやむを得ない理由により提示し，又は提出することが
　できない場合にあっては，請求をする者の依頼により又は法令の規定に
　より当該請求の任に当たるものであることを説明する書類を提示し，又
　は提出させる方法その他の市町村長が前二号に準ずるものとして適当と
　認める方法

　本人等以外の者の申出，職務上の申出の場合において，現に申出の任に当
たっている者が，申出者の代理人であるときその他申出者と異なる者である
ときは，当該申出の任に当たっている者は，市町村長に対し，総務省令で定
める方法により，申出者の依頼により又は法令の規定により当該申出の任に
当たるものであることを明らかにする書類を提示し，又は提出しなければな
らず（住基台帳12条の3第6項），ここで，総務省令で定める方法は，次のいず
れかの方法とされ，この場合において，市町村長が必要と認めるときは，申
出者が本人であるかどうかの確認をするため必要な事項を示す書類の提示又
は提出を求めるものとされる（住基台帳省令12条）。

一　現に申出の任に当たっている者が法定代理人の場合にあっては，戸籍
　謄本その他その資格を証明する書類を提示し，又は提出する方法

二　現に申出の任に当たっている者が法定代理人以外の者である場合に
　あっては，委任状を提出する方法

三　前二号の書類をやむを得ない理由により提示し，又は提出することが
　できない場合にあっては，申出者の依頼により又は法令の規定により当
　該申出の任に当たるものであることを説明する書類を提示し，又は提出
　させる方法その他の市町村長が前二号に準ずるものとして適当と認める
　方法

　なお，国又は地方公共団体の機関の請求においては，代理人等による請求
に関する規定は設けられていない。

第3　住民票の写し等の交付の請求

7 基礎証明事項以外の事項

　本人等以外の者の申出，職務上の申出の申出者は，住民票の写し又は住民票記載事項証明書の利用の目的（住基台帳12条の３第４項４号）を達成するため，基礎証明事項（前記３）のほか基礎証明事項以外の事項（住基台帳７条８号の２及び13号に掲げる事項を除く。）の全部若しくは一部が表示された住民票の写し又は基礎証明事項のほか基礎証明事項以外の事項の全部若しくは一部を記載した住民票記載事項証明書が必要である場合には，その旨を市町村長に申し出ることができ（住基台帳12条の３第７項），市町村長は，その申出を相当と認めるときは，基礎証明事項のほか基礎証明事項以外の事項の全部若しくは一部が表示された住民票の写し又は基礎証明事項のほか基礎証明事項以外の事項の全部若しくは一部を記載した住民票記載事項証明書を交付することができる（住基台帳12条の３第８項）。

8 送付による請求

　本人等の請求，国又は地方公共団体の機関の請求の場合は，郵便等により，住民票の写し等の送付を求めることができる（住基台帳12条７項，12条の２第５項）。

　本人等以外の者の申出，職務上の申出の場合は，郵便等により，住民票の写し等の送付を求めることができる（住基台帳12条の３第９項）。

9 成年後見人等に就任している司法書士による請求，申出

　司法書士が住民票の写し等（司法書士自身の住民票の写し等を除く。）の交付を求める場合は，職務上の申出による場合だけではないことは，戸籍謄本等の請求の場合と同様であり，本人等の請求の代理請求，本人等以外の者の申出の代理申出，本人等以外の者の申出に当たるときは，２号様式の交付請求書を使用して住民票の写し等の交付の請求，申出をすることができる。

　２号様式の交付請求書による住民票の写し等の交付の請求，申出の方法等は，住民基本台帳法に従うほかは，戸籍謄本等の交付の請求の場合と同様で

35

第2章　相続人の特定のための戸籍法等の基礎知識

ある。

第4　戸籍の附票の写し等の交付の請求

1 本人等の請求

　市町村長は，その市町村の区域内に本籍を有する者につき，その戸籍を単位として，戸籍の附票を作成しなければならず（住基台帳16条），戸籍の附票には，次に掲げる事項が記載される（住基台帳17条）。

　一　戸籍の表示

　二　氏名

　三　住所

　四　住所を定めた年月日

　そこで，戸籍の附票に記録されている者又はその配偶者，直系尊属若しくは直系卑属は，市町村長に対し，これらの者に係る戸籍の附票の写しの交付を請求することができる（住基台帳20条1項）。

2 国又は地方公共団体の機関の請求

　国又は地方公共団体の機関は，法令で定める事務の遂行のために必要である場合には，市町村長に対し，戸籍の附票に記録されている者に係る戸籍の附票の写しの交付を請求することができる（住基台帳20条2項）。

3 本人等以外の者の申出

　市町村長は，次に掲げる者から，戸籍の附票の写しが必要である旨の申出があり，かつ，当該申出を相当と認めるときは，当該申出をする者に当該戸籍の附票の写しを交付することができる（住基台帳20条3項）。

　一　自己の権利を行使し，又は自己の義務を履行するために戸籍の附票の記載事項を確認する必要がある者

　二　国又は地方公共団体の機関に提出する必要がある者

　三　前二号に掲げる者のほか，戸籍の附票の記載事項を利用する正当な理

由がある者

4 職務上の申出

　市町村長は，資格者（第3－4参照，特定事務受任者）から，受任している事件又は事務の依頼者が3（住基台帳20条3項各号）に掲げる者に該当することを理由として，戸籍の附票の写しが必要である旨の申出があり，かつ，当該申出を相当と認めるときは，当該特定事務受任者に当該戸籍の附票の写しを交付することができる（住基台帳20条4項）。

　職務上の申出は，司法書士の場合は，いわゆる1号様式「職務上請求書」をもって，行わなければならない。

5 住民票の写し等の交付の手続の準用

　住民基本台帳法第12条第2項から第4項まで，第6項及び第7項の規定（第3－1参照，本人等の請求）は戸籍の附票の写しの本人等の請求に，第12条の2第2項，第3項及び第5項の規定（第3－2参照，国又は地方公共団体の機関の請求）は戸籍の附票の写しの国又は地方公共団体の機関の請求に，第12条の3第4項から第6項まで及び第9項の規定（第3－3参照，本人等以外の者の申出。第3－4参照，職務上の申出）は戸籍の附票の写しの本人等以外の者の申出，住民票の写し等の職務上の申出に，それぞれ準用されている（住基台帳20条5項）。

6 成年後見人等に就任している司法書士による請求，申出

　2号様式の交付請求書による戸籍の附票の写しの交付の請求，申出の方法等は，住民票の写し等の交付の場合と同様である。

第5　公用請求と職務上請求

　第1章のガイドラインにおいて，自治体が，相続人の探索を司法書士等に外部委託する場合で，委託者に戸籍の記載事項を確認する正当な理由がある場合には，職務上請求を活用して戸籍謄本等の交付を請求することができる

第2章　相続人の特定のための戸籍法等の基礎知識

ことについての言及がなされているが，このような運用が具体化されることは，所有者の所在の把握が難しい土地，建物が抱える諸問題の解決に向けて，大きな力になると考える。

戸籍謄本等の，このような請求方法に関する運用上の実務が確立し，広く，自治体において利用されることが期待されている。

〈図2　住民票の写し等や戸籍の附票の写しによる所有者特定のフロー〉

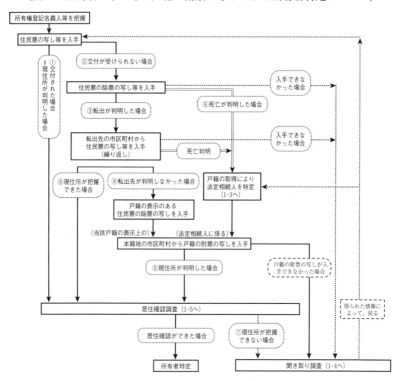

注）図注の（1-3）等は，ガイドラインの見出しを意味している。
出典：所有者不明土地ガイドライン（20頁）

第5　公用請求と職務上請求

〈図3　法定相続人の特定フロー〉

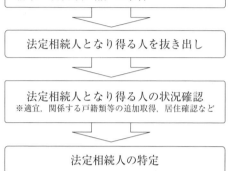

出典：所有者不明土地ガイドライン（27頁）

〈図4　現行民法の相続人〉

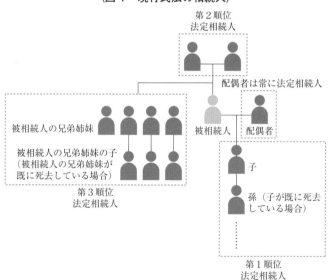

出典：所有者不明土地ガイドライン（28頁）

第2章　相続人の特定のための戸籍法等の基礎知識

〈表2　相続人及び相続分一覧表〉

適用期間 ＼ 順位	第1順位	第2順位	第3順位
明治31年7月16日 　～昭和22年5月2日 （旧民法）	家督相続人（第1順位～第5順位）		
昭和22年5月3日 　～昭和22年12月31日 （応急法）	配偶者　　：⅓ 直系卑属：⅔	配偶者　　：½ 直系尊属：½	配偶者　　：⅔ 兄弟姉妹：⅓
昭和23年1月1日 　～昭和37年6月30日 （改正前の現行民法）	配偶者　　：⅓ 直系卑属：⅔	配偶者　　：½ 直系尊属：½	配偶者　　：⅔ 兄弟姉妹：⅓
昭和37年7月1日 　～昭和55年12月31日 （改正前の現行民法）	配偶者　　：⅓ 子　　　　：⅔	配偶者　　：½ 直系尊属：½	配偶者　　：⅔ 兄弟姉妹：⅓
昭和56年1月1日 　～現在 （現行民法）	配偶者　　：½ 子　　　　：½	配偶者　　：⅔ 直系尊属：⅓	配偶者　　：¾ 兄弟姉妹：¼

出典：末光祐一『農地・森林に関する法律と実務』(日本加除出版, 2013) 23頁

〈表3　所有者の所在の把握が難しい土地の状況と利用可能な制度の対応〉

制　度	状況の例
不在者財産管理制度 （2－1）	所有者の所在が不明の場合（生死が不明の場合も含む）
	土地を所有していた者が既に死亡しており，かつ相続人の特定もできたが，所有者（共有者）である当該相続人の全員又は一部の所在が不明の場合
相続財産管理制度 （2－2）	土地を所有していた者が既に死亡していることが判明したものの，その者等の除籍謄本等が入手できず相続人の有無が不明の場合
	土地を所有していた者が既に死亡していることが判明したものの，相続人がいない場合
	土地を所有していた者が既に死亡していることが判明したものの，相続人全員が相続放棄している場合

第5　公用請求と職務上請求

失踪宣告制度（2-3）	所有者の生死が7年間明らかでない場合等
訴訟等（2-4）	所有権確認等の判決を得るなどして登記をすることができる場合
土地収用制度（2-5）	土地収用法に基づく事業認定を得た事業の場合
認可地縁団体が所有する不動産に係る登記の特例（2-6）	認可地縁団体が所有する土地について，その登記名義が当該団体の構成員やその承継人となっている場合

注）図注の（2-1）等は，ガイドラインの見出しを意味している。

出典：所有者不明土地ガイドライン（38頁）

〈表4　家庭裁判所の権限外行為許可を得なければならない処分行為等〉

処分行為等	内　　容
相続放棄	通常は価値減少行為に当たるため，家庭裁判所の許可が必要
遺産分割協議を成立させること	遺産分割協議をすること自体は家庭裁判所の許可は不要だが，協議を成立させることは処分行為に当たるため，家庭裁判所の許可が必要
売却処分・無償譲渡	不在者財産管理制度は財産の保存を目的とするため，管理財産を売却又は無償譲渡するには，家庭裁判所の許可が必要
訴訟行為	民法103条所定の権限内行為に属さない訴訟行為（訴えの提起，訴えの取下げ，和解，請求の放棄，認諾）には家庭裁判所の許可が必要（上訴には許可は不要だが，上訴の取下げは処分性を有するので許可が必要）
不動産賃貸借契約	特に賃貸借契約が長期の場合には，処分行為の要素を含むため家庭裁判所の許可が必要

出典：所有者不明土地ガイドライン（42頁）

第2章 相続人の特定のための戸籍法等の基礎知識

〈図5 相続人不存在の場合の手続のフロー〉

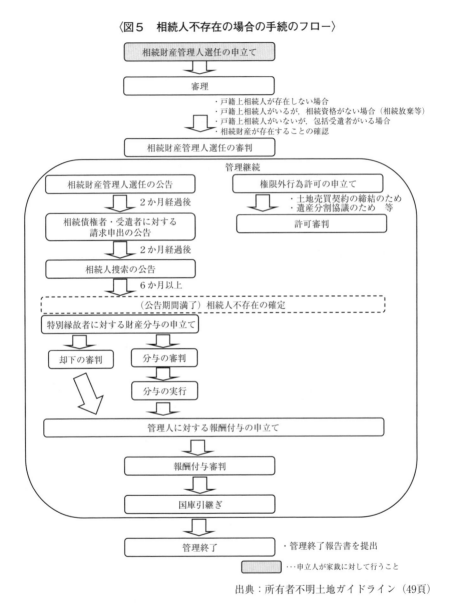

出典：所有者不明土地ガイドライン（49頁）

第5 公用請求と職務上請求

〈図6 土地所有者等の探索フロー（用地買収を伴う公共事業：地方公共団体ケース）〉

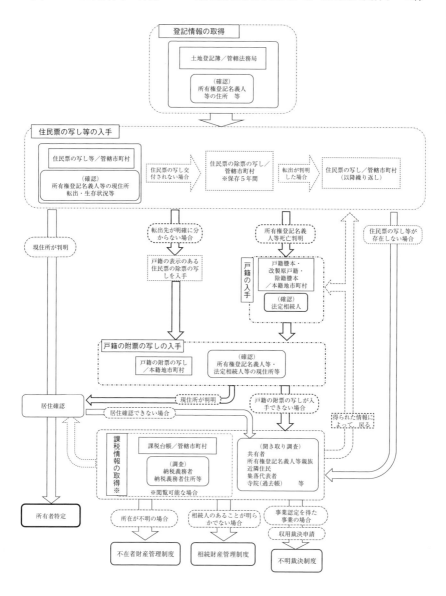

出典：所有者不明土地ガイドライン（96頁）

第2章　相続人の特定のための戸籍法等の基礎知識

〈表5　相続登記・各種届出の提出状況〉

	実施せず	一部実施	全て実施
農　地	12.9%	76.6%	10.5%
森　林	17.9%	76.0%	6.1%

注）居住地とは異なる市町村に農地・森林を所有している2,121名を対象に、「不動産
　　登記簿への登記、市町村や農業委員会への所有者変更の届出、森林組合・農業協
　　同組合への組合員変更の届出、市町村資産税部局への相続人代表指定届出」につ
　　いて、届出の状況についてインターネットアンケートを実施（調査期間平成23年
　　8月〜9月）。森林法に基づく届出は、調査時点では施行前のため、届出の状況
　　には含まれない。
出典：平成23年度都市と農村の連係による持続可能な国土管理の推進に関する調査報
　　　告書（平成24年3月国土交通省国土政策局）

第2編 相隣関係

第1章 隣地・隣家立入

Q1 必要があるときは隣人の承諾がないときであっても隣地や隣家に立ち入ることができるか。

A 境界付近において障壁，建物を築造，修繕するため必要な範囲内で，隣地の使用を請求することができるが，現実に立ち入るためには隣人の承諾（又は，承諾に代わる確定判決）があることが必要とされる。なお，隣家に立ち入るには，隣人の承諾がなければならない。

解説 土地の所有者は，境界又はその付近において障壁又は建物を築造し又は修繕するため必要な範囲内で，隣地の使用を請求することができる（民209条1項前段）。ただし，隣人の承諾がなければ，その住家に立ち入ることはできない（民209条1項後段）。

つまり，土地の所有者は，境界付近において障壁，建物を築造，修繕するため必要な範囲内であれば，隣地への立入りを請求することができ，ただ，隣家（隣人の住家）に立ち入るには，その隣人の承諾を要する。

この権利は，隣地立入権と呼ばれ，囲繞地通行権と同様相隣関係に基づく権利で，土地の境界付近で障壁，建物を築造，修繕するときに，必要な範囲内において，隣地を使用し，隣地に立ち入ることを請求することができる権利をいい，隣地使用権ともいう。所有者だけでなく，地上権者も請求するこ

45

第1章　隣地・隣家立入

とができ，永小作権者や対抗力を得た賃借権者も同様に主張できるものと解される。

　隣地立入権が認められる場合とは，土地の境界付近で障壁，建物を築造，修繕する場合だけでなく，導管，工作物等の設置や，植樹等の場合も含まれ，工事の規模，緊急性，隣地の利用状況又は隣地所有者の受ける損害等諸般の事情を考慮して必要な範囲であるか否かを決定されることとなる。

　それら必要な範囲であれば，隣地へ立ち入るだけでなく，足場を組んだり，一時的に材料等を置いたり，穴を掘ること等も認められる。土地の形状を著しく変える行為で，隣地所有者に著しい損害が生ずるおそれの高いものについては，よほど強い必要性がなければならない（藤田耕三＝小川英明編『不動産訴訟の実務　7訂版』501・502頁（新日本法規，2010））。

　なお，必要な範囲で隣家の屋根に登ることは，隣家への立ち入りではなく，隣地の使用であると考えられている（境界・私道等実務研究会編『問答式　境界・私道等の法律実務』563頁（新日本法規，1989））。

　同じ相隣関係に基づく権利である囲繞地通行権（Q3）とは異なり，隣人（隣地所有者，地上権者，賃借権者等）の土地に立入りを請求することができるにすぎず，隣人の承諾があってから現実に立入権が発生する。もし隣人の承諾が得られないときには，その承諾に代わる確定判決（意思表示の擬制）を得れば，直ちに隣地に立ち入ることができるようになる。また，判決に条件を付すこともできる。

　なお，隣人の住家に立ち入る場合は隣人（現にその住家に居住する所有者又は借家人）の任意の承諾が必要であり，確定判決をもって承諾に代えることはできない。

【判　例】

■隣地立入請求の相手方適格者

　隣地立入権請求の相手方は，隣地の所有者，地上権者，賃借権者等の占有者でなければならず，たとえ隣地所有者であっても，駐車場として賃貸している者に対しては請求することができない（高松高判昭49・11・28判タ318号254頁）。

第1章　隣地・隣家立入

■隣地立入請求が認められる工事等の範囲

　石垣のセメント充填行為及び石垣の一部削除を行う場合は，その隣地所有者は当該工事に必要な範囲での隣地立入及び使用を承諾する義務を負うが，その隣地上に崩壊した残土の除去や花壇の造成を行う場合は，隣地立入請求は認められない（横浜地判昭38・3・25下民14巻3号444頁）。

Q2　隣地立入権に基づいて隣地に立ち入られた隣人は，立入料を請求することができるか。

隣人が損害を受けたときは請求することができる。

解説　隣地への立入りによって，隣人が損害を受けたときは，その償金を請求することができる（民209条2項）。

　この場合の償金には純粋な損害賠償だけでなく，不当利得返還の性質を有するものも含まれ（藤田耕三＝小川英明編『不動産訴訟の実務　7訂版』503頁（新日本法規，2010），隣地使用料に相当するものも含まれると考えられ，この償金は隣人による使用，立入承諾があった場合でも請求することができる（境界・私道等実務研究会編『問答式　境界・私道等の法律実務』564頁（新日本法規，1989））。

第2章 囲繞地

第2章 囲繞地

Q3 他人の土地に囲まれている土地の所有者は，囲んでいる土地を通行することができるか。

A 他人の土地に囲まれて公道に通じない土地の所有者は，公道に至るために，その土地を囲んでいる他の土地を通行することができる。

 他の土地に囲まれて（囲繞されて），公道に通じない土地の所有者は，公道に至るため，その土地を囲んでいる他の土地を通行することができる（民210条1項）。

この権利が囲繞地通行権（袋地通行権）であり，公道に至るための他の土地の通行権とも言われ，相隣関係の中核となる権利となっている。

囲繞地通行権が発生する要件としての公道とは，道路法等に基づく道路と必ずしも一致するとは限らず，現に一般公衆の交通の用に供されている私道も含まれ，そこを利用することにより社会通念上囲繞されているとは認められない状況があれば，当該道路通路等も公道に該当する。

なお，ここで，平成16年12月1日号外法律第147号による民法改正（現代語化）前は，「公道」は「公路」とされていた。

社会通念上囲繞され，公道（公路）に至ることができないと認められる状況にある土地について囲繞地通行権が発生し，この場合，囲繞している土地は囲繞地，その土地に囲繞されている土地は袋地と呼ばれる。

要するに，ある土地が袋地に該当するならば，その土地について囲繞地通行権が発生することになる。この場合，その土地が道に直に接していても，その道が公道（公路）に該当するものではないならば，他に公道（公路）に接していない限り，袋地であることを否定されることにはならない。

袋地と認められるための要件である「他の土地に囲まれて」とは，他人の

48

土地という意味であり，甲地が他の筆土地乙地に囲まれて甲地からは直接公道に至ることができないときであっても，甲地の所有者が乙地も所有しているとしたら甲地の所有者は乙地を通って公道に至ることができるため，このような場合には，甲地は袋地には該当しない。

【判　例】

■公路（公道）と袋地該当性

・　畦道があって人の通行が可能でも，肥料・収穫物等の運搬に支障を来すような場合には，袋地に該当する（大判大 3・8・10新聞967号31頁）。

・　公道に通じる山道があるが，傾斜が急で石材を搬出することができないような場合には，袋地に該当する（大判昭13・6・7大民集17巻1331頁）。

・　私道であっても，あたかも公衆の自由に通行し得る道路であると認められるときは，公路に該当する（東京高判昭29・3・25下民 5巻 3号410頁）。

・　既存通路の幅員が1.38メートルから2.36メートルある場合は，その通路が位置的に当該土地から公路へ至るのに最も遠い場所に設置されているときでも，袋地であるとはいえない（最三小判昭30・12・26民集 9巻14号2097頁）。

・　公路といえるには，一般人において自由に通行することを許容されている状態にある通路であることを要する（東京地判昭37・5・26ジュリ257号 3頁）。

・　市道であっても，付近の土地状況及び現在の社会生活の状況を考え居住地の利用の必要を満たすものとはないときは，公路であるとはいえない（米子簡判昭42・12・25判時523号72頁）。

・　公図上，公簿上は道となっているが，実際には畑や工場敷地として使用されている土地は，公路とはいえない（東京高判昭48・3・6判時702号63頁）。

・　公道に通じる既存通路があるが，当該土地の利用方法からしてその必要性を満たすことができないような通路であるときは，袋地に該当する（最二小判昭47・4・14民集26巻 3号483頁）。

・　建築基準法上の私道であっても，直ちに公路に該当するとはいえず，私道の共有者が確認書をもって車両通行を認めない等の制限をしている場合は，公路とはいえない（東京地判昭60・4・30判時1179号85頁）。

第2章　囲繞地

■囲繞する土地の意味
　袋地を囲繞する土地とは，他の筆の土地という意味ではなく，他人所有の土地という意味であり，取得した土地の筆界の全部が直に公路に接していないときでも，自己の隣接する別の土地を通り，さらにその隣接地を要役地とする通行地役権が設定されている再隣接地を通って公路へ至ることができるときは，囲繞地通行権は発生しない（最一小判昭43・3・28裁判集民90号813頁）。

Q4　崖であっても直に公道に接している土地については，囲繞地通行権は発生するか。

A　崖があって土地と公道とに著しい高低差があるときは，囲繞地通行権が発生する。

解説　池沼，河川，水路若しくは海を通らなければ公道に至ることができないとき，又は崖があって土地と公道とに著しい高低差があるときも，公道に至るため，他の土地を通行することができる（民210条2項）。
　つまり，ある土地が，全部は他人の土地に囲繞されてはいないが，池，河等で囲繞されている場合や，土地の筆界は公路に直に接していても現実には崖等によって著しい高低差がある場合も，袋地に準じて囲繞地通行権が認められる。このような土地は準袋地と呼ばれている。

【判　例】
■準袋地該当性
　「崖岸アリテ土地ト公路ト著シキ高低ヲ為ス（崖があって土地と公道とに著しい高低差がある）」とは，当該土地の位置，形状，公路に至るための階段設置工事の難易度，費用，工事により被る影響その他諸般の事情を斟酌し

第2章　囲繞地

て，社会通念に従って決する（東京高判昭54・5・30判タ389号81頁）。

Q5 所有権移転未登記の袋地の所有者は，囲繞地通行権を主張することができないか。

　実体上の袋地の所有者は，登記の有無とは関係なく囲繞地通行権を主張することができる。

|解　説|　囲繞地通行権の権利主体は袋地の所有者であるが，囲繞地通行権に関する規定は，相隣接する不動産相互間の利用の調整を目的とする規定であり，袋地の所有者が囲繞地の所有者らに対して囲繞地通行権を主張する場合は，不動産取引の安全保護を図るための公示制度とは関係がない。したがって，実体上袋地の所有権を取得した者は，対抗要件を具備することなく，囲繞地所有者らに対し囲繞地通行権を主張し得ることとなる。

　所有者以外の者であっても，袋地の地上権者，永小作権者も囲繞地通行権を主張することができ，さらに，賃借権者であっても対抗力を備えた者は囲繞地通行権を主張できると解されている。

【判　例】
■未登記所有権者の囲繞地通行権主張の適否
　実体上袋地の所有権を取得した者は，所有権移転の登記を経なくても，囲繞地通行権を主張することができる（最二小判昭47・4・14民集26巻3号483頁）。
■囲繞地通行権の主張主体
　・　袋地における本権を有しない単なる占有権者には，囲繞地通行権は認められない（最二小判昭36・3・24民集15巻3号542頁）。
　・　囲繞地通行権を主張し得る者は袋地所有者のみならず地上権者，永小

第2章　囲繞地

作権者，賃借権者も含まれるが，物権的効力を有する権利者に限られるの
で，占有はしているが対抗力を有さない袋地の賃借権者は，囲繞地通行権
を主張することができない（大阪地決昭38・11・18下民14巻11号2237頁）。

・　農地である袋地の引渡しを受けたことにより対抗力を得た賃借権者は，
囲繞地通行権を主張することができる（最二小判昭36・3・24民集15巻3号542
頁）。

・　袋地の賃借人に囲繞地通行権が認められるためには，賃借権の登記，
地上建物登記，その他第三者対抗要件を具備し，対世的に自己の利用権原
を主張することができる物権的効力を有する場合に限られる（大阪地決昭
38・11・18下民14巻11号2237頁）。

・　囲繞地通行権は物上請求権的権利であるから，袋地の賃借権者は第三
者に対する対抗要件を具備している場合でなければ，囲繞地通行権を主張
することはできない（札幌地判昭50・12・23判タ336号303頁）。

・　建物所有を目的とする袋地の賃借人は，土地の引渡しを受け，現に建
物を所有し袋地を占有しているときは，囲繞地通行権を主張することがで
きる（東京高判昭63・6・29東京民時報39巻5～8号35頁）。

Q6 囲繞地通行権者は囲繞地に通路を開設することができるか。

A 囲繞地通行権者にとって必要であり，かつ，囲繞地のために損害が最も少ないものを選んで，通路を開設することができる。

解説　　囲繞地通行権に基づく通行について，その通行の場所及び方法
は，囲繞地通行権者のために必要であり，かつ，他の土地のため
に損害が最も少ないものを選ばなければならず，この場合は，囲繞地通行権

第2章　囲繞地

者は，必要があるときは，通路を開設することができる（民211条）。つまり，
囲繞地通行権の場所的範囲は，袋地所有者のために必要で，かつ囲繞地ため
に最も損害の少ない場所を，個別事例に応じて，土地の用法，位置関係，利
用や通路開設の経緯，付近の状況等諸般の事情を考慮して選定されることに
なり，その通行すべき場所は，法定通路と呼ばれている。

　通行権者は必要があれば，自己の負担で障害物を取り除いたり，小砂利を
敷くなどの方法によって，囲繞地に通路を開設することができる。

　法定通路の幅員については，社会通常の観念に照らし，付近の地理状況，
相隣地利用者の利害得失，その他諸般の事情を斟酌した上，具体的事例に応
じて認められることとなる。裁判例においては，具体的事例に応じて様々な
幅員が認定されているが，既存通路の幅員を適当なものとしてそのまま承認
している事例が圧倒的に多い。

【判　例】

■囲繞地通行権の場所的範囲の基準
・　既存通路が囲繞地の真中を貫通しているときに，それにより囲繞地所
　有者が囲繞地を建物敷地として利用する権利を奪われることによる損害が
　大である場合，囲繞地所有者が袋地所有者のため公路へ至る他の土地の通
　路を提供する事情においては，袋地所有者は既存通路を通行することは許
　されない（最三小判昭30・12・26民集9巻14号2097頁）。

・　囲繞地通行権は袋地の利用のため囲繞地の利用を制限するものである
　から，囲繞地通行権の認められる場所は，その範囲は袋地利用に必要で，
　かつ囲繞地のため最も損害の少ない限度で認められるにすぎず，その限度
　は結局社会通念に照らし，付近の地理状況，相隣地利用者の利害得失，そ
　の他諸般の事情により具体的事例に応じて判断すべきである（東京地判昭
　38・9・9判タ156号91頁）。

・　囲繞地の縁先等を通行することが囲繞地にとって最も損害の少ない箇
　所にみえても，囲繞地居住者の私生活が直接通行者に暴露されることが避
　けられない場合には，当該縁先は法定通路とはいえない（熊本簡判昭39・
　3・31判時371号56頁）。

第2編　相隣関係

53

第2章　囲繞地

・　囲繞地通行権の認められる場所は，囲繞地通行権者のために必要にして，かつ囲繞地ために最も損害の少ない場所を選ぶべきであるが，同時に，袋地と囲繞地の沿革，袋地を生ずるに至った経緯，従前の通路及び実際に行なわれてきた通行の状況，現在の通路の状況及び通行の実情，各土地の地形的位置的な状況等諸般の事情を考慮し，具体的な事情に応じて最も適当な通行範囲を定めるべきである（奈良地判昭55・8・29判時1006号90頁）。

■囲繞地通行権者による通路開設

・　囲繞地通行をすべき場所に家屋・物置等があるときは，囲繞地所有者はその一部を除去・撤去して通行を妨害しないようにしなければならないが，通路開設行為自体は，囲繞地通行権者の負担で行わなければならず，囲繞地所有者に対して通路の開設を求めることはできない（熊本簡判昭39・3・31判時371号56頁）。

・　一般に通行権を有する者は，通行権に基づき認められる表示手段の限界を超えない限り，安全に通行するための設備を当該通路に設置し，暗い通路へ照明設備を設置し，通行権のあることを対外的に表示することができる（東京地判昭60・6・24判タ614号76頁）。

■法定通路の幅員

・　建築基準適合の必要性は通行権そのものとは別問題であり，現在の通路の幅員で既存建物の利用上支障がない場合，増築の建築確認を受けるために必要な幅員に拡張することは認められない（最一小判昭37・3・15民集16巻3号556頁）。

・　囲繞地通行権による通路の幅員は，袋地囲繞地双方の利用状況，利用目的，社会，経済上の必要性等から客観的に判断されなければならず，囲繞地通行権者の主観的必要に応じて通路の幅員が増減することはない（東京地判昭37・10・3判タ141号61頁）。

・　袋地上に新たに建物を建築するための建築基準法に定める道路の要件を満たさないというのであれば，囲繞地所有者に通路の拡張を求めることができる可能性がある（最一小判昭43・3・28裁判集民90号813頁）。

・　通路の幅員について，建築基準法所定の基準を判断資料としたからと

54

第2章　囲繞地

いって，違法であるとはいえない（最三小判昭49・4・9裁判集民111号531頁）。
・　囲繞地通行権による通路の幅員は，一義的に決しうるものではなく，関係土地の利用の現況と従来の経緯を検討し，更に土地利用に関する行政法規の内容も参酌し，信義誠実の原則を踏まえながら判断すべきである（山口地徳山支判昭52・12・13判時894号103頁）。

Q7　囲繞地通行権に基づいて通行するには通行料等を支払う必要があるか。

　通行料，通路開設に伴う損害金を支払う必要がある（無償囲繞地通行権の場合を除く。）。

解説　囲繞地通行権者は，その通行する他の土地の損害に対して償金を支払わなければならない。ただし，通路の開設のために生じた損害に対するものを除き，1年ごとにその償金を支払うことができる（民212条）。

つまり，囲繞地通行権者は，囲繞地通行に伴って囲繞地所有者に償金としての通行料を支払わなければならず，また，舗装や，建築物，物件等の除去に伴う損害等，通路開設によって生じた損害に対する償金も支払う必要がある。

なお，無償の囲繞地通行権についてはQ8のとおり。

【判　例】
■通行料と通行拒否，通行料の請求
・　袋地所有者が支払うべき償金の支払いを怠っているとしても，囲繞地通行権は消滅せず，囲繞地所有者は通行を拒否できない（宇都宮地栃木支判昭55・4・10判時1016号64頁）。

55

第2章　囲繞地

・　裁判所において通行権者に償金の支払を命ずるためには，囲繞地所有
者が，裁判所に対して一定額の償金の支払を申し立て，かつ償金の適正額
を主張，立証しなければならない（東京高判昭56・8・27高民34巻3号271頁）

Q8 | 無償で囲繞地を通行することができる場合もあるか。

A 土地の分割，一部譲渡によって袋地が生じた場合などは，袋地の所
有者は，無償で囲繞地を通行することができる。ただし，通行するこ
とができる土地は，分割，一部譲渡に係る他の所有者の土地に限られる。

解説 分割によって公道に通じない土地が生じたときは，その土地の
所有者は，公道に至るため，他の分割者の所有地のみを通行する
ことができ，この場合においては，償金を支払うことを要しない。また。土
地の所有者がその土地の一部を譲り渡した場合についても同様である（民213
条）。

ある土地が共有物分割や一部譲渡によって袋地となった場合には，一般の
囲繞地通行権ではなく無償囲繞地通行権が発生する。同時分譲の場合，土地
の一部を賃貸した場合，同一人所有地を数人に賃貸した場合，同一人所有地
の一部を賃貸し残りを別人に譲渡した場合に袋地が生じたときにも，同様に
無償囲繞地通行権が発生する。このような場合には，袋地所有者（借地人）
はそれぞれ通行できる囲繞地が制限されるようになるが，反面，通行料を支
払う義務はなくなる。

ここで，土地の分割とは，共有の土地を現物分割する場合を指し，遺産分
割の場合も含まれ，また，土地の一部譲渡とは，土地の分筆後に，その一方
が譲渡された場合をいう。つまり，分筆によって公道に接しない土地が生じ

56

ただけでは袋地が生じたことにはならず，共有物分割や一部譲渡によって他人所有地を通行しなければ公道に至ることができない状況になったときに袋地が生じることになる。

無償囲繞地通行権が認められる袋地が生じたときは，囲繞地のうち，分割，一部譲渡前の土地の範囲のみにおいて通行が認められ，隣接する他の土地を通行することは許されない。

無償となるべき償金には，通路開設のために生じた損害も含まれると解されている（境界・私道等実務研究会編『問答式　境界・私道等の法律実務』（新日本法規，1989）959頁）。

【判　例】

■無償囲繞地通行権の発生

・　　1筆の土地を分筆して，それぞれを同時に数人に譲渡して袋地が生じた場合は，同時分譲に係る元1筆の土地のみに無償囲繞地通行権が発生する（最三小判昭37・10・30民集16巻10号2182頁）。

・　　共有地につき，現物をもって共有物分割をなした結果，袋地が生じた場合，残余の土地のみに無償囲繞地通行権が発生する。無償囲繞地通行権の発生する分割とは所有者の変動を生ずる共有物分割をいい，所有関係に何ら変動を生じない単なる分筆は当たらない（最三小判昭37・10・30民集16巻10号2182頁）。

・　　本来の袋地と，それに接続する袋地でない土地を所有する者が，たまたまその袋地を第三者に譲渡した場合は，一般の囲繞地通行権が発生する（東京地判昭40・12・17訟月11巻12号1757頁）。

・　　一部譲渡によって公路に接しない土地が生じても，それに隣接する所有地（要役地），更に接する承役地を通って公路へ至ることができる場合は，当該土地は袋地であるとはいえず，囲繞地通行権は発生しない（最一小判昭43・3・28裁判集民90号813頁）。

・　　無償囲繞地通行権が認められる袋地が生じたときは，囲繞地のうち，他の分割者の取得地又は譲渡人若しくは譲受人の取得地のみにおいて通行が認められる（最三小判平2・11・20民集44巻8号1037頁）。

第2章　囲繞地

・　分割又は一部譲渡によって袋地を生じた場合の無償囲繞地通行権については，袋地所有者の囲繞地の特定承継人に対する囲繞地通行権はなお消滅しないので，他に便利な別の囲繞地があるからといって，そこに一般の囲繞地通行権を主張できるようになるわけではない（最三小判平2・11・20民集44巻8号1037頁）。

・　無償囲繞地通行権が発生する一部譲渡とは，1筆の土地を分筆して一部を譲渡する場合に限らず，同一所有者に属する数筆の土地の一部の譲渡も含まれる（最三小判平5・12・17裁判集民170号877頁）。

・　数筆の土地の一部の担保権の実行によって袋地を生じた場合の無償囲繞地通行権は，囲繞地が特定承継された場合でもなお消滅しないので，一般の囲繞地通行権によって他の土地を通行できるようになるわけではない（最三小判平5・12・17裁判集民170号877頁）。

・　同一人所有の，数筆の一団の土地の一部を譲渡した結果，袋地が生じた場合でも無償囲繞地通行権が発生し，数人に対する土地の一部譲渡によって袋地を生じた場合の袋地所有者は，土地の一部譲渡人もしくは他の譲受人の土地のみに，無償囲繞地通行権を有することになる（最三小判平5・12・17裁判集民170号877頁）。

第3章 境界関連

> **Q9** 土地の「境界」と呼ばれるものにはどのようなものがあるか。

 一般に，筆界，所有権界，占有界，その他の権利の境，各種行政法上の境等がある。

解説 一般に土地の「境界」という用語は一義的ではなく，多様な意義を含むものである。

まず，「筆界」だが，土地の「境界」というときは，その多くの場合は，筆界を意味することとなると思われる。筆界とは，Q125のとおり，表題登記がある1筆の土地とこれに隣接する他の土地（表題登記がない土地を含む。）との間において，当該1筆の土地が登記された時にその境を構成するものとされた2以上の点及びこれらを結ぶ直線をいい（不登123条1号），いわゆる原始境界とも呼ばれている。

所有権界とは所有権の境（不登132条1項5号，135条2項）のことで，当該土地の所有者の所有権の及ぶ範囲の境のことを指す。また，占有界とは，当該土地の占有者が現実に占有している範囲，つまり，その占有権の及ぶ範囲の境のことを指す。

これらの「境界」は互いに一致していることが望ましいが，実際には現地において一致していないことも少なくなく，現に占有している範囲の境とは異なるところが所有権の境であったり，あるいは所有権の及ぶ範囲の境が筆界とは異なることもある。

その他にも，土地の一部に対して成立する地役権の及ぶ範囲の境や，道路法等の各種行政法の効果が及ぶ範囲の境もあり，これらも，必ずしも筆界等と一致するとは限らない。

第3章　境界関連

Q10　土地の境界標を設置したときは，筆界は確定するか。

　隣接地所有者と共同で設置された境界標には，法律上，筆界を確定する効力はないものの，筆界を明らかにするために有力な判断材料となる。

解説　土地の所有者は，隣地の所有者と共同の費用で，境界標を設けることができる（民223条）。

ここで「境界」とは筆界を指すと解されるが，境界標の設置は共同で行うことを原則としている。そこで，甲地の所有者が，隣接する乙地の所有者に境界標の設置の協力を求めたところ，拒絶されたときは，甲地の所有者は乙地の所有者に対してその設置を協力すべきことを訴求することができることとなるが，訴えによらずに，甲地の所有者が独断的に境界標を設置し，後に費用の分担を請求することはできないと解されている（『注釈民法7』356頁）。

境界標が設置されることは，法律上，筆界が確定されることにはならないが，筆界に関する将来の紛争を予防するために大いなる効果を発揮するものであり，紛争が生じたときにあっては，筆界を明らかにするために有意義な判断材料となるであろう。

境界標の設置及び保存の費用は，相隣者が等しい割合で負担し，ただし，測量の費用は，その土地の広狭に応じて分担するとされている（民224条）。

【判　例】
■境界標の材料
　土地の境界標の設置は，まず隣地所有者に対して協力を求めて，それに応じない場合に協力を訴求することになり，境界標の材料は，当事者の協議で決まらないときは，土地の状況，付近（近傍）における慣習，費用等を考慮して適当な材料を選ぶべきである（東京地判昭39・3・17下民15巻3号535頁）。

第3章　境界関連

Q11
隣接する土地の所有者が共同して境界に塀を設置しようとしたものの，塀の高さについて意見が合わなかったときは塀を設置することができないか。

A 隣接する土地双方ともに建物があり，その間に空地があるときは，2メートルの高さの塀であれば，塀を設置することを訴求し，勝訴確定することによって設置することができる。

解説　2棟の建物がその所有者を異にし，かつ，その間に空地があるときは，各所有者は，他の所有者と共同の費用で，その境界に囲障を設けることができ，当事者間に協議が調わないときは，その囲障は，板塀又は竹垣その他これらに類する材料のものであって，かつ，高さ2メートルのものでなければならないとされている（民225条）。

隣接する二つの土地の間に囲障を設けるには，その一方が独断で行うことはできず，協力が得られないときは，その設置を請求することができるに過ぎないが，この請求をすることができるためには，隣接地に所有者の異なる建物があり，両土地の間に空地があることが要件とされている。

空地とは，全く利用されていない土地だけでなく，囲障を設置するために必要な面積を備えた土地を含むため，畑や庭園も含まれ，また，土地の所有者だけでなく，土地の賃借人で建物の所有者である者も，この規定による請求権を有すると考えられている（『注釈民法7』358頁）。

囲障の設置及び保存の費用は，相隣者が等しい割合で負担する（民226条）。前述のとおり独断で囲障の設置は認められないため，相隣者の一方が独断で設置した囲障の費用を他方に請求することはできない。

ただ，相隣者の一人は，前記民法第225条第2項に規定する材料（板塀又は竹垣その他これらに類する材料）より良好なものを用い，又は同項に規定する高さ（2メートル）を増して囲障を設けることができ，この場合，その相隣者は，これによって生ずる費用の増加額を負担しなければならない（民227条）。なお，

第2編　相隣関係

61

第3章　境界関連

相隣者の一方は，増加費用を負担する限り，いかなる囲障を設けてもよいということではなく，隣地所有者の日照，通風，観望の利益を，受忍限度を超えて侵害するような囲障を設けたり，あまりにも厚い囲障を設けて隣地の負担を重くするようなことも許されないと解されている（『注釈民法7』360頁）。

以上の規定は，それと異なった慣習があるときは，その慣習に従うこととなる（民228条）。

【判　例】
■自力による囲障の破壊
　私力の行使は，原則として法の禁止するところであるが，法律に定める手続によったのでは，権利に対する違法な侵害に対抗して現状を維持することが不可能又は著しく困難であると認められる緊急やむを得ない特別の事情が存する場合においてのみ，その必要の限度を超えない範囲内で，例外的に許されるものと解することを妨げないが，その限度を超えて，相隣者のもう一方が板囲を実力をもってこれを撤去，破壊したことについては，不法行為の責任を免れない（最三小判昭40・12・7民集19巻9号2101頁）。

Q12　土地の境界線上の境界標はどちらの土地の所有に属するか。

　相隣者の共有に属するものと推定される。

解説　境界線上に設けた境界標，囲障，障壁，溝及び堀は，相隣者の共有に属するものと推定される（民229条）。

つまり，反証がない限り，土地の境界線上に設けられた境界標，囲障，障壁，溝及び堀は，相隣者の共有に属するものとされる。

第3章　境界関連

共有に属する境界標等については、共有物分割を請求することはできない（『注釈民法7』361頁）。

なお、土地の境界線上の障壁であっても、建物の一部を構成するものであるときは、共有の推定は受けず、また、高さの異なる2棟の隣接する建物を隔てる障壁（防火障壁を除く。）の高さが、低い建物の高さを超えるときは、その障壁のうち低い建物を超える部分についても、共有の推定は受けない（民230条）。

つまり、建物の端部の障壁が土地の境界線上にあっても、それは共有の推定を受けず、その障壁部分は当然に建物の所有者に属することになる。

Q13　土地の境界線上の障壁を一方的に高くするはできないか。

相隣者の一方は、費用負担をして障壁を高くすることができる。

解説　相隣者の一人は、共有の障壁の高さを増すことができるが、その障壁がその工事に耐えないときは、自己の費用で、必要な工作を加え、又はその障壁を改築しなければならず、これにより障壁の高さを増したときは、その高さを増した部分は、その工事をした者の単独の所有に属する（民231条）。

共有物は、他の共有者の同意がなければ共有物に変更を加えることはできないが（民251条）、共有の障壁にあっては、隣人の重大な影響を及ぼさない限り、自己の費用で障壁を高くする変更を加えることができる。

この場合、隣人が損害を受けたときは、その償金を請求することができる（民232条）。

第3章 境界関連

Q14 隣地から樹木の枝及び根が越境してきたときは切ることができるか。

 枝については樹木の所有者に切らせ，根については自分で切ることができる。

解説 隣地の竹木の枝が境界線を越えるときは，その竹木の所有者に，その枝を切除させることができ，また，隣地の竹木の根が境界線を越えるときは，その根を切り取ることができる（民233条）。

つまり，隣地に越境した枝については，越境された者が自身で切り取ることはできないが，根については自身で切り取ることができるとされている。

枝については，まず，その樹木の所有者に切り取ることを求め，樹木所有者が応じないときは，樹木所有者の費用で第三者に切り取らせることを裁判所に請求することができる（民414条2項）。

根については，樹木所有者の同意なくして，越境された者自身が切り取ることが認められている（ただし，高価な竹木を枯らすと権利濫用になり得る。）。

枝について切り取らせることを訴求することができるのは越境された者が重大な損害を被ったか，被る恐れがある場合に限られ，越境による損害と枝の切除による損害を比較して枝を切除する場合の損害が大きいときは切除に代えて償金が認められると解され，切り取られた根については切り取った者の所有に属すると解されているものの，竹木の所有者に返還することが妥当であると考えられている（『注釈民法7』365頁）。

【判　例】
■越境した枝の切除
・ 観賞用のヒマラヤ杉3本が公道上まで張り出し，隣地で営業する旅館の看板が見えにくくなり，あるいは通行の妨害となっている場合，隣地旅館は，枝の切除を請求することができるが，木そのものを伐採することは許されない（大阪高判平元・9・14判タ715号180頁）。

第3章　境界関連

・　持分各2分の1の共有通路において，共有者の一人が自動車等の放置や越境竹木の枝の放置により通行妨害をしている場合，それらが2分の1の持分に応じた使用の範囲を超えたものであるときは，他の共有者は，通行妨害の禁止及び竹木の枝の切除を請求することができる（横浜地判平3・9・12判タ778号214頁）。

Q15　自己の土地内であれば隣接地との境界線間近まで建物を建築することができるか。

　原則として，境界線から50センチメートル未満の距離の範囲には建築することはできない。

解説　建物を築造するには，境界線から50センチメートル以上の距離を保たなければならない（民234条1項）。つまり，自己の土地の所有権の及ぶ範囲であっても，隣接地間における一定の空地や，通風，日照等を確保するため，土地の境界線付近の建築は制限されている。

本規定は，行政法的な意味において建築が制限されるという趣旨ではなく，違反者に対して民事上の請求をすることができる根拠となるものであり，この規定に違反して建築をしようとする者があるときは，隣地の所有者は，その建築を中止させ，又は変更させることができ，ただ，建築に着手した時から1年を経過し，又はその建物が完成した後は，損害賠償の請求のみをすることができるとされている（民234条2項）。

以上は民事に関する規定であるが，他方，行政法規である建築基準法では第65条において，「防火地域又は準防火地域内にある建築物で，外壁が耐火構造のものについては，その外壁を隣地境界線に接して設けることができる。」と規定されている。

第3章　境界関連

　ここで建築基準法第65条の規定は，民法第234条第1項の特則を定めたものであると解されているところから，防火地域又は準防火地域内では，外壁が耐火構造である建築物については，境界線から50センチメートル未満であっても，さらには境界線に接しても，隣接地所有者の承諾なく，建築することができることとなる。

　なお，民法第234条と異なる慣習，例えば相互に境界線に接して建築することが認められている慣習があるときは，慣習に従うこととなる（民236条）。

【判　例】

■建築基準法と民法の関係

・　民法第234条第1項の規定に違反する建築物の建築の着手から1年以内に隣地所有者が建築の変更を請求した場合は，建築が続けられ，口頭弁論終結までに完成したときであっても，建築者にはなお建築物を変更し，法定の距離を保持する義務を負う（大判昭6・11・27大民集10巻1113頁）。

・　日照，通風を妨げた場合は，もとより，それだけでただちに不法行為が成立するものではないが，権利者の行為が社会的妥当性を欠き，これによって生じた損害が，社会生活上一般的に被害者において忍容するのを相当とする程度を超えたと認められるときは，その権利の行使は，社会観念上妥当な範囲を逸脱したものというべく，いわゆる権利の濫用に当たるものであって，違法性を帯び不法行為の責任を生ぜしめるものといわなければならない（最三小判昭47・6・27民集26巻5号1067頁）。

・　建築確認申請の審査対象には，当該建築計画の旧民法第234条第1項「建物ヲ築造スルニハ疆界線ヨリ50センチメートル以上ノ距離ヲ存スルコトヲ要ス」の規定への適合性は含まれず，その規定に違反する建築計画についてなされた確認処分も違法ではない（最三小判昭55・7・15裁判集民130号253頁）。

・　建築基準法第65条は，防火地域又は準防火地域内にある外壁が耐火構造の建築物について，その外壁を隣地境界線に接して設けることができる旨規定しているが，これは，同条所定の建築物に限り，その建築については民法第234条第1項の規定の適用が排除される旨を定めたものと解する

66

第3章　境界関連

のが相当である（最三小判平元・9・19民集43巻8号955頁）。

・　一般に，居住用建物の所有者は，その所有権及び人格権の一内容とし
て，健康で快適な生活環境を確保し，平穏に居住する権利を有するものの，
近隣者間においては居住生活で不可避的に生ずる法益侵害を互いに受任す
る必要があり，そのような社会的受忍の限度を超えた生活侵害のみが違法
となるが，覗かれているような精神的不安，通風悪化，隣家の窓及び排水
パイプからの生活騒音・臭気，屋根からの雨水の流入，日照侵害，通風障
害等だけでは受忍限度を超えるものではない（東京地判平4・1・28判タ808
号205頁）。

・　一般に人家密集地域において建物を建築する場合，隣接土地所有者同
士が快適に過ごすために相手方の生活利益を侵害しないように配慮すべき
義務を負っており，相隣者間に紛争が生じた場合には互譲の精神に基づき
社会共同生活の一員として紛争の円満な解決に向けて真摯に交渉すべき義
務があり，隣接土地所有者の双方が災害に遭って同時期に建物を再築しよ
うとしている場合，一方当事者が従前の建築状況を前提にこれを尊重した
内容の建築計画を提示して，建物の境界線からの距離保持に関する申入れ
をした場合，隣接者は誠実かつ柔軟に協議に応じることによって隣接土地
所有者の不安を除去し，相隣関係における円満を保持すべきところ，合理
的理由もないのに断固応じない旨の態度を示すことは，隣接土地所有者と
して隣人との話し合いを重ねながら良好な居住環境を形成しようとする意
図又は一般的期待を裏切るもので，その期待は一種の人格的利益として，
不法行為として慰謝料の対象となる（大阪高判平10・1・30判時1651号89頁）。

【実　例】

■境界線からの距離

　境界線からの距離とは，土台敷又は建物側壁の固定的突出部（出窓など）
と境界線の間の最短距離を意味する（昭2・2・24法曹会決議『法曹会決議要録
上巻』（清水書店，1931）122頁）。

第2編　相隣関係

67

第3章 境界関連

Q16 隣接地との境界線から50センチメートル以上の間隔のある建物の窓には目隠しを設ける必要はないか。

 境界線から1メートル未満の距離において他人の宅地を見通すことのできる窓には，目隠しを設けなければならない。

解説 民法第234条第1項の規定に基づいて，隣接地との境界線から50センチメートル以上の距離を保って建築した建物であっても，その窓に目隠しを設けなければならない場合がある。

境界線から1メートル未満の距離において他人の宅地を見通すことのできる窓又は縁側（ベランダを含む。）を設ける者は，目隠しを付けなければならず，その距離は，窓又は縁側の最も隣地に近い点から垂直線によって境界線に至るまでを測定して算出するとされている（民235条）。

目隠しを設ける義務は，隣接地が宅地である場合に限られているが，ここで宅地とは，現に人が住居として使用する建物の敷地をいい，工場，倉庫，事務所用の建物の敷地は含まれない。

隣接地には住宅がないときに，境界線から1メートル未満の距離に隣接地を見通すことができる窓を有する建物を建築した後から，隣接地にも住宅が建築されたときであっても，先に建築した建物の所有者は，当該窓に目隠しを設置する義務が生じる（『注釈民法7』371頁）。

なお，民法第235条と異なる慣習があるときは，その慣習に従うこととなる（民236条）。

【判　例】
■建築基準と私法上の受認限度
・日照等の生活環境に対する侵害には，所有権又は人格権に基づいて排除を求めることができるものの，相隣者間においては土地利用の過程で不可避的に生じる侵害を相互に受任することが必要となり，社会的受忍限度を超えた侵害のみが不法行為の対象となるが，それは，日照侵害等の生活

第3章　境界関連

侵害の程度だけでなく，日影規制違反，地域性，加害回復可能性，建物の用途，先住関係，交渉過程，その他の公法規制違反，日照等のそもそも期待できる立場か否か等の事情を総合的に考慮して判断される（東京地判平3・1・22判時1399号61頁）。

・　建築基準法第65条は民法第235条第1項の特則ではないため，目隠し設置義務は免れない（東京地判平5・3・5判タ844号178頁）。

・　民法第235条第1項の趣旨は，所定の至近距離に設置される窓又は縁側から隣地を覗かれることにより害されるおそれのある隣地居住者の私生活上の平穏（プライバシー）を，その設置者に目隠し設置の義務を負わせることにより保護しようとするところにあると解せられるから，同項の「宅地」とは，人が住居として使用する建物の敷地をいい，工場，倉庫，事務所に使用されている建物の敷地は含まれない（東京高判平5・5・31判時1464号62頁）。

・　建築基準法上の基準は私法上の受忍限度と必ずしも一致するものではなく，日影規制対象外の区域に建てられた建物について，直ちに当該建物の日影が私法上の受忍限度を超えることにはならない（熊本地判平6・12・15判時1537号153頁）。

Q17　隣接地との境界標を移動させることは刑事責任にも問われることがあるか。

　刑法第262条の2の罪（境界損壊）に該当する場合がある。

解説　境界標を損壊し，移動し，若しくは除去し，又はその他の方法により，土地の境界を認識することができないようにした者は，

69

第3章　境界関連

5年以下の懲役又は50万円以下の罰金に処するとされている（刑法262条の2）。

　境界損壊罪は，境界標を損壊，移動，除去等をしただけでは成立せず（器物損壊罪の成立は別として），それにより境界が不明になったこと（境界の確定を著しく困難にしたことも含まれる。）によって成立する。

　ここで，土地の境界とは，所有権だけでなく，地上権，賃借権等の土地の権利の境界や，公法上の境界も含まれ，境界標とは，土地に設置された標識だけでなく，工作物，流木等の物件を含み，また，損壊行為者自身の設置した境界標であっても境界損壊罪が成立する（浅田和茂＝井田良編『新基本法コンメンタール　刑法（別冊法学セミナー）』（日本評論社，2012）597頁））。

【判　例】

■境界毀損罪（境界損壊罪）の成否

　境界標を損壊した事実はあっても，この行為により境界が不明になったわけではなく，本来の境界標の一部によって，境界の認識が可能であるならば，境界毀損罪（境界損壊罪）は成立しない（最二小判昭43・6・28刑集22巻6号569頁）。

第4章　水路・海浜

第4章　水路・海浜

Q18　自己の土地であればどこにでも導水管を埋設することができるか。

A　導水管を埋設するには，土地の境界線から，その深さの2分の1以上の距離（最長1メートル）を保たなければならない。

　自己の土地であっても，井戸を掘削したり，導水管を埋設したりする等の場合には，一定の場所的制限が定められている。

　井戸，用水だめ，下水だめ又は肥料だめを掘るには境界線から2メートル以上，池，穴蔵又はし尿だめを掘るには境界線から1メートル以上の距離を保たなければならず，また，導水管を埋め，又は溝若しくは堀を掘るには，境界線からその深さの2分の1以上の距離を保たなければならないが，1メートルを超えることを要しないとされている（民237条）。

　この規定も，土地の境界線付近における行為が隣接地に与える悪影響を考慮したものであり，掘削により土砂の崩壊，悪水の漏出等のおそれがあるからである。

　さらに，このような境界線付近の掘削等については適法な距離を保持するだけでは足りず，土砂の崩壊又は水若しくは汚液の漏出を防ぐため必要な注意をしなければならない（民238条）。

　民法第237条には明文の規定はないが，本規定と異なる慣習があるときは慣習に従うこととなる（『注釈民法7』373頁）。

　この規定に違反した土地の掘削等に対しては，民法第234条第2項の制限を受けず，隣接地所有者はいつでも，その廃止又は変更を請求することができ，また実損害を被った場合には，損害賠償の請求をすることができる（『注釈民法7』374頁）。

第4章　水路・海浜

【判　例】

■改良式便所の境界線からの距離

　　改良式便所は，肥料だめではなく，し尿だめに該当する（山口地判昭32・
12・12下民 8 巻12号2349頁）。

Q 19　隣接地所有者の同意が得られないときは当該隣接地に排水管を設置することはできないか。

A　民法第220条の規定に基づくほか，下水道法等の規定に基づく場合には，排水管を設置することができる。

解　説　例えば，民法第220条のように，公の水流又は下水道に至るまで，低地に水を通過させることができるが（Q 26），下水道法その他の法律によっても，排水管などの導管等のライフラインを他人の土地に設置することが認められる場合がある。

　以下は，参考法令の該当条文である。

第4章　水路・海浜

◎　下水道法

（排水設備の設置等）

第10条　公共下水道の供用が開始された場合においては，当該公共下水道の排水区域内の土地の所有者，使用者又は占有者は，遅滞なく，次の区分に従つて，その土地の下水を公共下水道に流入させるために必要な排水管，排水渠その他の排水施設（以下「排水設備」という。）を設置しなければならない。ただし，特別の事情により公共下水道管理者の許可を受けた場合その他政令で定める場合においては，この限りでない。

一　建築物の敷地である土地にあつては，当該建築物の所有者

二　建築物の敷地でない土地（次号に規定する土地を除く。）にあつては，当該土地の所有者

三　道路（道路法（昭和27年法律第180号）による道路をいう。）その他の公共施設（建築物を除く。）の敷地である土地にあつては，当該公共施設を管理すべき者

2　前項の規定により設置された排水設備の改築又は修繕は，同項の規定によりこれを設置すべき者が行うものとし，その清掃その他の維持は，当該土地の占有者（前項第3号の土地にあつては，当該公共施設を管理すべき者）が行うものとする。

3　第1項の排水設備の設置又は構造については，建築基準法（昭和25年法律第201号）その他の法令の規定の適用がある場合においてはそれらの法令の規定によるほか，政令で定める技術上の基準によらなければならない。

（排水に関する受忍義務等）

第11条　前条第1項の規定により排水設備を設置しなければならない者は，他人の土地又は排水設備を使用しなければ下水を公共下水道に流入させることが困難であるときは，他人の土地に排水設備を設置し，又は他人の設置した排水設備を使用することができる。この場合においては，他人の土地又は排水設備にとつて最も損害の少ない場所又は箇所及び方法を選ばなければならない。

2　前項の規定により他人の排水設備を使用する者は，その利益を受ける割合に応じて，その設置，改築，修繕及び維持に要する費用を負担しなければならない。

3　第1項の規定により他人の土地に排水設備を設置することができる者又は

第4章　水路・海浜

前条第2項の規定により当該排水設備の維持をしなければならない者は，当該排水設備の設置，改築若しくは修繕又は維持をするためやむを得ない必要があるときは，他人の土地を使用することができる。この場合においては，あらかじめその旨を当該土地の占有者に告げなければならない。

4　前項の規定により他人の土地を使用した者は，当該使用により他人に損失を与えた場合においては，その者に対し，通常生ずべき損失を補償しなければならない。

◎　水道法
（給水義務）
第15条　水道事業者は，事業計画に定める給水区域内の需要者から給水契約の申込みを受けたときは，正当の理由がなければ，これを拒んではならない。

2　水道事業者は，当該水道により給水を受ける者に対し，常時水を供給しなければならない。ただし，第40第1項の規定による水の供給命令を受けたため，又は災害その他正当な理由があつてやむを得ない場合には，給水区域の全部又は一部につきその間給水を停止することができる。この場合には，やむを得ない事情がある場合を除き，給水を停止しようとする区域及び期間をあらかじめ関係者に周知させる措置をとらなければならない。

3　水道事業者は，当該水道により給水を受ける者が料金を支払わないとき，正当な理由なしに給水装置の検査を拒んだとき，その他正当な理由があるときは，前項本文の規定にかかわらず，その理由が継続する間，供給規程の定めるところにより，その者に対する給水を停止することができる。

◎　電気事業法
（供給義務等）
第18条　一般電気事業者は，正当な理由がなければ，その供給区域における一般の需要（事業開始地点における需要及び特定規模需要を除く。）に応ずる電気の供給を拒んではならない。

2　一般電気事業者は，供給約款又は選択約款により電気の供給を受ける者の利益を阻害するおそれがあるときその他正当な理由がなければ，その供給区域における特定規模需要（その一般電気事業者以外の者から電気の供給を受け，又はその一般電気事業者と交渉により合意した料金その他の供給条件により電気の供給を受けているものを除く。）に応ずる電気の供給を拒んでは

第4章 水路・海浜

ならない。

3 特定電気事業者は，正当な理由がなければ，その供給地点における需要に
応ずる電気の供給を拒んではならない。

4 一般電気事業者及び卸電気事業者は，一般電気事業者にその一般電気事業
の用に供するための電気の供給を約しているときは，正当な理由がなければ，
電気の供給を拒んではならない。一般電気事業者がその供給区域内に供給地
点を有する特定電気事業者と第24条の2第1項の補完供給契約を締結してい
るときも，同様とする。

5 一般電気事業者は，その供給区域以外の地域における一般の需要に応じ，
又はその供給区域内の事業開始地点における需要に応じ電気を供給してはな
らない。

6 一般電気事業者及び卸電気事業者は，第3条第1項又は第8条第1項の許
可を受けたところによるのでなければ，一般電気事業者にその一般電気事業
の用に供するための電気を供給してはならない。

7 特定電気事業者は，第3条第1項又は第8条第1項の許可を受けた供給地
点（同条第3項の規定による変更の届出があつたときは，その変更後のも
の）以外の供給地点における需要に応じ電気を供給してはならない。

◎ ガス事業法

（供給義務）

第16条 一般ガス事業者は，正当な理由がなければ，その供給区域又は供給地
点における一般の需要に応ずるガスの供給を拒んではならない。

2 一般ガス事業者は，この法律又は他の法律の規定による許可若しくは登録
を受け，又は届出をし，その許可若しくは登録を受けたところ又はその届け
出たところによつてする場合を除き，その供給区域以外の地域又はその供給
区域内における供給地点以外の地点において，一般の需要に応じ導管により
ガスを供給してはならない。

【判　例】

■未指定の下水道の責任

　下水道法の指定は受けていないが事実上下水道としての機能を果たして

いる暗渠について，市が具体的管理行為を行っていないことや，その管理責任が法令上規定されていないことをもっても，市の管理責任を否定することはできない（奈良地判昭57・3・26訟月28巻11号2093頁）。

■ 不法占拠者，違法建物居住者等に対するガス，水道の供給拒否の適否

・　ガス事業者，水道事業者は，供給区域内の者から供給の申込があったときは，その者が不法占拠者や違法建物の居住者であっても，正当事由がなければ供給を拒否してはならない（大阪地判昭42・2・28判タ205号169頁）。

・　ガス事業者，水道事業者は，供給区域内の者から供給の申込があったときは，その者が不法占拠者や違法建物の居住者であっても，正当事由がなければ供給を拒否してはならず，仮に違法建物に対する給水拒否が許される場合はあるとしても，水道設備の敷地所有者が水道事業者に対して給水拒絶の措置をとるべきことを請求することはできない（大阪高判昭43・7・31判タ225号100頁）。

・　市が，その指導要綱に従わずにマンションを建設したことを理由に給水契約の申込及び公共下水道の使用を拒否したことは，指導要綱による行政指導として許される限界を超えており，また水道法及び下水道法の趣旨に違反するため，違法である（東京地判平4・12・9判タ813号216頁）。

■ 違法建築物に対する給水拒否の適否

・　建築基準法違反を是正するため，「管理者が必要と認めるときは，工事申込者に対して建築物の確認通知書の提示を求めることができる。」旨の市給水条例施行規則に基づいて実施要綱を定めて給水に関して行政指導すること自体は違法ではないが，その運用が，建築基準法による是正命令や行政代執行が手続的に繁雑であることをもって給水制限という手段で建築基準法違反を是正させるため指導要綱に依存することは，建築基準法の意図や，法律による行政の原則に反しかねない。また，当該違反が建ぺい率違反であることのみをもって，水道法第15条による給水契約の申込に対する拒否の正当理由とはならないが，建ぺい率違反が決して軽微なものではなく，建築主が違反の是正が可能であるにもかかわらず是正の意思がなく，給水拒否が入居者の生命健康に影響があったとは認められない状況で

第4章　水路・海浜

は，給水契約の申込拒否は不法行為に当たるということはできない（大阪高判昭53・9・26判タ374号109頁）。
・　建築基準法違反のため，市の水道局給水課長が給水申込の受理を事実上拒絶し，申込書を返戻(へんれい)した措置は，申込の受理を最終的に拒否する旨の意思表示ではなく，違反を是正するしたうえで申込をするよう一応の勧告をしたにすぎず，その後申込人が1年半以上経過した後改めて受理されるまで何らの措置を講じないまま放置していた事情では，市は損害賠償責任を負わない（最一小判昭56・7・16民集35巻5号930頁）。
・　第2種住居専用地域に違法に生コン工場を建築しはじめ，工事停止命令，除去命令を無視して工場を完成させ，トラックを使って操業し給水を求めたことに対し，違反の態様，程度が著しく，工場を放置することが公共の利益に重大な悪影響を及ぼすような場合は，市は正当に給水を拒否することができる（大阪地決平2・8・29判時1371号122頁）。

■指導要綱に従わないことを理由とする給水拒否の適否
　給水申込人が，「反対住民の同意を得ること及び教育施設負担金の寄附願いを提出すること。」旨の宅地開発指導要綱に基づく行政指導には従わない意思を明確に表明した後，当該指導要綱に従わないことを理由に市が給水契約の申込を拒否することには，正当理由は認められない（最三小判平5・2・18民集47巻2号574頁）。

Q20 下水道法等の法令に直接該当しない場合は隣接地所有者の同意が得られないときは当該隣接地に導管を設置することはできないか。

　囲繞地通行権等が認められるようなときには，導管等設置権が認められる場合がある。

第4章　水路・海浜

解説　下水道法等の法令に直接該当しない場合であっても，通行権類似，あるいは通行権に伴う権利として導管等の設置権が認められる可能性がある。

　他人の土地に，上水道管，下水道管，ガス管，電線，電話線，排水施設等（ライフライン）の設置が認められるか否かは，具体的事例により判断されることになるが，それが日常生活にとって必要不可欠であり，他に適当な方法がないような特段の事情の下では，その周囲の最も損害の少ない他人の土地に導管を設置すること認められる場合もある。また，設置者の権利が積極的に認められないときでも，隣接地所有者の損失が軽微であり，しかもその侵害を除去することが著しく困難で莫大な費用を要するような場合には，隣接地所有者による除去請求が，権利の濫用に該当することもあり得る。

【判　例】

■隣地所有者が設置した排水管への通水を認めた事例

　　高地の所有者が低地の前所有者の承諾を得て排水管を敷設し排水しており，低地の現所有者もこの排水管を利用していたところ，この排水管が破損し溢水したので，現所有者は当該排水管を閉塞し，新たな排水管を敷設したが，高地の所有者の排水を拒否した場合，高地の所有者が元の排水管を修理することも，新たに敷設することも不可能であり，他の方向に敷設するとしても道程が長大で，高低差から揚水ポンプの設備なしには排水路の用をなさないことがうかがえるときは，高地所有者は低地の現所有者に対し，当該新たな排水管へ家庭用排水を通水することを求めることができる（東京地判昭41・9・28判時467号57頁）。

■隣地所有者が設置した排水管への通水を認めなかった事例

　　汲取式便所を水洗式便所に切り替える場合に，その便所汚水を公共下水管に流入させるためであっても，自ら新たに地下排水路を設置する方法に比べ，隣人が設置している既存の地下排水路を利用することが最も損害の少ない合理的な方法であると認められなければ，隣人の地下排水路を利用することはできない（東京地判平9・7・10判タ966号223頁）。

第4章　水路・海浜

■地主に対するガス，水道の供給承諾請求訴訟の適否

　ガス，水道の供給申込があったときは，地主，家主の承諾を要する旨の条例があるときでも，事業者は正当事由なくして供給を拒否できないため，地主に対してそれらの供給を承諾するよう請求する訴訟は無意味であり，不適法である（長岡簡判昭42・5・17判時489号71頁）。

■上水道管設置工事の同意，申請承諾請求が認められた事例

　・　私道が分譲計画当初から道路として利用され，将来においても道路としてのみ用うるに過ぎず，今日電気，ガス，上水道，電話，下水道等は多くの場合道路を用いて敷設され，またその方が敷設費用や保守等の点で有利であり，敷設によって道路としての使用に支障がなく，敷設のためには当該私道を利用するほかなく，防疫防災上当該私道に上水道を敷設する必要性が甚大である反面，敷設に伴い当該私道所有者の被る損害が比較して僅少であるとき，そしてその設置をしようとする者が償金を支払うならば，私道所有者がその設置を拒否することは権利の濫用に該当する（名古屋地判昭48・12・20判タ304号234頁）。

　・　一般公衆の通行の用に供されている私道について，日常生活を営むのには是非水道水が必要であり，水道を引こうとする（水道を引こうとする者の土地は通路的には袋地ではない。）と当該私道下に水道管を敷設するしかなく，それが最も合理的，合目的的で，かつ，私道所有者に与える損害が僅少であること等を考慮すると，私道所有者はその工事のための当該私道使用を受忍しなけらず，その前提として水道事業に対する給水工事の申請につき承諾を求めることができ，私道所有者はその工事を妨害することができない。ただ，請求の当否に影響を与えないとはいえ，以前に私道所有者の承諾なしに勝手に下水管埋設工事をした行為は，非難されるべきである（東京地判昭49・8・20判時750号69頁）。

■低地所有者による下水路の変更が認められなかった事例

　既存の下水路があっても，低地の損害が増大し，損害の少ない他の排水方法があるときは低地所有者は高地所有者に対してその方法によるよう請求することができるが，その下水路の使用を前提として通水権者の社会生

第4章　水路・海浜

活事実が積み重ねられ，かつ新しい排水路等を設けるための費用にも問題
があり，引き続き既存の下水路を使用することによる低地の損害が，従前
の排水方法の変更による高地の被害未満である場合は，変更請求は許され
ない（大阪簡判昭49・9・20判時767号88頁）。

■排水設備の設置，改良が認められた事例

・　汲取り式便所から水洗便所に緊急に改造する必要に迫られており，そ
のためには他人の土地の既設の雨水，雑排水設備を利用するか，新たに他
人の土地に排水設備を設置するしかなく，そのうちある土地に排水設備を
設置することが合理的，合目的的で，かつ最も損害が少ないと認められる
ときは，その土地の所有者に対して排水設備設置工事を行うことの承諾を
求めることができ，当該所有者がその工事を妨害することは許されない
（大阪地判昭60・11・11判タ605号60頁）。

・　従前から低地内の私道に排水設備があり，それを改良することは低地
にとって最も損害が少なく，高地にとってその排水設備を使用しなければ
公共下水道に流入させることが困難であるときは，高地所有者は自己の費
用でその排水管及び排水渠の改良敷設工事の承諾及びその工事を妨害しな
いことを，低地所有者に請求することができる（東京地判昭61・8・27判タ
640号157頁）。

■排水設備の設置が認められなかった事例

・　ある土地から公共下水道に直接排水することが科学技術上可能である
ときは，この方法によっても当該土地の損失が，排水される周囲の土地の
損害より著しく大きいときに限り，周囲の最も損害の少ない他人の土地を
排水のため通水させることができる（横浜地判昭53・5・11判タ377号116頁）。

・　自己の土地に排水管を埋設することによって使用可能な公路，公流に
接続することができるときは，他人の土地に排水施設の設置を求めること
は相当でない（大分地判昭61・1・20訟月32巻12号2723頁）。

■導管等の撤去請求の権利濫用該当性

・　所有権が侵害されてもその損失がいうに足りないほど軽微であり，し
かも侵害を除去することが著しく困難で莫大な費用を要するような場合に，

80

第4章 水路・海浜

不当な利益を獲得目的で，その除去を求めることは権利の濫用にほかならない（大判昭10・10・5大民集14巻1965頁）。

・ 囲繞地所有者が，袋地所有者のために通路の両側に設置されている電柱の撤去を求めることは，権利の濫用に当たる（名古屋地判昭40・10・16訟月11巻12号1730頁）。

・ 水道企業団の設置した水道管が，無断で無関係の者の土地（山林）の地下を通っている場合，仮にその水道管を移設したとしても不断水工法が可能であり，地域住民にさほど影響を及ぼさないと思われるときでも，その水道管が当該土地の地下を通っている部分が僅かであり，境界線から僅かに入り込んでいるにすぎず，当該土地所有者自身当該土地を今後どのように利用するか計画を立てておらず，差し迫った利用の必要性が認められず，埋設当時は道路敷地となっていた部分に埋設されていた等の事情及び撤去費用に約2800万円ほど見込まれるなか，当該土地所有者がその水道管の撤去，移設を請求することは権利濫用に該当する（名古屋地判平3・5・30公刊物未登載）。

■導管の種類による差異

　下水管については，他人の土地を使用しなければ下水管を敷設できないときは他人の土地を使用できる旨下水道法の規定があり，水道管の敷設についても類推適用され得るが，都市ガスについては，他に電気，灯油，プロパンガス等を利用する方法により家庭生活を営むことが可能であるから，都市ガスのガス管の敷設につき下水道法及び囲繞地通行権の規定を類推適用することはできないが，既に敷設されているガス管の撤去を求めることは，隣地所有者としての信義則に反し認められない（東京地判平8・9・25判タ920号197頁）。

■囲繞地通行権に伴う導管等の設置が認められた事例

・ 現代の私生活には下水排水設備，水道，ガス導入施設は必要不可欠であり，何人といえども健康で文化的な最低限度の生活を営む権利があり，神戸市の中心に近い灘区において住宅建築の目的をもって分譲された土地（袋地）の購入者は，囲繞地通行権の発生する法定通路において，囲繞地所

第2編 相隣関係

81

第4章　水路・海浜

有者の承諾を要せずに，無償で，下水排水設備，上水道，ガス導入設備を
設置することができる（神戸簡判昭50・9・25判時809号83頁）。

・　現代の都市生活においては電気，電話の導入は必要不可欠あるので，
袋地所有者は囲繞地所有者に対して電気，電話の引込線仮設工事の承諾請
求権を有し，特段の事情がなければ，それらの設置場所は，囲繞地通行権
が発生する場所（架線であればその上空。）において認めるのが相当であり，
囲繞地所有者は最も合理的合目的的で且つ損害の少ない土地の上空におけ
る範囲で，承諾しなければならない（大阪高判昭56・7・22判タ454号95頁）。

・　公道に下水道及びガスの各本管が通っているが，袋地からそこまで下
水道管及びガス管を通す場所としては囲繞地通行権の発生する通路が距離
的にも費用的にも一番適切であると認められるときは，最近の住宅事情，
都市近代化の趨勢
<ruby>趨<rt>すう</rt></ruby>等諸般の事情を勘案すれば，汲取り式便所を水洗式に，
プロパンガスを都市ガスに切り代える必要性が切実に認められるので，袋
地所有者には囲繞地所有者に対して当該通路においてそれらの工事のため
の土地使用の承諾を求める権利があり，囲繞地所有者はその工事を受忍し
なければならず，その工事を妨害することは許されない（東京地判昭57・
4・28判タ481号81頁）。

・　囲繞地通行権のある通路において要役地所有者が導管設置工事を妨害
されたときは，その禁止を求めることができる（和歌山地決昭57・10・4公刊
物未登載）。

・　囲繞地所有者は，合理的，合目的的で，かつ囲繞地の最も損害の少な
い土地及びその上空において，電気引込線の架設，排水管の設置を受忍す
べき義務を負い，それらの工事を妨害することは許されず，妨害行為に
よっては慰謝料が発生することもあり得る（大阪地判昭60・4・22判タ560号
169頁）。

・　一般に，袋地所有者が囲繞地所有者に対し，下水道排水管を設置する
ことの受忍を求める請求権を有することは明らかである（東京地判平3・
1・29判時1400号33頁）。

・　袋地所有者は，袋地に建築した建物が建築基準法に違反するもので

82

あっても，その生活用汚水の排水を主とする下水管を，公共下水道管に接続させるに最も適切な囲繞地たる私道において設置し，その工事を受忍するよう私道所有者に求めることができる（福岡高判平3・1・30判時1399号57頁）。

・　今日，上下水道，電気及び電話等は都市生活において必要不可欠であるから，他人の土地を通して，ガス，上下水道，電気及び電話等の配管，配線を袋地に導入することが許され，その場所は，特段の事情のない限り囲繞地通行権を有する部分が相当であり，ある程度ゆとりをもたす配慮から，法定通路全体がそれらの設置が認められる部分であるといえる（東京地判平4・4・28判時1455号101頁）。

■囲繞地通行権に伴う導管等の設置が認められなかった事例

　　袋地所有者に生活用汚水の排水を主とする下水管を，公共下水道管に接続させるに最も適切な囲繞地たる私道において設置する必要がある場合でも，袋地上の建物が，建築確認を受けておらず，しかも工事施行の停止命令を無視したものであるときは，違法状態を解消させ，確定的に除去命令の対象とならなくなった等の事情を明らかにしない限り，下水管の敷設について囲繞地所有者に受忍を求めることは権利の濫用として許されない（最二小判平5・9・24民集47巻7号5035頁）。

■通行地役権による導管等の設置が認められた事例

　　既に道路の形態をなす土地に隣接する土地を売買した場合は，黙示的に，売買土地を要役地として当該道路に導排水管敷設を目的とする地役権が設定されたものと推認することができる（横浜地判昭62・8・10判時1253号96頁）。

■通行地役権による導管等の設置が認められなかった事例

　　借地等の使用の便益のために開設された私道であっても，借地のために排水設備の設置が必要であるといえないようなときには，借地人には当該私道に排水設備を設置する権利もないし，私道所有者がこれを承諾する義務もない（東京高判昭62・8・31判時1255号23頁）。

第4章　水路・海浜

Q21 自己の土地（低地）より高い隣地（高地）から水が流れてくるときは低地の所有者は低地の高地との境に水が流れてくるのを防ぐための土手を設置することができるか。

　自然の水が流れてくることに対しては，低地の所有者は，それを妨げることは許されない。

解説　土地の所有者は，隣地から水が自然に流れて来るのを妨げてはならない（民214条）。

つまり，低地の所有者は土手などによって，高地から自然に流れくる水をせき止めることは許されず，この自然の水とは，雨水や泉水に限られず，地震等によって池から溢れた水や地下水も含まれる（『注釈民法7』343頁）。

この義務は，低地所有者の承水義務であり，低地所有者に積極的に低地において通水させるべき義務までは負わないが，承水義務に違反して土手が作られたときは，隣接する高地の所有者は，甲地の所有者に対して，その除去（自ら立ち入ってすることは許されない。）又は損害賠償を請求することができる（『注釈民法7』344頁）。

【判　例】
■人工的に高地となった土地からの自然水

従来低地であった土地を地盛したことで，従来の高地が低地となり，自然水が停滞し，隣地（新たな高地）から自然水が流下して，損害が発生した場合は，損害賠償又は排水施設設置を請求することができる（大判大10・1・24民録27輯221頁）。

第4章 水路・海浜

Q22 高地から流れる自然の水が地震等によって低地に滞留したときは低地の所有者は滞留を取り除かなければならないか。

A 低地の所有者は自然水に対する障害を除去する義務は負わないが，高地の所有者は，その水流の低地における障害を除去することができる。

解説 水流が天災その他避けることのできない事変により低地において閉塞したときは，高地の所有者は，自己の費用で，水流の障害を除去するため必要な工事をすることができる（民215条）。

ここで流水とは自然の流水に限られ，その閉塞は，地震，洪水，崖崩れなど低地所有者の責めに帰すことのできない天災等に起因する場合に，高地の所有者は，低地に立ち入って（低地所有者の承諾を要しない。），その障害を除去することができるが，そのことによって低地所有者に損害が生じたときは，高地所有者は償金を支払わなければならないと解されている（『注釈民法7』345頁）。

なお，費用の負担について別段の慣習があるときは，その慣習に従うことになる（民217条）。

85

第4章　水路・海浜

Q23 他の土地の排水路の（所有者の責めに帰すことができない原因による）破損によりあふれた水が自己の土地に及ぶおそれがあるときは，排水路の修復を他の土地の所有者に請求することができるか。

A 自己の土地に損害が及び，あるいは及ぶおそれがある場合には，他の土地の所有者に対して，修繕，障害の除去，予防工事をさせることができる。

解説 他の土地に貯水，排水又は引水のために設けられた工作物の破壊又は閉塞により，自己の土地に損害が及び，又は及ぶおそれがある場合には，その土地の所有者は，当該他の土地の所有者に，工作物の修繕若しくは障害の除去をさせ，又は必要があるときは予防工事をさせることができる（民216条）。

例えば，他の土地の貯水，排水又は引水のための工作物の破壊又は閉塞が，その所有者の責めに帰すべき原因によるときは，妨害排除・予防請求，損害賠償請求の対象となるが，ここでは，その破壊が，その所有者の責めに帰すことができない原因によるときであっても，自己の土地に損害が及び，又は及ぶおそれがある場合には，その土地（他の土地）の所有者に，工作物の修繕，障害の除去，予防工事をさせることができることが規定されている。この場合の工事に要する費用は，工事義務者が負担すべきであると解されている（『注釈民法7』346頁）。

なお，費用の負担について別段の慣習があるときは，その慣習に従うことになる（民217条）。

86

第4章　水路・海浜

> **Q24** 雨天時に隣家の屋根から雨水が直接に自己の土地に注いでくる場合は，隣地所有者に雨樋の設置を要求することができるか。

 受忍限度を超えるときは，雨樋等の設置を請求することができる。

解説　土地の所有者は，直接に雨水を隣地に注ぐ構造の屋根その他の工作物を設けてはならない（民218条）。

Q21のとおり，低地の所有者は高地から流れくる自然の水を妨げることは許されないが，工作物によって雨水が直接隣地から注いでくることを妨げることまで禁じられているものではない。

つまり，隣地に雨水が直接注ぐようなことになるような屋根等は，自己の敷地内にであっても設置することはできず，当該敷地内や公共の水路等に注ぐようにしなければならないことになる。

この規定に違反して雨水を直接隣地へ注いでいる場合には，受忍限度を超える損害を被った隣地所有者は，損害賠償及び差止めの請求をすることができる（『注釈民法7』348頁）。

【判　例】

■雨樋の設置請求

隣の建物の屋根からの雨水が住宅の外壁及び敷地内に飛散して，占有を妨害するおそれがあるときは，雨樋（あまどい）の設置を請求することができる（佐賀地判昭32・7・29下民8巻7号1355頁）。

第4章　水路・海浜

Q25 個人所有の土地に接する同人所有の溝について同人が同人所有地側を掘削して拡幅することができるか。

 溝の対岸が他人の所有地であるときは，自己の溝であっても拡幅することはできない。

解説　溝，堀その他の水流地の所有者は，対岸の土地が他人の所有に属するときは，その水路又は幅員を変更してはならず，両岸の土地が水流地の所有者に属するときは，その所有者は，水路及び幅員を変更することができるが，水流が隣地と交わる地点において，自然の水路に戻さなければならない。ただ，別段の慣習があるときは，慣習に従うこととなる（民219条）。

個人所有の溝等の所有者は，自己の土地である溝等を，その土地の所有権に基づいて自由に掘削等することができるところ，対岸地が他人の所有であるときは，水流の変更は対岸地にも影響を及ぼすことにもなりかねないため，水路，幅員を変更することが禁止されている。

対岸地の所有者の同意があるときや（『注釈民法7』349頁），対岸地も自己の所有地であるときは，自己所有の水流地の水路，幅員を変更することができる。

なお，これらの規定は当該水流を沿岸地所有者が利用することができる場合に適用があり，当該水流について別に水利権を有する者がある場合には，適用がない。

【判　例】
■水利権を有しない者と民法第219条

水流が，私人の専用に属する場合は，その水流を使用する権利は当然，用水権を有する者に専属するため，その権利を有しない者は水流を使用することができず，故に，このような場合には，民法第219条及び第267条は適用されない（大判大8・4・5民録25輯548頁）。

第4章　水路・海浜

Q26 生活用水を下水道に排水するためであっても他人の土地をその同意なく通水させることはできないか。

A 公の水流又は下水道に至るまで，他の土地に水を通過させることができるが，それは，他の土地のために損害が最も少ない場所及び方法でなければならない。

解説 高地の所有者は，その高地が浸水した場合にこれを乾かすため，又は自家用若しくは農工業用の余水を排出するため，公の水流又は下水道に至るまで，低地に水を通過させることができる。この場合においては，低地のために損害が最も少ない場所及び方法を選ばなければならない（民220条）。

　この通水権は，囲繞地通行権に類似した権利で，通水関係における袋地の所有者に認められる権利であるため，自己の土地からは直接に公の水路，下水道に通水することができない（あるいは困難な）場合であることを要する。

　通水は自然水以外の水に関するものであるが，通水が認められる場合であっても，水を通過させる場所やその方法は，通過される隣接する他の土地（通水関係における囲繞地）のために損害が最も少ない場所及び方法を選ばなければならない。仮に，通水のために隣接地に暗渠等を設置する必要があるときは，その工事費用は袋地の所有者が負担し，工事の伴い囲繞地の所有者が損害を被ったときは，囲繞地所有者は償金を請求することができると考えられている（『注釈民法7』351頁）。

【判　例】

■通水の要件

　・　たとえ高地が公路等に直に接する場合であっても，その排水路底が高地よりもなお高度にあるような公路等に放水するについて，不可能又は著しく困難である場合は，民法第220条の適用があると解される（東京地判明42・12・10新聞623号11頁）。

89

第4章 水路・海浜

・ 民法第220条の規定による通水は，通水権利者の損失と通水されることによる損害とを比較して，損害の最も少ない場所を選定する（横浜地判昭53・5・11判タ377号116頁）。
・ 公共下水道に接続する排水設備を借地上に設置することは，建物所有を目的とする借地契約に基づく土地の通常の利用上相当なものであり，土地賃貸人は，その設置により回復しがたい著しい損害を被るなどの特段の事情がない限り，設置に協力する義務がある（東京高判平9・9・30判タ981号134頁）。
・ ガス，上下水道，電気及び電話等は，今日，都市生活において必要不可欠であるので，袋地の所有者は，他人の土地を通して，それらの配管，配線を袋地に導入することが許される（東京地判平4・4・28判時1455号101頁）。
・ 建築確認を受けることなく，しかも特定行政庁の工事の施行の停止命令を無視して建築した建築基準法に違反する建物について，除却命令の対象となることは明らかである場合には，当該建物につき，違法状態を解消させ，確定的に当該建物が除却命令の対象とならなくなったなど，当該建物が今後も存続し得る事情を明らかにしない限り，下水道法第11条第1項，第3項の規定に基づき他人の通路部分に下水管を敷設することについて受忍を求めることは，権利の濫用に当たるものというべきである（最二小判平5・9・24民集47巻7号5035頁）。

Q27 必要がある場合において隣接地所有者（他人）の設置した隣接地上の排水路にその同意なく排水することはできるか。

 費用負担をして，隣接する他人の排水路に排水することができる。

第4章　水路・海浜

解説　　土地の所有者は，その所有地の水を通過させるため，高地又は低地の所有者が設けた工作物を使用することができ，この場合には，他人の工作物を使用する者は，その利益を受ける割合に応じて，工作物の設置及び保存の費用を分担しなければならない（民221条）。

このような通水にあっては，通水すべき工作物所有者の承諾を要せず，返って排水路の使用を拒絶するときは通水妨害の禁止を請求することができ，この通水工作物使用権は，他に可能な方法が存する場合でも認められると考えられている（『注釈民法7』353頁）。

排水路の使用料は，両土地の排水量を主として（安藤一郎『新版　相隣関係・地役権』（ぎょうせい，1991）135・136頁），両土地の流域面積又は面積，その他排水量を推計させる諸事情に基づいて決せられる。

【判　例】

■通水妨害禁止請求の成否

　他に排水路を作ろうとすれば，排水ポンプが必要となり，また，道程も長大になるなど，経済的にかなりの負担になる場合は，通水妨害禁止を請求することができる（東京地判昭41・9・28判時467号57頁）。

■排水路の使用料負担の基準

　低地の所有者が設置した排水設備を使用する高地の所有者が負担する分担の割合は，基本的には両土地の排水量を基準とすべきであり，それが不明である場合には，両土地の流域面積又は面積，その他排水量を推計させる諸事情に基づいて決定するのが相当である（仙台地判平5・5・25判タ854号216頁）。

第2編　相隣関係

91

第4章 水路・海浜

Q 28 水路に設置されている他人の堰を対岸地の所有者は，堰所有者の同意なく利用することはできるか。

A 対岸地の所有者が水流を利用する権利がある場合は，堰(せき)所有者の同意なく，当該堰を利用することができる。

解説 水流地の所有者は，堰を設ける必要がある場合には，対岸の土地が他人の所有に属するときであっても，その堰を対岸に付着させて設けることができるが，これによって生じた損害に対して償金を支払わなければならず，また，対岸の土地の所有者は，水流地の一部がその所有に属するときは，その堰を使用することができ，この場合は，他人の堰を使用する者は，その利益を受ける割合に応じて，堰の設置及び保存の費用を分担しなければならない（民222条）。

既存の堰の使用については，その対岸地の土地の所有者が水路敷きの土地の一部を所有している場合だけなく，水路敷きの土地を所有していないが，当該流水を利用する権利を有するならば，認められると解されている（『注釈民法7』354・355頁）。

Q 29 水利権とはどのような権利か。

A 一定の目的のために流水を排他的，継続的に使用する権利をいい，一般に，許可水利権と慣行水利権とがある。

第4章　水路・海浜

解説　　河川は公共用物であって，その保全，利用その他の管理は，河川について洪水，津波，高潮等による災害の発生が防止され，河川が適正に利用され，流水の正常な機能が維持され，及び河川環境の整備と保全がされるようにこれを総合的に管理することにより，国土の保全と開発に寄与し，もって公共の安全を保持し，かつ，公共の福祉を増進するという目的（河川1条）が達成されるように適正に行なわれなければならず，また，河川の流水は，私権の目的となることができない（河川2条）。

その流水を排他的，継続的に使用する（取水等）ために認められる権利（流水を占有する権利）が，一般に，水利権と呼ばれている。

河川の流水を占用しようとする者は，国土交通省令で定めるところにより，河川管理者（原則として，1級河川については国土交通大臣，2級河川については都道府県知事，準用河川については市町村長。）の許可を受けなければならないとされているが（河川23条），これにより許可を受けた権利が許可水利権と呼ばれている。

この許可にあたっては，水利使用の許可の内容及び条件を示した水利使用規則が定められており，この規則によって水利権の内容が特定される。水利権は，その目的，占用の場所，占用の方法（取水方法），占用の量（1秒当たり最大取水量，1日最大取水量，年間総取水量，最大使用水量等），許可期間等によって区分されるため，占用の量が同じであっても目的が異なれば，別の水利権となる。水利権の目的としては，水力発電，かんがい，水道，工業用水，鉱業用水，養魚，し尿処理等がある。

許可を受けた水利使用のために取水した流水（その他これに類する流水として政令で定めるもののみを利用する発電のために河川の流水を含む。）を占用しようとする者は，河川管理者の登録を受けなければならず（河川23条の2），河川管理者は，その登録の申請があったときは，登録拒否に該当する場合を除き，政令で定める事項（水利使用に係る水系及び河川の名称，水利使用の許可を受けた者の氏名及び住所，水利使用の目的，許可水量，許可期間，取水口又は放水口の位置その他の水利使用の場所等（河川法施行令6条））を水利台帳に登録しなければならないとされている（河川23条の3）。

第4章　水路・海浜

　許可水利権は，河川管理者の承認を受けなければ，譲渡することはできない（河川34条）。

　許可水利権の他に，慣行水利権と呼ばれる水利権がある。旧河川法（明治29年4月8日法律第71号）の施行以前，あるいは現行河川法（昭和39年7月10日法律第167号）に基づいて1級河川，2級河川等に指定された際に，現に権原に基づき，許可，登録を要する行為を行っている者は，現行河川法の規定による許可又は登録を受けたものとみなされる（河川87条）。

　つまり，旧来から流水を排他的，継続的に事実上利用している者が，その水の占用を社会的にも承認されているような場合には，その占用者に慣行水利権が認められるということとなる。

　水流には，一般に，河川法が適用（準用）される河川と，それ以外の普通河川と呼ばれる河川，水路等があり，いずれも登記されていることはまれで，公図上の無番地の長狭物として表示されている。前者は，原則として国有であり，各河川管理者が機能管理を行い，後者は，私有の水路を除いて，法定外公共用財産として国有であったものが，平成12年4月1日に施行された地方分権の推進を図るための関係法律の整備等に関する法律によって改正された国有財産特別措置法の規定に基づいて，その多くが市町村に一括譲与（無償譲渡）され，現在では，その所有者は市町村となっている（現に水路の用に供されているものについてだけ一括譲与されている。）。法定外公共用財産である河川，水路等の機能管理に関する法律はないが，原則として市町村が機能管理をしているため，土地改良区や水利組合が事実上管理していたとしても，法令や，条例による委任がなければ，土地改良区等に法的な管理権や，慣行上の管理権（慣行水利権とは異なるもの。）があるわけではない。

【判　例】

■普通河川の管理

　法定外共用物たる河川や湖沼等の普通河川（「青線」がその代表。）の管理に関する条例では，河川法より強力な河川管理の定めをおくことは許されない（最一小判昭53・12・21民集32巻9号1723頁）。

94

第4章　水路・海浜

■流木による慣行水利権の地域的範囲
　居住地域から流木することによって取得した慣習上の河川使用権は，その地域の上流に及ばない（最二小判昭25・12・1民集4巻12号625頁）。
■許可後において河川占用権を有しないと解された事例
　旧河川法第18条の許可に基づく占用権者が，長期にわたり占用許可の更新手続をすることなく放置し，占用許可に基づく使用収益権をすでに放棄していると認められるときは，その占用権者は占用権を有しないと解される（最三小判昭39・11・17裁判集民76号141頁）。

【先　例】
■普通河川の占使用料の徴収の適否
　地方公共団体は，普通河川の管理条例を制定して，占使用料を徴収することができる（昭27・1・18建設省建河18号河川局長通達）。

Q30　海面下の土地は登記の対象となるか。

　春分及び秋分の満潮時において海面下となる土地は，原則として，登記の対象とはならない。

解説　一般に，海面下にある土地（公有水面である海面に覆われている土地）については，所有権の客体である土地であるとは認められないため，不動産登記の対象とはならない。

したがって，過去において国が海の一定範囲を区画してこれを私人の所有に帰属させたことがあったならば，その所有権客体性が当然に消滅するものではなく，また私有の陸地が自然現象により海没した場合についても，当該海没地の所有権が当然に消滅するものではないとの次の最高裁判例はあるも

95

のの，登記がされている土地の全部又は一部が海没したときは，登記実務上
は，原則として，土地の減失登記又は地積の変更（減少）を行うこととなる。
もちろん，その海没が，天災等による一時的である場合には，その土地の所
有権が消滅することにはならない。

　海面下となる（海没），水面下となるとは，春分，秋分における満潮位，水
流水面にあっては高水位を標準として，その下に没することをいう。

【判　例】

■ 海面下の土地の所有権の帰趨

　　海は，古来より自然の状態のままで一般公衆の共同使用に供されてきた
ところのいわゆる公共用物であって，国の直接の公法的支配管理に服し，
特定人による排他的支配の許されないものであるから，そのままの状態に
おいては，所有権の客体たる土地に当たらないというべきである。しかし，
海も，およそ人の支配の及ばない深海を除き，その性質上当然に私法上の
所有権の客体となりえないというものではなく，国が行政行為などによっ
て一定範囲を区画し，他の海面から区別してこれに対する排他的支配を可
能にした上で，その公用を廃止して私人の所有に帰属させることが不可能
であるということはできず，そうするかどうかは立法政策の問題であって，
かかる措置をとった場合の当該区画部分は所有権の客体たる土地に当たる
と解することができる。そこで，現行法をみるに，海の一定範囲を区画し
これを私人の所有に帰属させることを認めた法律はなく，かえって，公有
水面埋立法が，公有水面の埋立てをしようとする者に対しては埋立ての免
許を与え，埋立工事の竣工認可によって埋立地を右の者の所有に帰属させ
ることとしていることに照らせば，現行法は，海について，海水に覆われ
たままの状態で一定範囲を区画しこれを私人の所有に帰属させるという制
度は採用していないことが明らかである。しかしながら，過去において，
国が海の一定範囲を区画してこれを私人の所有に帰属させたことがあった
としたならば，現行法が海をそのままの状態で私人の所有に帰属させると
いう制度を採用していないからといって，その所有権客体性が当然に消滅
するものではなく，当該区画部分は今日でも所有権の客体たる土地として

第4章　水路・海浜

の性格を保持しているものと解すべきである。ちなみに，私有の陸地が自然現象により海没した場合についても，当該海没地の所有権が当然に消滅する旨の立法は現行法上存しないから，当該海没地は，人による支配利用が可能であり，かつ他の海面と区別しての認識が可能である限り，所有権の客体たる土地としての性格を失わないものと解するのが相当である（最三小判昭61・12・16民集40巻7号1236頁）。

【先　例】

■海面下（水面下）となった土地の登記の帰趨

・　海又は湖となった土地については，事実上海又は湖となったときに滅失したものとして取り扱い，1筆の土地の一部が海又は湖となった場合には，一部滅失登記を行う（昭27・3・4民甲228号民事局長通達）。

・　陸地と公有水面との境界は，潮の干満の差のある水面にあっては，春分，秋分における満潮位を，その他の水流水面にあっては高水位を標準として定める（昭31・11・10民甲2612号民事局長事務代理回答）。

・　春分及び秋分の満潮時において海面下に没する土地については，私人の所有権は認められず，土地の滅失又は地積減少の登記をなす（昭33・4・11民三203号民事第三課長事務代理回答）。

・　土地の全部又は一部が，春分又は秋分における満潮時において海下に没するときは，滅失又は一部滅失として取り扱う（昭34・6・26民甲1287号民事局長通達）。

・　公有水面埋立法第50条の規定による免許を受け，海面の一部を区画してコンクリートによる養鰻場を築造した場合には，その構造物の地盤については，公有水面埋立法第24条の規定により土地としてその所有権を取得し，その土地は地目を池沼とする（昭36・2・17民三発173号民事第三課長心得通知）。

・　土地が天災等によって海面下に没したが，その状態が一時的なものである場合には，私人の所有権は消滅しないが，提とうの一部を除去したため海水が流入し，海面となった土地については，現況の水深浅く，干潮時には寄洲が現われ，復旧して陸地とすることが困難ではないときであって

第2編　相隣関係

97

第4章　水路・海浜

も，土地所有権は認められない（昭36・11・9民甲2801号民事局長回答）。

第3編 建築基準と私道

第1章 建築基準

Q31 建築基準法が適用される建築物とはどのようなものか。

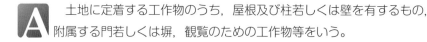

土地に定着する工作物のうち,屋根及び柱若しくは壁を有するもの,附属する門若しくは塀,観覧のための工作物等をいう。

解説 建築物を建築する際には,都市計画法その他の行政法規が適用され,その建築については一定の制限が課せられることになるが,その代表的な法令が建築基準法である。

建築基準法は,建築物の敷地,構造,設備及び用途に関する最低の基準を定めて,国民の生命,健康及び財産の保護を図り,もって公共の福祉の増進に資することを目的とし(建基1条),建築基準法において,建築物とは,土地に定着する工作物のうち,屋根及び柱若しくは壁を有するもの(これに類する構造のものを含む。),これに附属する門若しくは塀,観覧のための工作物又は地下若しくは高架の工作物内に設ける事務所,店舗,興行場,倉庫その他これらに類する施設(鉄道及び軌道の線路敷地内の運転保安に関する施設並びに跨線橋,プラットホームの上家,貯蔵槽その他これらに類する施設を除く。)をいい,建築設備を含むものとされており(建基2条1号),建築設備とは,建築物に設ける電気,ガス,給水,排水,換気,暖房,冷房,消火,排煙若しくは汚物

処理の設備又は煙突，昇降機若しくは避雷針をいう（建基2条3号）。建築物のうち，学校，体育館，病院，劇場，観覧場，集会場，展示場，百貨店，市場，ダンスホール，遊技場，公衆浴場，旅館，共同住宅，寄宿舎，下宿，工場，倉庫，自動車車庫，危険物の貯蔵場，と畜場，火葬場，汚物処理場その他これらに類する用途に供するものは，特殊建築物と呼ばれる（建基2条2号）。

　この建築物の定義に該当するものが建築基準法の適用を受けることになるが，次の各号のいずれかに該当する建築物については，適用を受けない（建基3条1項）。

一　文化財保護法の規定によって国宝，重要文化財，重要有形民俗文化財，特別史跡名勝天然記念物又は史跡名勝天然記念物として指定され，又は仮指定された建築物

二　旧重要美術品等の保存に関する法律の規定によって重要美術品等として認定された建築物

三　文化財保護法第182条第2項の条例その他の条例の定めるところにより現状変更の規制及び保存のための措置が講じられている建築物（保存建築物）であって，特定行政庁が建築審査会の同意を得て指定したもの

四　第1号若しくは第2号に掲げる建築物又は保存建築物であったものの原形を再現する建築物で，特定行政庁が建築審査会の同意を得てその原形の再現がやむを得ないと認めたもの

　他方，不動産登記法における建物とは，屋根及び周壁又はこれらに類するものを有し，土地に定着した建造物であって，その目的とする用途に供し得る状態にあるものをいうとされている（不登規111条）。

　建築基準法上の建築物と，不動産登記法上の建物とは，その多くは両者に該当するものの，異なる定義であり，一方にしか該当しないこともあるので注意を要する。

第1章　建築基準

Q32　建築基準法においては建築物の敷地面積はどのように算定するか。

A　敷地の水平投影面積による。ただし，道路の境界線とみなされる線と道との間の部分の敷地は算入されない。

解説　敷地面積は，敷地の水平投影面積によって算定されるが，道路の境界線とみなされる線（建基42条2項，3項又は5項：Q60）と道との間の部分の敷地は，算入されない（建基令2条1項1号）。

つまり，いわゆる道路後退（セットバック）の部分は，自己の所有地であっても，敷地面積には含まれないこととなる。

〈図7　敷地面積〉

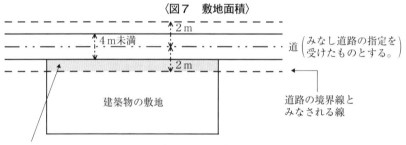

Q33　建築基準法においては建築物の建築面積はどのように算定するか。

A　原則として，建築物の外壁又はこれに代わる柱の中心線敷地の水平投影面積による。ただし，軒，ひさし，はね出し縁等で当該中心線か

101

第1章　建築基準

ら水平距離1メートル以上突き出たものがある場合においては，その端から水平距離1メートル後退した線を柱の中心線として算定する。なお，地階で地盤面上1メートル以下にある部分は建築面積から除かれる。

解　説　建築面積は，建築物（地階で地盤面上1メートル以下にある部分を除く。）の外壁又はこれに代わる柱の中心線（軒，ひさし，はね出し縁その他これらに類するもので当該中心線から水平距離1メートル以上突き出たものがある場合においては，その端から水平距離1メートル後退した線）で囲まれた部分の水平投影面積による（建基令2条1項2号）。

　要するに，建築面積とは，原則として，建築物を真上から見た場合の外壁又は柱の中心線で囲まれた部分の面積であり，建築物の内部でない部分であっても，1メートル以上突き出た軒，ひさし，はね出し縁等については，その端から水平距離1メートル，建築物側に後退した線で囲まれた部分も，建築面積に算入されることになる（例えば，1.3メートルのひさしがある場合は，建築物から30センチメートルまでのひさしの部分は建築面積に算入される。）。したがって，1階部分の面積だけでなく，2階以上の部分が1階の部分よりも外側に存する場合は，その部分も建築面積に算入されるわけである。

　以上のとおり，原則として，外壁又は柱の中心線で囲まれた部分の面積が建築面積となり柱については，外壁がなく，柱だけであっても，その中心線で囲まれた部分の面積が建築面積に含まれることになるが，国土交通大臣が高い開放性を有すると認めて指定する構造の建築物又はその部分については，その端から水平距離1メートル以内の部分の水平投影面積は，当該建築物の建築面積に算入されないことになっている（建基令2条1項2号ただし書き）。ここで，国土交通大臣が高い開放性を有すると認めて指定する構造とは，次のとおりであり（平5・6・24建設省告示1437号（平12・12・26建設省告示2465号の改正を含む。）），柱と屋根だけで構成されたカーポート等がこれに該当しよう。

　1　外壁を有しない部分が連続して4メートル以上であること

　2　柱の間隔が2メートル以上であること

　3　天井の高さが2.1メートル以上であること

102

第1章　建築基準

4　地階を除く階数が1であること

いずれにしても，不動産登記法における床面積の算定方法とは異なるところもあるので注意を要する。

〈図8　建築面積〉

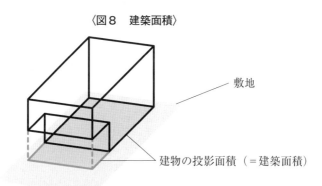

※　建築面積とは建物を真上から見たときの水平投影面積のことであり，1階より2階の面積が大きい建物の場合は2階を地面に投影した面積となる。
※　建築物の外壁の中心線からバルコニーの壁の外面までの距離が1メートルを超える場合は，バルコニーの先端から1メートルを除いた部分が建築面積に算入される。

Q34　建築基準法においては建築物の床面積はどのように算定するか。

A　建築物の各階又はその一部で壁その他の区画の中心線で囲まれた部分の水平投影面積による。

解説　床面積は，建築物の各階又はその一部で壁その他の区画の中心線で囲まれた部分の水平投影面積による（建基令2条1項3号）。したがって，床面積は各階毎に算定されることになる。

第1章　建築基準

　また，延べ面積は，建築物の各階の床面積の合計による（建基令2条1項4号）。

　建築基準法には，その他，築造面積という面積が規定されており，それは，工作物の水平投影面積（国土交通大臣が別に算定方法を定めた工作物については，その算定方法）によるとされている（建基令2条1項5号）。

〈図9　床面積（木造）〉

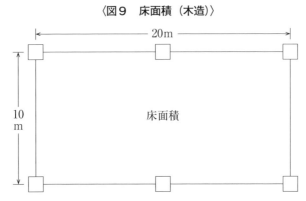

※　柱の中心から中心まで。20m×10m＝200㎡
※　長さの単位は全てメートル。小数点以下の取扱いについては，辺長（辺の長さ）は小数点以下第2位若しくは第3位まで表示し，床面積は小数点以下第3位を切捨て。

Q35　建築基準法においては建築物の高さはどのように算定するか。

　原則として，地盤面からの高さによる。

解説　建築物の高さは，地盤面からの高さによるが，階段室，昇降機塔，装飾塔，物見塔，屋窓その他これらに類する建築物の屋上部

第1章 建築基準

分の水平投影面積の合計が当該建築物の建築面積の8分の1以内の場合においては、その部分の高さは、12メートルまでは、当該建築物の高さに算入されず、棟飾、防火壁の屋上突出部その他これらに類する屋上突出物は、当該建築物の高さに算入されない（建基令2条1項6号ロ、ハ）。

また、軒の高さは、地盤面から建築物の小屋組又はこれに代わる横架材を支持する壁、敷桁又は柱の上端までの高さによる（建基令2条1項7号）。

ここで、地盤面とは、建築物が周囲の地面と接する位置の平均の高さにおける水平面をいい、その接する位置の高低差が3メートルを超える場合においては、その高低差3メートル以内ごとの平均の高さにおける水平面をいう（建基令2条2項）。

〈図10 軒の高さ〉

〈図11 軒の高さの測り方〉

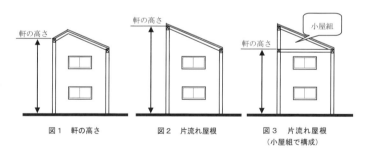

図1 軒の高さ　　図2 片流れ屋根　　図3 片流れ屋根
（小屋組で構成）

出典：横浜市建築局都市計画課ホームページ
※ 軒の高さとは、複数ある場合、通常最高の軒の高さをいう（図1）。また、屋根の勾配が一方向のみについている「片流れ屋根」の場合、原則として高い側の軒の高さを建築物の軒の高さとする（図2）。形態が同じでも、屋根が「小屋組」で形成されている場合、それを支持する壁または柱の上端までとなる（図3）。

第1章 建築基準

〈図12 地盤面〉

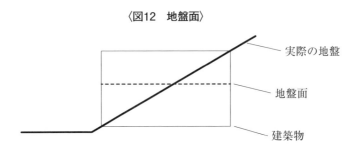

Q36 建築基準法においては屋上の昇降機塔は階数に算入するか。

A 建築物の屋上部分の昇降機塔の部分で，水平投影面積が当該建築物の建築面積の8分の1以下のものは，階数に算入されない。

解説 昇降機塔，装飾塔，物見塔その他これらに類する建築物の屋上部分又は地階の倉庫，機械室その他これらに類する建築物の部分で，水平投影面積の合計がそれぞれ当該建築物の建築面積の8分の1以下のものは，当該建築物の階数に算入されず，また，建築物の一部が吹抜きとなっている場合，建築物の敷地が斜面又は段地である場合その他建築物の部分によって階数を異にする場合においては，これらの階数のうち最大なものによる（建基令2条1項8号）。

第1章　建築基準

Q37 建築をしようとする場合はどのような手続をとらなければならないか。

A 建築主は，建築物を建築しようとする場合は，原則として，確認の申請書を提出して建築主事の確認を受け，確認済証の交付を受けなければならない。

解説　建築主は，次のアの第1号から第3号までに掲げる建築物を建築しようとする場合（増築しようとする場合においては，建築物が増築後において第1号から第3号までに掲げる規模のものとなる場合を含む。），これらの建築物の大規模の修繕若しくは大規模の模様替をしようとする場合又は第4号に掲げる建築物を建築しようとする場合においては，当該工事に着手する前に，その計画が建築基準関係規定（この法律並びにこれに基づく命令及び条例の規定（建基令の規定）その他建築物の敷地，構造又は建築設備に関する法律並びにこれに基づく命令及び条例の規定で政令で定めるもの。）に適合するものであることについて，確認の申請書を提出して建築主事の確認を受け，確認済証の交付を受けなければならない（建基6条1項各号）。

ア

一　後掲（110頁参照）別表第1（い）欄に掲げる用途に供する特殊建築物で，その用途に供する部分の床面積の合計が100平方メートルを超えるもの

二　木造の建築物で3以上の階数を有し，又は延べ面積が500平方メートル，高さが13メートル若しくは軒の高さが9メートルを超えるもの

三　木造以外の建築物で2以上の階数を有し，又は延べ面積が200平方メートルを超えるもの

四　前三号に掲げる建築物を除くほか，都市計画区域若しくは準都市計画区域（いずれも都道府県知事が都道府県都市計画審議会の意見を聴いて指定する区域を除く。）若しくは景観法第74条第1項の準景観地区（市町村長が指定する区域を除く。）内又は都道府県知事が関係市町村の意見を聴いてその区

107

第1章　建築基準

　域の全部若しくは一部について指定する区域内における建築物

　建築基準法において，建築とは，建築物を新築し，増築し，改築し，又は移転することをいい（建基2条13号），建築主とは，建築物に関する工事の請負契約の註文者又は請負契約によらないで自らその工事をする者をいう（建基2条16号）。また，大規模の修繕とは，建築物の主要構造部の1種以上について行う過半の修繕をいい（建基2条14号），大規模の模様替とは，建築物の主要構造部の1種以上について行う過半の模様替をいう（建基2条15号）。

　政令により建築基準関係規定に含まれることとなる規定は，次に掲げる法律の規定並びにこれらの規定に基づく命令及び条例の規定で建築物の敷地，構造又は建築設備に係るものとされている（建基令9条）。

1　消防法第9条，第9条の2，第15条及び第17条

2　屋外広告物法第3条から第5条まで（広告物の表示及び広告物を掲出する物件の設置の禁止又は制限に係る部分に限る。）

3　港湾法第40条第1項

4　高圧ガス保安法第24条

5　ガス事業法第40条の4

6　駐車場法第20条

7　水道法第16条

8　下水道法第10条第1項及び第3項，第25条の2並びに第30条第1項

9　宅地造成等規制法第8条第1項及び第12条第1項

10　流通業務市街地の整備に関する法律第5条第1項

11　液化石油ガスの保安の確保及び取引の適正化に関する法律第38条の2

12　都市計画法第29条第1項及び第2項，第35条の2第1項，第41条第2項（同法第35条の2第4項において準用する場合を含む。），第42条，第43条第1項，第53条第1項並びに同条第2項において準用する同法第52条の2第2項

13　特定空港周辺航空機騒音対策特別措置法第5条第1項から第3項まで（同条第5項において準用する場合を含む。）

108

第1章　建築基準

14　自転車の安全利用の促進及び自転車等の駐車対策の総合的推進に関する法律第5条第4項

15　浄化槽法第3条の2第1項

16　特定都市河川浸水被害対策法第8条

さらに，当該確認を受けた建築物の計画の変更（国土交通省令で定める軽微な変更を除く。）をして，前記ア第1号から第3号までに掲げる建築物を建築しようとする場合（増築しようとする場合においては，建築物が増築後において第1号から第3号までに掲げる規模のものとなる場合を含む。），これらの建築物の大規模の修繕若しくは大規模の模様替をしようとする場合又は前記ア第4号に掲げる建築物を建築しようとする場合も，同様に，確認の申請書を提出して建築主事の確認を受け，確認済証の交付を受けなければならない（建基6条1項後段）。

ただし，防火地域及び準防火地域外において建築物を増築し，改築し，又は移転しようとする場合で，その増築，改築又は移転に係る部分の床面積の合計が10平方メートル以内であるときについては，確認の申請書を提出して建築主事の確認を受ける必要はない（建基6条2項）。

建築主は，確認済証の交付を受けなければならない場合は，当該確認済証の交付を受けた後でなければ，建築物の建築，大規模の修繕又は大規模の模様替の工事は，することができない（建基6条8項）。

建築基準法において，特定行政庁とは，建築主事を置く市町村の区域については当該市町村の長を，その他の市町村の区域については都道府県知事をいい（建基2条35号），政令で指定する人口25万以上の市は，その長の指揮監督の下に建築主事を置かなければならず，その他の市町村は，その長の指揮監督の下に建築主事を置くことができる（建基4条）。

なお，国土交通大臣又は都道府県知事が指定した者（指定確認検査機関）の確認を受け，国土交通省令で定めるところにより確認済証の交付を受けたときは，当該確認は，建築主事による確認とみなされ，当該確認済証は，その確認済証とみなされる（建基6条の2第1項）。

第1章　建築基準

【判　例】

■ 違法建築物による不法行為の成否

　　指定確認検査機関による確認に関する事務は，建築主事による確認に関する事務の場合と同様に，地方公共団体の事務であり，その事務の帰属する行政主体は，当該確認に係る建築物について確認をする権限を有する建築主事が置かれた地方公共団体であると解するのが相当であるため，指定確認検査機関の確認に係る建築物について確認をする権限を有する建築主事が置かれた地方公共団体は，指定確認検査機関の当該確認につき行政事件訴訟法第21条第1項所定の「当該処分又は裁決に係る事務の帰属する国又は公共団体」に当たり，当該地方公共団体は，確認に係る事務の帰属する公共団体に当たるということができる（最二小決平17・6・24裁判集民217号277頁）。

〈表6　建築基準法別表第1　耐火建築物等としなければならない特殊建築物（第6条，第27条，第28条，第35条—第35条の3，第90条の3関係）〉

	(い)	(ろ)	(は)	(に)
	用途	(い)欄の用途に供する階	(い)欄の用途に供する部分（(一)項の場合にあっては客席，(二)項及び(四)項の場合にあっては2階，(五)項の場合にあっては3階以上の部分に限り，かつ，病院及び診療所についてはその部分に患者の収容施設がある場合に限る。）の床面積の合計	(い)欄の用途に供する部分の床面積の合計
(一)	劇場，映画館，演芸場，観覧場，公会堂，集会場その他これらに類するもので政令で定めるもの	3階以上の階	200平方メートル（屋外観覧席にあっては，1000平方メートル）以上	
(二)	病院，診療所（患者の収容施設があるものに限る。）ホテル，旅館，下宿，共同住宅，寄宿舎その他これらに類するもので政令で定めるもの	3階以上の階	300平方メートル以上	

第1章 建築基準

(三)	学校，体育館その他これらに類するもので政令で定めるもの	3階以上の階	2000平方メートル以上	
(四)	百貨店，マーケット，展示場，キャバレー，カフェー，ナイトクラブ，バー，ダンスホール，遊技場その他これらに類するもので政令で定めるもの	3階以上の階	500平方メートル以上	
(五)	倉庫その他これに類するもので政令で定めるもの		200平方メートル以上	1500平方メートル以上
(六)	自動車車庫，自動車修理工場その他これらに類するもので政令で定めるもの	3階以上の階		150平方メートル以上

Q38 建築確認を受けた建築工事が完了したときは建築物を使用することができるか。

　原則として，建築主は，検査済証の交付を受けた後でなければ，建築物を使用し，又は使用させてはならない。

解説　建築主は，建築確認を受けなければならない場合（建基6条1項）の工事を完了したときは，建築主事の検査を申請しなければならず（建基7条1項），この検査の申請は，その工事が完了した日から4日以内（申請をしなかったことについて国土交通省令で定めるやむを得ない理由があるときは，その理由がやんだ日から4日以内）に建築主事に到達するように，しなければならない（建基7条2項・3項）。建築主事が，その検査の申請を受理した

111

第1章　建築基準

場合においては，建築主事又はその委任を受けた当該市町村若しくは都道府県の職員（建築主事等）は，その申請を受理した日から7日以内に，当該工事に係る建築物及びその敷地が建築基準関係規定に適合しているかどうかを検査しなければならず（建基7条4項），当該建築物及びその敷地が建築基準関係規定に適合していることを認めたときは，国土交通省令で定めるところにより，当該建築物の建築主に対して検査済証を交付しなければならない（建基7条5項）。

　完了検査は，国土交通大臣又は都道府県知事が指定した者による場合の規定も設けられている（建基7条の2）。

　工事の完了前であっても，その工事が次の各号のいずれかに該当する工程（特定工程）を含む場合において，当該特定工程に係る工事を終えたときは，その都度，国土交通省令で定めるところにより，建築主事の検査を申請しなければならず，工事中の建築物等が建築基準関係規定に適合することを認めたときは，国土交通省令で定めるところにより，当該建築主に対して当該特定工程に係る中間検査合格証を交付しなければならない（建基7条の3）。

　一　階数が3以上である共同住宅の床及びはりに鉄筋を配置する工事の工
　　　程のうち政令で定める工程
　二　前号に掲げるもののほか，特定行政庁が，その地方の建築物の建築の
　　　動向又は工事に関する状況その他の事情を勘案して，区域，期間又は建
　　　築物の構造，用途若しくは規模を限って指定する工程

　以上のとおり，原則として，建築物について工事が完了したときは，完了検査を受けなければならないこととなるが，その検査済証の交付を受けるまでは，建築物の使用は制限されている。

　すなわち，建築基準法第6条第1項第1号から第3号（Q37参照）までの建築物を新築する場合又はこれらの建築物（共同住宅以外の住宅及び居室を有しない建築物を除く。）の増築，改築，移転，大規模の修繕若しくは大規模の模様替の工事で，廊下，階段，出入口その他の避難施設，消火栓，スプリンクラーその他の消火設備，排煙設備，非常用の照明装置，非常用の昇降機若しくは防火区画で政令にて定めるものに関する工事（政令で定める軽易な工事を除

112

く。避難施設等に関する工事）を含むものをする場合においては，当該建築物の建築主は，検査済証の交付を受けた後でなければ，当該新築に係る建築物又は当該避難施設等に関する工事に係る建築物若しくは建築物の部分を使用し，又は使用させてはならない。ただし，次の各号のいずれかに該当する場合には，検査済証の交付を受ける前においても，仮に，当該建築物又は建築物の部分を使用し，又は使用させることができるとされている（建基7条の6第1項）。

　一　特定行政庁が，安全上，防火上及び避難上支障がないと認めたとき。

　二　建築主事又は国土交通大臣又は都道府県知事が指定した者（建基7条の2第1項）が，安全上，防火上及び避難上支障がないものとして国土交通大臣が定める基準に適合していることを認めたとき。

　三　完了検査（建基7条1項）の申請が受理された日から7日を経過したとき。

Q39 保安上危険な建築物に対してはどのような措置がとられる可能性があるか。

A 使用制限などの措置をとることの勧告がなされ，その勧告に係る措置をとることを命ぜられ，場合によっては行政代執行の対象となり得る。

解説 特定行政庁は，建築基準法第6条第1項第1号に掲げる建築物その他政令で定める建築物（事務所その他これに類する用途に供する建築物のうち，階数が5以上である建築物又は延べ面積が1000平方メートルを超える建築物（建基令14条の2））の敷地，構造又は建築設備（Q37ア参照。いずれも建基3条2項）の規定により建築基準法第2章の規定又はこれに基づく命令若しくは条例の規定の適用を受けないものに限る。）について，損傷，腐食その他の劣化が進み，そのま

113

第1章　建築基準

ま放置すれば著しく保安上危険となり，又は著しく衛生上有害となるおそれがあると認める場合においては，当該建築物又はその敷地の所有者，管理者又は占有者に対して，相当の猶予期限を付けて，当該建築物の除却，移転，改築，増築，修繕，模様替，使用中止，使用制限その他保安上又は衛生上必要な措置をとることを勧告することができ（建基10条1項），特定行政庁は，その勧告を受けた者が正当な理由がなくてその勧告に係る措置をとらなかった場合において，特に必要があると認めるときは，その者に対し，相当の猶予期限を付けて，その勧告に係る措置をとることを命ずることができる（建基10条2項）。

その他，特定行政庁は，建築物の敷地，構造又は建築設備（前記アと同じ。）が著しく保安上危険であり，又は著しく衛生上有害であると認める場合においては，当該建築物又はその敷地の所有者，管理者又は占有者に対して，相当の猶予期限を付けて，当該建築物の除却，移転，改築，増築，修繕，模様替，使用禁止，使用制限その他保安上又は衛生上必要な措置をとることを命ずることができる（建基10条3項）。

保安上危険な建築物に対しては，違反建築物に対する措置と同様に（Q55），行政代執行の対象とされている（建基10条4項）。

Q40　建築物の敷地は周囲の道より低くても差し支えはないか。

A　建築物の敷地は，原則として，その接する道の境より高くなければならない。

　解説　建築基準法において，建築物の敷地の衛生及び安全については，次のとおり定められている。

114

第1章　建築基準

　建築物の敷地は，敷地内の排水に支障がない場合又は建築物の用途により防湿の必要がない場合を除いて，その接する道の境より高くなければならず，建築物の地盤面は，その接する周囲の土地より高くなければならず（建基19条1項），また，湿潤な土地，出水のおそれの多い土地又はごみその他これに類する物で埋め立てられた土地に建築物を建築する場合においては，盛土，地盤の改良その他衛生上又は安全上必要な措置を講じなければならない（建基19条2項）。

　建築物の敷地には，雨水及び汚水を排出し，又は処理するための適当な下水管，下水溝又はためますその他これらに類する施設をしなければならず（建基19条3項），建築物ががけ崩れ等による被害を受けるおそれのある場合においては，擁壁の設置その他安全上適当な措置を講じなければならない（建基19条4項）。

Q41　建築基準法の規定のうち都市計画区域及び準都市計画区域内に限って適用されるものはどのようなものがあるか。

A 建築物又はその敷地と道路又は壁面線との関係等，建築物の用途，建築物の敷地及び構造に関する規定等がある。

解説　建築基準法第3章（第8節を除く。）の規定は，都市計画区域及び準都市計画区域内に限り，適用される（建基41条の2）。

ここで，第8節を除く第3章の規定は，次のとおりである。

第1節　総則（第41条の2，第42条）
第2節　建築物又はその敷地と道路又は壁面線との関係等（第43条～第47条）
第3節　建築物の用途（第48条～第51条）
第4節　建築物の敷地及び構造（第52条～第60条）

115

第1章　建築基準

第4節の2　都市再生特別地区及び特定用途誘導地区（第60条の2，第60条の3）
第5節　防火地域（第61条～第67条の2）
第5節の2　特定防災街区整備地区（第67条の3，第67条の4）
第6節　景観地区（第68条）
第7節　地区計画等の区域（第68条の2～第68条の8）

> **Q 42**　都市計画区域内において建築することができる建築物の用途に制限があるか。

第1種低層住居専用地域等の用途地域ごとに，建築することができる建築物の用途が制限されている。

解説　都市計画区域内の第1種低層住居専用地域，第2種低層住居専用地域，第1種中高層住居専用地域，第2種中高層住居専用地域，第1種住居地域，第2種住居地域，準住居地域，近隣商業地域，商業地域，準工業地域，工業地域又は工業専用地域を，「用途地域」と総称するが（都計8条1項1号），用途地域内においては，それぞれ，建築基準法別表第2に基づいて，建築することできる建築物の用途が制限されている。
　例えば，第1種低層住居専用地域においては，住宅，住宅で事務所，店舗その他これらに類する用途を兼ねるもの，共同住宅等は建築することができるが，工場は建築することはできない。
　以下，用途地域毎に，建築することができる建築物と例外について，前述の別表及び建築基準法第48条の規定を載せる。

116

第1章　建築基準

〈表7　建築基準法別表第2　用途地域等内の建築物の制限（第27条，第48条，第68条の3関係）〉

(い)	第1種低層住居専用地域内に建築することができる建築物	一　住宅 二　住宅で事務所，店舗その他これらに類する用途を兼ねるもののうち政令で定めるもの 三　共同住宅，寄宿舎又は下宿 四　学校（大学，高等専門学校，専修学校及び各種学校を除く。），図書館その他これらに類するもの 五　神社，寺院，教会その他これらに類するもの 六　老人ホーム，保育所，福祉ホームその他これらに類するもの 七　公衆浴場（風俗営業等の規制及び業務の適正化等に関する法律（昭和23年法律第122号）第2条第6項第1号に該当する営業（以下この表において「個室付浴場業」という。）に係るものを除く。） 八　診療所 九　巡査派出所，公衆電話所その他これらに類する政令で定める公益上必要な建築物 十　前各号の建築物に附属するもの（政令で定めるものを除く。）
(ろ)	第2種低層住居専用地域内に建築することができる建築物	一　(い)項第1号から第9号までに掲げるもの 二　店舗，飲食店その他これらに類する用途に供するもののうち政令で定めるものでその用途に供する部分の床面積の合計が150平方メートル以内のもの（3階以上の部分をその用途に供するものを除く。） 三　前二号の建築物に附属するもの（政令で定めるものを除く。）
(は)	第1種中高層住居専用地域内に建築することができる建築物	一　(い)項第1号から第9号までに掲げるもの 二　大学，高等専門学校，専修学校その他これらに類するもの 三　病院 四　老人福祉センター，児童厚生施設その他これらに類するもの 五　店舗，飲食店その他これらに類する用途に供するもののうち政令で定めるものでその用途に供する部分の床面積の合計が500平方メートル以内のもの（3階以上の部分をその用途に供するものを除く。） 六　自動車車庫で床面積の合計が300平方メートル以

第3編　私道と建築基準

117

第1章　建築基準

		内のもの又は都市計画として決定されたもの（3階以上の部分をその用途に供するものを除く。） 七　公益上必要な建築物で政令で定めるもの 八　前各号の建築物に附属するもの（政令で定めるものを除く。）
(に)	第2種中高層住居専用地域内に建築してはならない建築物	一　(ほ)項第2号及び第3号，(へ)項第3号から第5号まで，(と)項第4号並びに(ち)項第2号及び第3号に掲げるもの 二　工場（政令で定めるものを除く。） 三　ボーリング場，スケート場，水泳場その他これらに類する政令で定める運動施設 四　ホテル又は旅館 五　自動車教習所 六　政令で定める規模の畜舎 七　3階以上の部分を(は)項に掲げる建築物以外の建築物の用途に供するもの（政令で定めるものを除く。） 八　(は)項に掲げる建築物以外の建築物の用途に供するものでその用途に供する部分の床面積の合計が1500平方メートルを超えるもの（政令で定めるものを除く。）
(ほ)	第1種住居地域内に建築してはならない建築物	一　(へ)項第1号から第5号までに掲げるもの 二　マージャン屋，ぱちんこ屋，射的場，勝馬投票券発売所，場外車券売場その他これらに類するもの 三　カラオケボックスその他これに類するもの 四　(は)項に掲げる建築物以外の建築物の用途に供するものでその用途に供する部分の床面積の合計が3000平方メートルを超えるもの（政令で定めるものを除く。）
(へ)	第2種住居地域内に建築してはならない建築物	一　(と)項第3号及び第4号並びに(ち)項に掲げるもの 二　原動機を使用する工場で作業場の床面積の合計が50平方メートルを超えるもの 三　劇場，映画館，演芸場又は観覧場 四　自動車車庫で床面積の合計が300平方メートルを超えるもの又は3階以上の部分にあるもの（建築物に附属するもので政令で定めるもの又は都市計画として決定されたものを除く。） 五　倉庫業を営む倉庫 六　店舗，飲食店，展示場，遊技場，勝馬投票券発売所，場外車券売場その他これらに類する用途で政令

第1章　建築基準

		で定めるものに供する建築物でその用途に供する部分の床面積の合計が1万平方メートルを超えるもの
(と)	準住居地域内に建築してはならない建築物	一　(ち)項に掲げるもの 二　原動機を使用する工場で作業場の床面積の合計が50平方メートルを超えるもの（作業場の床面積の合計が150平方メートルを超えない自動車修理工場を除く。） 三　次に掲げる事業（特殊の機械の使用その他の特殊の方法による事業であつて住居の環境を害するおそれがないものとして政令で定めるものを除く。）を営む工場 （一）　容量10リットル以上30リットル以下のアセチレンガス発生器を用いる金属の工作 （一の二）　印刷用インキの製造 （二）　出力の合計が0.75キロワット以下の原動機を使用する塗料の吹付 （二の二）　原動機を使用する魚肉の練製品の製造 （三）　原動機を使用する2台以下の研磨機による金属の乾燥研磨（工具研磨を除く。） （四）　コルク，エボナイト若しくは合成樹脂の粉砕若しくは乾燥研磨又は木材の粉砕で原動機を使用するもの （四の二）　厚さ0.5ミリメートル以上の金属板のつち打加工（金属工芸品の製造を目的とするものを除く。）又は原動機を使用する金属のプレス（液圧プレスのうち矯正プレスを使用するものを除く。）若しくはせん断 （四の三）　印刷用平版の研磨 （四の四）　糖衣機を使用する製品の製造 （四の五）　原動機を使用するセメント製品の製造 （四の六）　ワイヤーフォーミングマシンを使用する金属線の加工で出力の合計が0.75キロワットを超える原動機を使用するもの （五）　木材の引割若しくはかんな削り，裁縫，機織，撚糸，組ひも，編物，製袋又はやすりの目立で出力の合計が0.75キロワットをこえる原動機を使用するもの （六）　製針又は石材の引割で出力の合計が1.5キロワットをこえる原動機を使用するもの （七）　出力の合計が2.5キロワットをこえる原動機

第3編　私道と建築基準

119

(と)	準住居地域内に建築してはならない建築物	を使用する製粉 （八）　合成樹脂の射出成形加工 （九）　出力の合計が10キロワットをこえる原動機を使用する金属の切削 （十）　めつき （十一）　原動機の出力の合計が1.5キロワットをこえる空気圧縮機を使用する作業 （十二）　原動機を使用する印刷 （十三）　ベンディングマシン（ロール式のものに限る。）を使用する金属の加工 （十四）　タンブラーを使用する金属の加工 （十五）　ゴム練用又は合成樹脂練用のロール機（カレンダーロール機を除く。）を使用する作業 （十六）　（一）から（十五）までに掲げるもののほか，安全上若しくは防火上の危険の度又は衛生上若しくは健康上の有害の度が高いことにより，住居の環境を保護する上で支障があるものとして政令で定める事業 四　ぬ項第1号（一）から（三）まで，（十一）又は（十二）の物品（り項第4号及びぬ項第2号において「危険物」という。）の貯蔵又は処理に供するもので政令で定めるもの 五　劇場，映画館，演芸場又は観覧場のうち客席の部分の床面積の合計が200平方メートル以上のもの 六　前号に掲げるもののほか，劇場，映画館，演芸場若しくは観覧場又は店舗，飲食店，展示場，遊技場，勝馬投票券発売所，場外車券売場その他これらに類する用途で政令で定めるものに供する建築物でその用途に供する部分（劇場，映画館，演芸場又は観覧場の用途に供する部分にあつては，客席の部分に限る。）の床面積の合計が1万平方メートルを超えるもの
(ち)	近隣商業地域内に建築してはならない建築物	一　り項に掲げるもの 二　キャバレー，料理店，ナイトクラブその他これらに類するもの 三　個室付浴場業に係る公衆浴場その他これに類する政令で定めるもの
(り)	商業地域内に建築してはならない建築物	一　ぬ項第1号及び第2号に掲げるもの 二　原動機を使用する工場で作業場の床面積の合計が

第1章　建築基準

150平方メートルをこえるもの（日刊新聞の印刷所及び作業場の床面積の合計が300平方メートルをこえない自動車修理工場を除く。）

三　次に掲げる事業（特殊の機械の使用その他の特殊の方法による事業であつて商業その他の業務の利便を害するおそれがないものとして政令で定めるものを除く。）を営む工場

（一）　玩具煙火の製造

（二）　アセチレンガスを用いる金属の工作（アセチレンガス発生器の容量30リットル以下のもの又は溶解アセチレンガスを用いるものを除く。）

（三）　引火性溶剤を用いるドライクリーニング，ドライダイイング又は塗料の加熱乾燥若しくは焼付（赤外線を用いるものを除く。）

（四）　セルロイドの加熱加工又は機械のこぎりを使用する加工

（五）　絵具又は水性塗料の製造

（六）　出力の合計が0.75キロワットをこえる原動機を使用する塗料の吹付

（七）　亜硫酸ガスを用いる物品の漂白

（八）　骨炭その他動物質炭の製造

（八の二）　せつけんの製造

（八の三）　魚粉，フェザーミール，肉骨粉，肉粉若しくは血粉又はこれらを原料とする飼料の製造

（八の四）　手すき紙の製造

（九）　羽又は毛の洗浄，染色又は漂白

（十）　ぼろ，くず綿，くず紙，くず糸，くず毛その他これらに類するものの消毒，選別，洗浄又は漂白

（十一）　製綿，古綿の再製，起毛，せん毛，反毛又はフェルトの製造で原動機を使用するもの

（十二）　骨，角，きば，ひずめ若しくは貝がらの引割若しくは乾燥研磨又は3台以上の研磨機による金属の乾燥研磨で原動機を使用するもの

（十三）　鉱物，岩石，土砂，コンクリート，アスファルト・コンクリート，硫黄，金属，ガラス，れんが，陶磁器，骨又は貝殻の粉砕で原動機を使用するもの

（十三の二）　レデイミクストコンクリートの製造又はセメントの袋詰で出力の合計が2.5キロワット

第1章　建築基準

(り)	商業地域内に建築してはならない建築物	をこえる原動機を使用するもの （十四）　墨，懐炉灰又はれん炭の製造 （十五）　活字若しくは金属工芸品の鋳造又は金属の溶融で容量の合計が50リットルをこえないるつぼ又はかまを使用するもの（印刷所における活字の鋳造を除く。） （十六）　瓦，れんが，土器，陶磁器，人造砥石，るつぼ又はほうろう鉄器の製造 （十七）　ガラス製造又は砂吹 （十七の二）　金属の溶射又は砂吹 （十七の三）　鉄板の波付加工 （十七の四）　ドラムカンの洗浄又は再生 （十八）　スプリングハンマーを使用する金属の鍛造 （十九）　伸線，伸管又はロールを用い金属の圧延で出力の合計が4キロワット以下の原動機を使用するもの （二十）　（一）から（十九）までに掲げるもののほか，安全上若しくは防火上の危険の度又は衛生上若しくは健康上の有害の度が高いことにより，商業その他の業務の利便を増進する上で支障があるものとして政令で定める事業 四　危険物の貯蔵又は処理に供するもので政令で定めるもの
(ぬ)	準工業地域内に建築してはならない建築物	一　次に掲げる事業（特殊の機械の使用その他の特殊の方法による事業であつて環境の悪化をもたらすおそれのない工業の利便を害するおそれがないものとして政令で定めるものを除く。）を営む工場 （一）　火薬類取締法（昭和25年法律第149号）の火薬類（玩具煙火を除く。）の製造 （二）　消防法（昭和23年法律第186号）第2条第7項に規定する危険物の製造（政令で定めるものを除く。） （三）　マツチの製造 （四）　ニトロセルロース製品の製造 （五）　ビスコース製品，アセテート又は銅アンモニアレーヨンの製造 （六）　合成染料若しくはその中間物，顔料又は塗料の製造（漆又は水性塗料の製造を除く。） （七）　引火性溶剤を用いるゴム製品又は芳香油の製造

122

第1章　建築基準

（八）　乾燥油又は引火性溶剤を用いる擬革紙布又は防水紙布の製造

（九）　木材を原料とする活性炭の製造（水蒸気法によるものを除く。）

（十）　石炭ガス類又はコークスの製造

（十一）　可燃性ガスの製造（政令で定めるものを除く。）

（十二）　圧縮ガス又は液化ガスの製造（製氷又は冷凍を目的とするものを除く。）

（十三）　塩素，臭素，ヨード，硫黄，塩化硫黄，弗化水素酸，塩酸，硝酸，硫酸，燐酸，苛性カリ，苛性ソーダ，アンモニア水，炭酸カリ，せんたくソーダ，ソーダ灰，さらし粉，次硝酸蒼鉛，亜硫酸塩類，チオ硫酸塩類，砒素化合物，鉛化合物，バリウム化合物，銅化合物，水銀化合物，シヤン化合物，クロールズルホン酸，クロロホルム，四塩化炭素，ホルマリン，ズルホナール，グリセリン，イヒチオールズルホン酸アンモン，酢酸，石炭酸，安息香酸，タンニン酸，アセトアニリド，アスピリン又はグアヤコールの製造

（十四）　たんぱく質の加水分解による製品の製造

（十五）　油脂の採取，硬化又は加熱加工（化粧品の製造を除く。）

（十六）　ファクチス，合成樹脂，合成ゴム又は合成繊維の製造

（十七）　肥料の製造

（十八）　製紙（手すき紙の製造を除く。）又はパルプの製造

（十九）　製革，にかわの製造又は毛皮若しくは骨の精製

（二十）　アスフアルトの精製

（二十一）　アスフアルト，コールタール，木タール，石油蒸溜産物又はその残りかすを原料とする製造

（二十二）　セメント，石膏，消石灰，生石灰又はカーバイドの製造

（二十三）　金属の溶融又は精練（容量の合計が50リットルをこえないるつぼ若しくはかまを使用するもの又は活字若しくは金属工芸品の製造を目的とするものを除く。）

（二十四）　炭素粉を原料とする炭素製品若しくは黒鉛製品の製造又は黒鉛の粉砕

第1章　建築基準

(ぬ)	準工業地域内に建築してはならない建築物	（二十五）　金属厚板又は形鋼の工作で原動機を使用するはつり作業（グラインダーを用いるものを除く。），びよう打作業又は孔埋作業を伴うもの （二十六）　鉄釘類又は鋼球の製造 （二十七）　伸線，伸管又はロールを用いる金属の圧延で出力の合計が４キロワットをこえる原動機を使用するもの （二十八）　鍛造機（スプリングハンマーを除く。）を使用する金属の鍛造 （二十九）　動物の臓器又ははいせつ物を原料とする医薬品の製造 （三十）　石綿を含有する製品の製造又は粉砕 （三十一）　（一）から（三十）までに掲げるもののほか，安全上若しくは防火上の危険の度又は衛生上若しくは健康上の有害の度が高いことにより，環境の悪化をもたらすおそれのない工業の利便を増進する上で支障があるものとして政令で定める事業 二　危険物の貯蔵又は処理に供するもので政令で定めるもの 三　個室付浴場業に係る公衆浴場その他これに類する政令で定めるもの
(る)	工業地域内に建築してはならない建築物	一　(ぬ)項第３号に掲げるもの 二　ホテル又は旅館 三　キャバレー，料理店，ナイトクラブその他これらに類するもの 四　劇場，映画館，演芸場又は観覧場 五　学校（幼保連携型認定こども園を除く。） 六　病院 七　店舗，飲食店，展示場，遊技場，勝馬投票券発売所，場外車券売場その他これらに類する用途で政令で定めるものに供する建築物でその用途に供する部分の床面積の合計が１万平方メートルを超えるもの
(を)	工業専用地域内に建築してはならない建築物	一　(る)項に掲げるもの 二　住宅 三　共同住宅，寄宿舎又は下宿 四　老人ホーム，福祉ホームその他これらに類するもの 五　物品販売業を営む店舗又は飲食店

第1章　建築基準

		六　図書館，博物館その他これらに類するもの 七　ボーリング場，スケート場，水泳場その他これらに類する政令で定める運動施設 八　マージャン屋，ぱちんこ屋，射的場，勝馬投票券発売所，場外車券売場その他これらに類するもの
(わ)	用途地域の指定のない区域（都市計画法第7条第1項に規定する市街化調整区域を除く。）内に建築してはならない建築物	劇場，映画館，演芸場若しくは観覧場又は店舗，飲食店，展示場，遊技場，勝馬投票券発売所，場外車券売場その他これらに類する用途で政令で定めるものに供する建築物でその用途に供する部分（劇場，映画館，演芸場又は観覧場の用途に供する部分にあつては，客席の部分に限る。）の床面積の合計が1万平方メートルを超えるもの

◎　建築基準法

（用途地域等）

第48条　第1種低層住居専用地域内においては，別表第2(い)項に掲げる建築物以外の建築物は，建築してはならない。ただし，特定行政庁が第1種低層住居専用地域における良好な住居の環境を害するおそれがないと認め，又は公益上やむを得ないと認めて許可した場合においては，この限りでない。

2　第2種低層住居専用地域内においては，別表第2(ろ)項に掲げる建築物以外の建築物は，建築してはならない。ただし，特定行政庁が第2種低層住居専用地域における良好な住居の環境を害するおそれがないと認め，又は公益上やむを得ないと認めて許可した場合においては，この限りでない。

3　第1種中高層住居専用地域内においては，別表第2(は)項に掲げる建築物以外の建築物は，建築してはならない。ただし，特定行政庁が第1種中高層住居専用地域における良好な住居の環境を害するおそれがないと認め，又は公益上やむを得ないと認めて許可した場合においては，この限りでない。

4　第2種中高層住居専用地域内においては，別表第2(に)項に掲げる建築物は，建築してはならない。ただし，特定行政庁が第2種中高層住居専用地域における良好な住居の環境を害するおそれがないと認め，又は公益上やむを得ないと認めて許可した場合においては，この限りでない。

5　第1種住居地域内においては，別表第2(ほ)項に掲げる建築物は，建築してはならない。ただし，特定行政庁が第1種住居地域における住居の環境を害するおそれがないと認め，又は公益上やむを得ないと認めて許可した場合においては，この限りでない。

6　第2種住居地域内においては，別表第2(へ)項に掲げる建築物は，建築してはならない。ただし，特定行政庁が第2種住居地域における住居の環境を害するおそれがないと認め，又は公益上やむを得ないと認めて許可した場合においては，この限りでない。

第1章　建築基準

7　準住居地域内においては，別表第2(と)項に掲げる建築物は，建築してはならない。ただし，特定行政庁が準住居地域における住居の環境を害するおそれがないと認め，又は公益上やむを得ないと認めて許可した場合においては，この限りでない。

8　近隣商業地域内においては，別表第2(ち)項に掲げる建築物は，建築してはならない。ただし，特定行政庁が近隣の住宅地の住民に対する日用品の供給を行うことを主たる内容とする商業その他の業務の利便及び当該住宅地の環境を害するおそれがないと認め，又は公益上やむを得ないと認めて許可した場合においては，この限りでない。

9　商業地域内においては，別表第2(り)項に掲げる建築物は，建築してはならない。ただし，特定行政庁が商業の利便を害するおそれがないと認め，又は公益上やむを得ないと認めて許可した場合においては，この限りでない。

10　準工業地域内においては，別表第2(ぬ)項に掲げる建築物は，建築してはならない。ただし，特定行政庁が安全上若しくは防火上の危険の度若しくは衛生上の有害の度が低いと認め，又は公益上やむを得ないと認めて許可した場合においては，この限りでない。

11　工業地域内においては，別表第2(る)項に掲げる建築物は，建築してはならない。ただし，特定行政庁が工業の利便上又は公益上必要と認めて許可した場合においては，この限りでない。

12　工業専用地域内においては，別表第2(を)項に掲げる建築物は，建築してはならない。ただし，特定行政庁が工業の利便を害するおそれがないと認め，又は公益上やむを得ないと認めて許可した場合においては，この限りでない。

13　第1種低層住居専用地域，第2種低層住居専用地域，第1種中高層住居専用地域，第2種中高層住居専用地域，第1種住居地域，第2種住居地域，準住居地域，近隣商業地域，商業地域，準工業地域，工業地域又は工業専用地域（以下「用途地域」と総称する。）の指定のない区域（市街化調整区域（都計7条1項）を除く。）内においては，別表第2(わ)項に掲げる建築物は，建築してはならない。ただし，特定行政庁が当該区域における適正かつ合理的な土地利用及び環境の保全を図る上で支障がないと認め，又は公益上やむを得ないと認めて許可した場合においては，この限りでない。

※　一部筆者加筆

その他，特別用途地区，特定用途制限地域においても，建築物の用途の制限等が課せられることもある（建基49条，49条の2）。

第1章 建築基準

Q43 容積率とは何か。

 建築物の延べ面積の敷地面積に対する割合をいい，その数値には一定の制限がある。

解説 建築物の規模を制限するものとして，容積率と，後述の建ぺい率がある。

建築物の延べ面積の敷地面積に対する割合を容積率といい，容積率は，次の各号に掲げる区分に従い，当該各号に定める数値以下でなければならないとされているが，当該建築物が第5号に掲げる建築物である場合において，建築物の延べ面積の算定に当たりその床面積が当該建築物の延べ面積に算入されない部分を有するときは，当該部分の床面積を含む当該建築物の容積率は，当該建築物がある第1種住居地域，第2種住居地域，準住居地域，近隣商業地域又は準工業地域に関する都市計画において定められた第2号に定める数値の1.5倍以下でなければならないとされている（建基52条1項）。

1 第1種低層住居専用地域又は第2種低層住居専用地域内の建築物（第6号に掲げる建築物を除く。）：10分の5，10分の6，10分の8，10分の10，10分の15又は10分の20のうち当該地域に関する都市計画において定められたもの

2 第1種中高層住居専用地域若しくは第2種中高層住居専用地域内の建築物（第6号に掲げる建築物を除く。）又は第1種住居地域，第2種住居地域，準住居地域，近隣商業地域若しくは準工業地域内の建築物（第5号及び第6号に掲げる建築物を除く。）：10分の10，10分の15，10分の20，10分の30，10分の40又は10分の50のうち当該地域に関する都市計画において定められたもの

3 商業地域内の建築物（第6号に掲げる建築物を除く。）：10分の20，10分の30，10分の40，10分の50，10分の60，10分の70，10分の80，10分の90，10

第1章　建築基準

分の100, 10分の110, 10分の120又は10分の130のうち当該地域に関する
都市計画において定められたもの

4　工業地域内の建築物（第6号に掲げる建築物を除く。）又は工業専用地域
　内の建築物：10分の10, 10分の15, 10分の20, 10分の30又は10分の40の
　うち当該地域に関する都市計画において定められたもの

5　高層住居誘導地区内の建築物（第6号に掲げる建築物を除く。）であって,
　その住宅の用途に供する部分の床面積の合計がその延べ面積の3分の2
　以上であるもの（当該高層住居誘導地区に関する都市計画において建築物の敷地
　面積の最低限度が定められたときは, その敷地面積が当該最低限度以上のものに限
　る。）：当該建築物がある第1種住居地域, 第2種住居地域, 準住居地域,
　近隣商業地域又は準工業地域に関する都市計画において定められた第2
　号に定める数値から, その1.5倍以下で当該建築物の住宅の用途に供す
　る部分の床面積の合計のその延べ面積に対する割合に応じて政令で定め
　る方法により算出した数値までの範囲内で, 当該高層住居誘導地区に関
　する都市計画において定められたもの

6　特定用途誘導地区内の建築物であって, その全部又は一部を当該特定
　用途誘導地区に関する都市計画において定められた誘導すべき用途に供
　するもの：当該特定用途誘導地区に関する都市計画において定められた
　数値

7　用途地域の指定のない区域内の建築物：10分の5, 10分の8, 10分の
　10, 10分の20, 10分の30又は10分の40のうち, 特定行政庁が土地利用の
　状況等を考慮し当該区域を区分して都道府県都市計画審議会の議を経て
　定めるもの

　以上の制限のほか, 容積率は, 前面道路（前面道路が2以上あるときは, その
幅員の最大のもの。）の幅員が12メートル未満である建築物の容積率は, 当該
前面道路の幅員のメートルの数値に, 次の各号に掲げる区分に従い, 当該各
号に定める数値を乗じたもの以下でなければならないとされている（建基52
条2項）。つまり, 容積率の数値は, 前記建築基準法第52条第1項の数値と,

第1章　建築基準

ここに記載する同条第2項の数値の厳しいほうの数値が適用されることとなる。

1　第1種低層住居専用地域又は第2種低層住居専用地域内の建築物：10分の4

2　第1種中高層住居専用地域若しくは第2種中高層住居専用地域内の建築物又は第1種住居地域，第2種住居地域若しくは準住居地域内の建築物（高層住居誘導地区内の建築物であって，その住宅の用途に供する部分の床面積の合計がその延べ面積の3分の2以上であるもの（当該高層住居誘導地区に関する都市計画において建築物の敷地面積の最低限度が定められたときは，その敷地面積が当該最低限度以上のものに限る。建築基準法第56条第1項第2号ハ及び別表第3の4の項において同じ。）を除く。）：10分の4（特定行政庁が都道府県都市計画審議会の議を経て指定する区域内の建築物にあっては，10分の6）

3　その他の建築物：10分の6（特定行政庁が都道府県都市計画審議会の議を経て指定する区域内の建築物にあっては，10分の4又は10分の8のうち特定行政庁が都道府県都市計画審議会の議を経て定めるもの）

原則として，容積率の算定の基礎となる延べ面積には，建築物の地階でその天井が地盤面からの高さ1メートル以下にあるものの住宅又は老人ホーム，福祉ホームその他これらに類するもの（老人ホーム等）の用途に供する部分の床面積（当該床面積が当該建築物の住宅及び老人ホーム等の用途に供する部分の床面積の合計の3分の1を超える場合においては，当該建築物の住宅及び老人ホーム等の用途に供する部分の床面積の合計の3分の1）は，算入せず（建基52条3項），政令で定める昇降機の昇降路の部分又は共同住宅の共用の廊下若しくは階段の用に供する部分の床面積は，算入しない（建基52条6項）。

　ここで，地盤面とは，建築物が周囲の地面と接する位置の平均の高さにおける水平面をいい，その接する位置の高低差が3メートルを超える場合においては，その高低差3メートル以内ごとの平均の高さにおける水平面をいい（建基52条4項），地方公共団体は，土地の状況等により必要と認める場合においては，政令で定める基準に従い，条例で，区域を限り，地盤面を別に定めることができる（建基52条5項）。

　ここで，延べ床面積とは，前述のとおり（Q34），建築物の各階の床面積の

第3編　私道と建築基準

第1章　建築基準

合計によることになるが，容積率の算定の基礎となる延べ面積（建築物の容積率の最低限度に関する規制に係る当該容積率の算定の基礎となる延べ面積を除く。）については，次に掲げる建築物の部分の床面積を算入されない（建基令2条1項4号ただし書き）。

　　イ　自動車車庫その他の専ら自動車又は自転車の停留又は駐車のための施設（誘導車路，操車場所及び乗降場を含む。）の用途に供する部分（自動車車庫等部分）

　　ロ　専ら防災のために設ける備蓄倉庫の用途に供する部分（備蓄倉庫部分）

　　ハ　蓄電池（床に据え付けるものに限る。）を設ける部分（蓄電池設置部分）

　　ニ　自家発電設備を設ける部分（自家発電設備設置部分）

　　ホ　貯水槽を設ける部分（貯水槽設置部分）

　なお，特例容積率適用地区内における建築物，敷地内に広い空地を有する建築物については，容積率の特例が設けられている（建基57条の2，59条の2）。さらに，特定街区内においては，建築物の容積率は，特定街区に関する都市計画において定められた限度以下でなければならないとされている（建基60条1項）。

Q44 | 容積率の数値が異なる区域にまたがった敷地に建築する建築物の容積率の限度はどうなるか。

A 各区域内の建築物の容積率の限度に，その敷地の当該区域内にある各部分の面積の敷地面積に対する割合を乗じて得たものの合計以下となる。

解説　建築物の敷地が，建築物の容積率に関する制限を受ける地域，地区又は区域の2以上にわたる場合においては，当該建築物の容

130

第 1 章　建築基準

積率は，それら当該各地域，地区又は区域内の建築物の容積率の限度にその敷地の当該地域，地区又は区域内にある各部分の面積の敷地面積に対する割合を乗じて得たものの合計以下でなければならないとされている（建基52条7項）。

Q 45　建ぺい率とは何か。

建築物の建築面積の敷地面積に対する割合をいい，その数値には一定の制限がある。

解説　建築物の建築面積（同一敷地内に2以上の建築物がある場合においては，その建築面積の合計）の敷地面積に対する割合を建ぺい率といい，次の各号に掲げる区分に従い，当該各号に定める数値を超えてはならないとされている（建基53条1項）。

一　第1種低層住居専用地域，第2種低層住居専用地域，第1種中高層住居専用地域，第2種中高層住居専用地域又は工業専用地域内の建築物：10分の3，10分の4，10分の5又は10分の6のうち当該地域に関する都市計画において定められたもの

二　第1種住居地域，第2種住居地域，準住居地域又は準工業地域内の建築物：10分の5，10分の6又は10分の8のうち当該地域に関する都市計画において定められたもの

三　近隣商業地域内の建築物：10分の6又は10分の8のうち当該地域に関する都市計画において定められたもの

四　商業地域内の建築物：10分の8

五　工業地域内の建築物：10分の5又は10分の6のうち当該地域に関する

都市計画において定められたもの

六　用途地域の指定のない区域内の建築物：10分の3，10分の4，10分の
　　5，10分の6又は10分の7のうち，特定行政庁が土地利用の状況等を考
　　慮し当該区域を区分して都道府県都市計画審議会の議を経て定めるもの

　なお，建ぺい率の限度が10分の8とされている地域外で，かつ，防火地域
内にある耐火建築物，又は，街区の角にある敷地又はこれに準ずる敷地で特
定行政庁が指定するものの内にある建築物については，前に掲げた数値に10
分の1を加えた数値を建ぺい率とし，建ぺい率の限度が10分の8とされてい
る地域外で，かつ，防火地域内にある耐火建築物であって，さらに街区の角
にある敷地又はこれに準ずる敷地で特定行政庁が指定するものの内にある建
築物に該当するものについては，前に掲げた数値に10分の2を加えた数値を
建ぺい率とすることとなる（建基53条3項）。

　建ぺい率の限度が10分の8とされている地域内で，かつ，防火地域内にあ
る耐火建築物，巡査派出所，公衆便所，公共用歩廊その他これらに類するも
の，又は，公園，広場，道路，川その他これらに類するものの内にある建築
物で特定行政庁が安全上，防火上及び衛生上支障がないと認めて許可したも
のについては，建ぺい率は無制限（10分の10）となる（建基53条5項）。

　建築物の敷地が防火地域の内外にわたる場合において，その敷地内の建築
物の全部が耐火建築物であるときは，その敷地は，すべて防火地域内にある
ものとみなされる（建基53条6項）。

　なお，高層住居誘導地区内においては，建築物の建ぺい率は，高層住居誘
導地区に関する都市計画において建築物の建ぺい率の最高限度が定められた
ときは，当該最高限度以下でなければならず（建基57条の5），また，高度利
用地区内においては，建築物の容積率及び建ぺい率並びに建築物の建築面積
（同一敷地内に2以上の建築物がある場合においては，それぞれの建築面積）は，高度
利用地区に関する都市計画において定められた内容に適合するものでなけれ
ばならないとされている（建基59条）。

第1章　建築基準

Q46　建ぺい率の数値が異なる区域にまたがった敷地に建築する建築物の建ぺい率の限度はどうなるか。

A　各区域内の建築物の建ぺい率の限度に，その敷地の当該区域内にある各部分の面積の敷地面積に対する割合を乗じて得たものの合計以下となる。

解説　建築物の敷地が，建築物の建ぺい率に関する制限を受ける地域又は区域の2以上にわたる場合においては，当該建築物の建ぺい率は，当該各地域又は区域内の建築物の建ぺい率の限度にその敷地の当該地域又は区域内にある各部分の面積の敷地面積に対する割合を乗じて得たものの合計以下でなければならないとされている（建基53条2項）。

Q47　建築物の敷地面積には下限が定められているか。

A　用途地域に関する都市計画において，建築物の敷地面積の最低限度が定められることがある。

解説　建築物の敷地面積は，用途地域に関する都市計画において建築物の敷地面積の最低限度が定められたときは，当該最低限度以上でなければならないが，次の各号のいずれかに該当する建築物の敷地については，この限りでないとされる（建基53条の2）。
一　建ぺい率の限度が10分の8とされている地域内で，かつ，防火地域内にある耐火建築物

第1章　建築基準

二　公衆便所，巡査派出所その他これらに類する建築物で公益上必要なもの

三　その敷地の周囲に広い公園，広場，道路その他の空地を有する建築物であって，特定行政庁が市街地の環境を害するおそれがないと認めて許可したもの

四　特定行政庁が用途上又は構造上やむを得ないと認めて許可したもの

なお，都市計画において建築物の敷地面積の最低限度を定める場合においては，その最低限度は，200平方メートルを超えてはならないとされている（建基53条の2第2項）。

また，景観地区内においては，建築物の敷地面積は，景観地区に関する都市計画において建築物の敷地面積の最低限度が定められたときは，当該最低限度以上でなければならないとされている（建基68条3項）。

Q48　建築物の外壁の位置に制限は設けられているか。

A　第1種低層住居専用地域又は第2種低層住居専用地域内にあって，都市計画において，建築物の外壁の後退距離の限度が定められることがある。

解説　第1種低層住居専用地域又は第2種低層住居専用地域内においては，建築物の外壁又はこれに代わる柱の面から敷地境界線までの距離（外壁の後退距離）は，当該地域に関する都市計画において外壁の後退距離の限度が定められた場合においては，政令で定める場合を除き，当該限度以上でなければならず，都市計画において外壁の後退距離の限度を定める場合においては，その限度は，1.5メートル又は1メートルとされている（建

134

第1章　建築基準

基54条)。

　ここで政令で定める場合とは，当該地域に関する都市計画において定められた外壁の後退距離の限度に満たない距離にある建築物又は建築物の部分が次の各号のいずれかに該当する場合とされる（建基令135条の21)。

　一　外壁又はこれに代わる柱の中心線の長さの合計が3メートル以下であること。

　二　物置その他これに類する用途に供し，軒の高さが2.3メートル以下で，かつ，床面積の合計が5平方メートル以内であること。

　なお，特定街区内においては，建築物の壁又はこれに代わる柱は，建築物の地盤面下の部分及び国土交通大臣が指定する歩廊の柱その他これに類するものを除き，特定街区に関する都市計画において定められた壁面の位置の制限に反して建築してはならないとされ（建基60条2項)，景観地区内においては，建築物の壁又はこれに代わる柱は，景観地区に関する都市計画において壁面の位置の制限が定められたときは，建築物の地盤面下の部分を除き，当該壁面の位置の制限に反して建築してはならないとされている（建基68条2項)。

第3編　私道と建築基準

Q 49 建築物の高さに制限は設けられているか。

　A　第1種低層住居専用地域又は第2種低層住居専用地域内においては，都市計画において定められた建築物の高さの限度を超えてはならない。その他にも，建築物の高さに関する制限が設けられている。

　解　説　第1種低層住居専用地域又は第2種低層住居専用地域内においては，建築物の高さは，10メートル又は12メートルのうち当該地域に関する都市計画において定められた建築物の高さの限度を超えてはなら

135

第1章　建築基準

ず，都市計画において建築物の高さの限度が10メートルと定められた第1種低層住居専用地域又は第2種低層住居専用地域内においては，その敷地内に政令で定める空地を有し，かつ，その敷地面積が政令で定める規模以上である建築物であって，特定行政庁が低層住宅に係る良好な住居の環境を害するおそれがないと認めるものの高さの限度は，同項の規定にかかわらず，12メートルとされている（建基55条3項）。

以上の高さの制限は，次の各号の1に該当する建築物には適用されない（建基55条3項）。

一　その敷地の周囲に広い公園，広場，道路その他の空地を有する建築物であって，低層住宅に係る良好な住居の環境を害するおそれがないと認めて特定行政庁が許可したもの

二　学校その他の建築物であって，その用途によってやむを得ないと認めて特定行政庁が許可したもの

その他，建築物の各部分の高さに関する制限，日影による中高層の建築物の高さの制限が規定されている。

Q50　建築物の各部分の高さの制限はどのようなものがあるか。

道路斜線制限，隣地斜線制限，北側斜線制限，日影による中高層の建築物の高さの制限がある。

解説　建築物の各部分の高さは，次に掲げるもの以下としなければならない（建基56条1項）。この場合の建築物の高さは，地盤面からの高さではなく，前面道路の路面の中心からの高さによることとなる（建基令2条1項6号イ）。

136

第1章　建築基準

1　別表第3(い)欄及び(ろ)欄に掲げる地域，地区又は区域及び容積率の限度の区分に応じ，前面道路の反対側の境界線からの水平距離が同表(は)欄に掲げる距離以下の範囲内においては，当該部分から前面道路の反対側の境界線（前面道路の境界線から後退した建築物については，前面道路の反対側の境界線から当該建築物の後退距離に相当する距離だけ外側の線（建基56条2項））までの水平距離に，同表(に)欄に掲げる数値を乗じて得たもの

いわゆる道路斜線制限であり，前面道路の幅員を基準として，用途地域や容積率の限度に応じて，建築物の各部分の高さの制限が定められている。

2　当該部分から隣地境界線までの水平距離に，次に掲げる区分に従い，イ若しくはニに定める数値が1.25とされている建築物で高さが20メートルを超える部分を有するもの又はイからニまでに定める数値が2.5とされている建築物（ロ及びハに掲げる建築物で，特定行政庁が都道府県都市計画審議会の議を経て指定する区域内にあるものを除く。）で高さが31メートルを超える部分を有するものにあっては，それぞれその部分から隣地境界線までの水平距離のうち最小のものに相当する距離を加えたものに，イからニまでに定める数値を乗じて得たものに，イ又はニに定める数値が1．25とされている建築物にあっては20メートルを，イからニまでに定める数値が2.5とされている建築物にあっては31メートルを加えたもの

イ　第1種中高層住居専用地域若しくは第2種中高層住居専用地域内の建築物又は第1種住居地域，第2種住居地域若しくは準住居地域内の建築物（ハに掲げる建築物を除く。）：1.25（容積率の限度が10分の30以下とされている第1種中高層住居専用地域及び第2種中高層住居専用地域以外の地域のうち，特定行政庁が都道府県都市計画審議会の議を経て指定する区域内の建築物にあっては，2.5）

ロ　近隣商業地域若しくは準工業地域内の建築物（ハに掲げる建築物を除く。）又は商業地域，工業地域若しくは工業専用地域内の建築物：2.5

ハ　高層住居誘導地区内の建築物であって，その住宅の用途に供する部分の床面積の合計がその延べ面積の3分の2以上であるもの：2.5

ニ　用途地域の指定のない区域内の建築物：1.25又は2.5のうち，特定

第1章　建築基準

行政庁が土地利用の状況等を考慮し当該区域を区分して都道府県都市
計画審議会の議を経て定めるもの

いわゆる隣地斜線制限であり，隣地境界線までの水平距離を基準として，
建築物の各部分の高さの制限が定められている。

3　第1種低層住居専用地域若しくは第2種低層住居専用地域内又は第1
種中高層住居専用地域若しくは第2種中高層住居専用地域内においては，
当該部分から前面道路の反対側の境界線又は隣地境界線までの真北方向
の水平距離に1．25を乗じて得たものに，第1種低層住居専用地域又は
第2種低層住居専用地域内の建築物にあっては5メートルを，第1種中
高層住居専用地域又は第2種中高層住居専用地域内の建築物にあっては
10メートルを加えたもの

いわゆる北側斜線制限であり，第1種低層住居専用地域若しくは第2種低
層住居専用地域内又は第1種中高層住居専用地域若しくは第2種中高層住居
専用地域内においては，前面道路の反対側の境界線又は隣地境界線までの真
北方向の水平距離を基準として，建築物の各部分の高さの制限が定められて
いる。

〈表8　建築基準令別表第3　前面道路との関係についての建築物の各部分の高さ
の制限（第56条，第91条関係）〉

	(い)	(ろ)	(は)	(に)
	建築物がある地域，地区又は区域	第52条第1項，第2項，第7項及び第9項の規定による容積率の限度	距　離	数　値
一	第1種低層住居専用地域，第2種低層住居専用地域，第1種中高層住居専用地域若しくは第2種中高層住居専用地域内の建築物又は第	10分の20以下の場合	20メートル	1.25
		10分の20を超え，10分の30以下の場合	25メートル	

138

第1章　建築基準

	1種住居地域，第2種住居地域若しくは準住居地域内の建築物（四の項に掲げる建築物を除く。）	10分の30を超え，10分の40以下の場合	30メートル	
		10分の40を超える場合	35メートル	
二	近隣商業地域又は商業地域内の建築物	10分の40以下の場合	20メートル	1.5
		10分の40を超え，10分の60以下の場合	25メートル	
		10分の60を超え，10分の80以下の場合	30メートル	
		10分の80を超え，10分の100以下の場合	35メートル	
		10分の100を超え，10分の110以下の場合	40メートル	
		10分の110を超え，10分の120以下の場合	45メートル	
		10分の120を超える場合	50メートル	
三	準工業地域内の建築物（四の項に掲げる建築物を除く。）又は工業地域若しくは工業専用地域内の建築物	10分の20以下の場合	20メートル	1.5
		10分の20を超え，10分の30以下の場合	25メートル	
		10分の30を超え，10分の40以下の場合	30メートル	
		10分の40を超える場合	35メートル	

第3編　私道と建築基準

第1章　建築基準

四	第1種住居地域，第2種住居地域，準住居地域又は準工業地域内について定められた高層住居誘導地区内の建築物であつて，その住宅の用途に供する部分の床面積の合計がその延べ面積の3分の2以上であるもの		35メートル	1.5
五	用途地域の指定のない区域内の建築物	10分の20以下の場合	20メートル	1.25又は1.5のうち，特定行政庁が土地利用の状況等を考慮し当該区域を区分して都道府県都市計画審議会の議を経て定めるもの
		10分の20を超え，10分の30以下の場合	25メートル	
		10分の30を超える場合	30メートル	

備　考
一　建築物がこの表(い)欄に掲げる地域，地区又は区域の2以上にわたる場合においては，同欄中「建築物」とあるのは，「建築物の部分」とする。
二　建築物の敷地がこの表(い)欄に掲げる地域，地区又は区域の2以上にわたる場合における同表(は)欄に掲げる距離の適用に関し必要な事項は，政令で定める。
三　この表(い)欄一の項に掲げる第1種中高層住居専用地域若しくは第2種中高層住居専用地域（第52条第1項第2号の規定により，容積率の限度が10分の40以上とされている地域に限る。）又は第1種住居地域，第2種住居地域若しくは準住居地域のうち，特定行政庁が都道府県都市計画審議会の議を経て指定する区域内の建築物については，(は)欄一の項中「25メートル」とあるのは「20メートル」と，「30メートル」とあるのは「25メートル」と，「35メートル」とあるのは「30メートル」と，(に)欄一の項中「1.25」とあるのは「1.5」とする。

　また，別表第4(い)欄の各項に掲げる地域又は区域の全部又は一部で地方公共団体の条例で指定する区域（対象区域）内にある同表(ろ)欄の当該各項（四の項にあつては，同項イ又はロのうちから地方公共団体がその地方の気候及び風土，当該区域の土地利用の状況等を勘案して条例で指定するもの。）に掲げる建築物は，冬至日

140

第1章　建築基準

の真太陽時による午前8時から午後4時まで（道の区域内にあっては，午前9時から午後3時まで）の間において，それぞれ，同表(は)欄の各項（四の項にあっては，同項イ又はロ）に掲げる平均地盤面からの高さ（二の項及び三の項にあっては，当該各項に掲げる平均地盤面からの高さのうちから地方公共団体が当該区域の土地利用の状況等を勘案して条例で指定するもの）の水平面（対象区域外の部分，高層住居誘導地区内の部分，都市再生特別地区内の部分及び当該建築物の敷地内の部分を除く。）に，敷地境界線からの水平距離が5メートルを超える範囲において，同表(に)欄の（一），（二）又は（三）の号（同表の三の項にあっては，（一）又は（二）の号）のうちから地方公共団体がその地方の気候及び風土，土地利用の状況等を勘案して条例で指定する号に掲げる時間以上日影となる部分を生じさせることのないものとしなければならない。ただし，特定行政庁が土地の状況等により周囲の居住環境を害するおそれがないと認めて建築審査会の同意を得て許可した場合においては，この限りでない（建基56条の2第1項）。

　いわゆる日影による中高層の建築物の高さの制限であり，一定に土地については，日影となる時間を制限している。

〈表9　建築基準法別表第4　日影による中高層の建築物の制限（第56条，第56条の2関係）〉

	(い)	(ろ)	(は)	(に)		
	地域又は区域	制限を受ける建築物	平均地盤面からの高さ		敷地境界線からの水平距離が10メートル以内の範囲における日影時間	敷地境界線からの水平距離が10メートルを超える範囲における日影時間
一	第1種低層住居専用地域又は第2種低層住居専用地域	軒の高さが7メートルを超える建築物又は地階を除く階数が3以上の建築物	1.5メートル	(一)	3時間（道の区域内にあっては，2時間）	2時間（道の区域内にあっては，1.5時間）
				(二)	4時間（道の区域内にあっては，3時間）	2.5時間（道の区域内にあっては，2時間）

141

第1章　建築基準

					（三）	5時間（道の区域内にあつては，4時間）	3時間（道の区域内にあつては，2.5時間）
二	第1種中高層住居専用地域又は第2種中高層住居専用地域	高さが10メートルを超える建築物		4メートル又は6.5メートル	（一）	3時間（道の区域内にあつては，2時間）	2時間（道の区域内にあつては，1.5時間）
					（二）	4時間（道の区域内にあつては，3時間）	2.5時間（道の区域内にあつては，2時間）
					（三）	5時間（道の区域内にあつては，4時間）	3時間（道の区域内にあつては，2.5時間）
三	第1種住居地域，第2種住居地域，準住居地域，近隣商業地域又は準工業地域	高さが10メートルを超える建築物		4メートル又は6.5メートル	（一）	4時間（道の区域内にあつては，3時間）	2.5時間（道の区域内にあつては，2時間）
					（二）	5時間（道の区域内にあつては，4時間）	3時間（道の区域内にあつては，2.5時間）
四	用途地域の指定のない区域	イ	軒の高さが7メートルを超える建築物又は地階を除く階数が3以上の建築物	1.5メートル	（一）	3時間（道の区域内にあつては，2時間）	2時間（道の区域内にあつては，1.5時間）
					（二）	4時間（道の区域内にあつては，3時間）	2.5時間（道の区域内にあつては，2時間）
					（三）	5時間（道の区域内にあつては，4時間）	3時間（道の区域内にあつては，2.5時間）

		ロ	高さが10メートルを超える建築物	4メートル	(一)	3時間（道の区域内にあつては，2時間）	2時間（道の区域内にあつては，1.5時間）
					(二)	4時間（道の区域内にあつては，3時間）	2.5時間（道の区域内にあつては，2時間）
					(三)	5時間（道の区域内にあつては，4時間）	3時間（道の区域内にあつては，2.5時間）

この表において，平均地盤面からの高さとは，当該建築物が周囲の地面と接する位置の平均の高さにおける水平面からの高さをいうものとする。

　以上の高さ制限のほか，特例容積率適用地区内においては，建築物の高さは，特例容積率適用地区に関する都市計画において建築物の高さの最高限度が定められたときは，当該最高限度以下でなければならず（建基57条の4，高度地区），また，高度地区内においては，建築物の高さは，高度地区に関する都市計画において定められた内容に適合するものでなければならないとされている（建基58条）。さらに，特定街区内においては，建築物の高さは，特定街区に関する都市計画において定められた限度以下でなければならないとされ（建基60条1項），景観地区内においては，建築物の高さは，景観地区に関する都市計画において建築物の高さの最高限度又は最低限度が定められたときは，当該最高限度以下又は当該最低限度以上でなければならないとされている（建基68条）。

第 1 章　建築基準

Q51 防火地域内の建築物は耐火建築物としなければならない
か。

A 原則として，防火地域内においては，3 階建て以上，又は延べ面積
が100平方メートルを超える建築物は，耐火建築物としなければなら
ない。

解 説　防火地域内においては，階数が 3 以上であり，又は延べ面積が
100平方メートルを超える建築物は耐火建築物とし，その他の建
築物は耐火建築物又は準耐火建築物としなければならないが，次の各号の 1
に該当するものは，この限りでない（建基61条）。

一　延べ面積が50平方メートル以内の平家建の附属建築物で，外壁及び軒
裏が防火構造のもの

二　卸売市場の上家又は機械製作工場で主要構造部が不燃材料で造られた
ものその他これらに類する構造でこれらと同等以上に火災の発生のおそ
れの少ない用途に供するもの

三　高さ 2 メートルを超える門又は塀で不燃材料で造り，又は覆われたも
の

四　高さ 2 メートル以下の門又は塀

準防火地域内においては，地階を除く階数が 4 以上である建築物又は延べ
面積が1500平方メートルを超える建築物は耐火建築物とし，延べ面積が500
平方メートルを超え1500平方メートル以下の建築物は耐火建築物又は準耐火
建築物とし，地階を除く階数が 3 である建築物は耐火建築物，準耐火建築物
又は外壁の開口部の構造及び面積，主要構造部の防火の措置その他の事項に
ついて防火上必要な政令で定める技術的基準に適合する建築物としなければ
ならならず（卸売市場の上家又は機械製作工場で主要構造部が不燃材料で造られたもの
その他これらに類する構造でこれらと同等以上に火災の発生のおそれの少ない用途に供す
るものは，この限りでない。），準防火地域内にある木造建築物等は，その外壁及

144

第1章　建築基準

び軒裏で延焼のおそれのある部分を防火構造とし，これに附属する高さ2
メートルを超える門又は塀で当該門又は塀が建築物の1階であるとした場合
に延焼のおそれのある部分に該当する部分を不燃材料で造り，又は覆わなけ
ればならない（建基62条）。

　その他，防火地域又は準防火地域内の建築物については，屋根の構造（建
基63条），外壁の開口部の防火戸（建基64条），隣地境界線に接する外壁（建基65
条），看板等の防火措置（建基66条）に関する規定が設けられている。

　建築物が防火地域又は準防火地域とこれらの地域として指定されていない
区域にわたる場合においては，その全部についてそれぞれ防火地域又は準防
火地域内の建築物に関する規定が適用され（建築物が防火地域又は準防火地域外
において防火壁で区画されている場合においては，その防火壁外の部分については，この
限りでない。），建築物が防火地域及び準防火地域にわたる場合においては，
その全部について防火地域内の建築物に関する規定（建築物が防火地域外におい
て防火壁で区画されている場合においては，その防火壁外の部分については，準防火地域
内の建築物に関する規定）が適用される（建基67条）。

> 第3編　私道と建築基準

Q52　都市計画区域及び準都市計画区域以外の区域内の建築物
の敷地及び構造については制限はないか。

A　地方公共団体は，条例で，建築物の敷地又は構造に関して必要な制
限を定めることができる。

解説　都道府県知事が関係市町村の意見を聴いて指定する区域内にお
いては（建基6条1項4号），地方公共団体は，当該区域内におけ
る土地利用の状況等を考慮し，適正かつ合理的な土地利用を図るため必要と
認めるときは，政令で定める基準に従い，条例で，建築物又はその敷地と道

145

第 1 章 建築基準

路との関係,建築物の容積率,建築物の高さその他の建築物の敷地又は構造に関して必要な制限を定めることができ,準景観地区内においては,市町村は,良好な景観の保全を図るため必要があると認めるときは,政令で定める基準に従い,条例で,建築物の高さ,壁面の位置その他の建築物の構造又は敷地に関して必要な制限を定めることができる(建基68条の9)。

Q53 地域住民が建築物の敷地,位置,構造等の基準を定めることはできないか。

土地の所有者等による建築協定によって,建築物の敷地,位置,構造等の基準を定める。

解説 市町村は,その区域の一部について,住宅地としての環境又は商店街としての利便を高度に維持増進する等建築物の利用を増進し,かつ,土地の環境を改善するために必要と認める場合においては,土地の所有者及び借地権を有する者(土地の所有者等)が当該土地について一定の区域を定め,その区域内における建築物の敷地,位置,構造,用途,形態,意匠又は建築設備に関する基準についての協定(建築協定)を締結することができる旨を,条例で,定めることができる(建基69条)。

そこで,建築協定を締結しようとする土地の所有者等は,協定の目的となっている土地の区域(建築協定区域),建築物に関する基準,協定の有効期間及び協定違反があった場合の措置を定めた建築協定書を作成し,その代表者によって,これを特定行政庁に提出し,その認可を受けなければならず,建築協定書は,土地の所有者等の全員の合意(当該建築協定区域内の土地に借地権の目的となっている土地がある場合においては,当該借地権の目的となっている土地の所有者以外の土地の所有者等の全員の合意があれば足りる。)がなければならない(建

146

第1章　建築基準

基70条，資料1参照）。

市町村の長は，建築協定書の提出があった場合においては，遅滞なく，その旨を公告し，20日以上の相当の期間を定めて，これを関係人の縦覧に供し（建基71条），市町村の長は，縦覧期間の満了後，関係人の出頭を求めて公開による意見の聴取を行わなければならない（建基72条）。

特定行政庁は，当該建築協定の認可の申請が，次に掲げる条件に該当するときは，当該建築協定を認可しなければならない（建基73条）。

1　建築協定の目的となっている土地又は建築物の利用を不当に制限するものでないこと。

2　住宅地としての環境又は商店街としての利便を高度に維持増進する等建築物の利用を増進し，かつ，土地の環境を改善するために必要と認める場合に合致すること（建基69条の目的に合致するものであること。）

3　建築協定において建築協定区域隣接地を定める場合には，その区域の境界が明確に定められていることその他の建築協定区域隣接地について国土交通省令で定める基準に適合するものであること。

建築協定の認可等の公告のあった建築協定は，その公告のあった日以後において当該建築協定区域内の土地の所有者等となった者（当該建築協定について合意をしなかった者の有する土地の所有権を承継した者を除く。）に対しても，その効力があるものとされる（建基75条）。

建築協定区域内の土地の所有者で当該建築協定の効力が及ばないものは，建築協定の認可等の公告のあった日以後いつでも，特定行政庁に対して書面でその意思を表示することによって，当該建築協定に加わることができる（建基75条の2）。

建築協定区域内の土地の所有者等（当該建築協定の効力が及ばない者を除く。）は，認可を受けた建築協定を廃止しようとする場合においては，その過半数の合意をもってその旨を定め，これを特定行政庁に申請してその認可を受けなければならず，特定行政庁は，その認可をした場合においては，遅滞なく，その旨を公告しなければならない（建基76条）。

建築協定においては，土地の共有者又は共同借地権者は，合わせて1の所

第3編　私道と建築基準

147

第1章　建築基準

有者又は借地権者とみなされることとなる（建基76条の2）。

Q54　建築物の所有者等が守るべき建築基準法上の義務にはどのようなものがあるか。

A　建築確認から完了検査までに守るべき建築基準法上の各条項の他，建築物の敷地，構造及び建築設備を常時適法な状態に維持するように努めなければならないとされている。

解説　建築物の所有者，管理者又は占有者は，その建築物の敷地，構造及び建築設備を常時適法な状態に維持するように努めなければならない（建基8条1項）。

　建築物を建築しようとするときから建築するまでの間，建築基準法上の各条項を遵守しなければならないことはもちろん，建築後においても，建築物の所有者等には，その建築物の敷地，構造及び建築設備の適法な状態を維持する努力義務が課せられている。

Q55　隣地に建築中の建築物が建築基準法に違反しているときに行政はとり得る措置にはどのようなものがあるか。

是正命令，使用禁止又は使用制限の命令，工事の施工の停止命令，行政代執行等の措置がある。

148

第1章　建築基準

解　説　　建築基準法は公法，行政法であるため，その違法を理由として，直ちに，私人が違法建築物の所有者に対して是正を求める民事訴訟を提起することはできない。

　そこで，特定行政庁による違反建築物に対する措置の発動を促すことになる。

　特定行政庁は，建築基準法令の規定又はこの法律の規定に基づく許可に付した条件に違反した建築物又は建築物の敷地については，当該建築物の建築主，当該建築物に関する工事の請負人（請負工事の下請人を含む。）若しくは現場管理者又は当該建築物若しくは建築物の敷地の所有者，管理者若しくは占有者に対して，当該工事の施工の停止を命じ，又は，相当の猶予期限を付けて，当該建築物の除却，移転，改築，増築，修繕，模様替え，使用禁止，使用制限その他これらの規定又は条件に対する違反を是正するために必要な措置をとることを命ずること（是正命令）ができ（建基9条1項），緊急の必要がある場合においては，仮に，使用禁止又は使用制限の命令をすることができ（建基9条7項），建築基準法令の規定又はこの法律の規定に基づく許可に付した条件に違反することが明らかな建築，修繕又は模様替の工事中の建築物については，緊急の必要があって以上の手続によることができない場合に限り，当該建築物の建築主又は当該工事の請負人（請負工事の下請人を含む。）若しくは現場管理者に対して，当該工事の施工の停止を命ずることができ，この場合において，これらの者が当該工事の現場にいないときは，当該工事に従事する者に対して，当該工事に係る作業の停止を命ずることができ（建基9条10項），是正命令を発しようとする場合において，過失がなくてその措置を命ぜられるべき者を確知することができず，かつ，その違反を放置することが著しく公益に反すると認められるときは，特定行政庁は，その者の負担において，その措置を自ら行い，又はその命じた者若しくは委任した者に行わせることができ（建基9条11項），是正命令を発した場合において，その措置を命ぜられた者がその措置を履行しないとき，履行しても十分でないとき，又は履行しても同項の期限までに完了する見込みがないときは，行政代執行法の定めるところに従い，みずから義務者のなすべき行為をし，又は第三者

第1章　建築基準

をしてこれをさせることができる（建基9条12項）。

【判　例】

■除却命令を受けた建築物に対する代執行の完了と除却命令の取消しを求め
　る訴えの利益

　　建築基準法第9条第1項の規定により除却命令を受けた違反建築物につ
　いて代執行による除却工事が完了した以上，その除却命令および代執行令
　書発付処分の取消しを求める訴えは，その利益を有しない（最三小判昭48・
　3・6裁判集民108号387頁）。

第2章 私 道

Q56 私道とはどのような道か。

 一般的に、私道とは、私有財産として、設置、管理、廃止等がその所有者に任されている道路をいう。

解説 一般的に、道路は、公道と私道に区別されるが、それぞれ公的な道、私的な道という意味に使われるが、その定義は法律上も学説上も必ずしも明確ではない。

道路の分類は、管理や通行、所有権といった諸要件によって相対的に定義されるものであり、私道とは、私有財産として、設置、管理、廃止等がその所有者に任されている道路で、公法的規制を受けない限り、なんらかの通行権を持たない第三者は、通行することができない道をいうことになる。

宅地に隣接して公道に至るために設けられている私人所有の道は、典型的な私道であり、私道所有者以外の者は、何らかの通行権を有する者だけが通行することができることになる。

建築基準法上の道路についても、公道に該当する道以外は、私道であるといえよう。

私道に関しての詳細は、拙著『道路・通路に関する法律と実務』（日本加除出版, 2015）を参照のこと。

第2章　私　道

Q57　建築基準法上の道路にはどのような道が該当するか。

　原則として，幅員が4メートル以上あるもので，道路法による道路，都市計画法等による道路，既存道路，指定道路などが該当する。

解説　都市計画区域及び準都市計画区域内において建築物を建築するには，その敷地と道路との関係に関する義務，つまり接道義務を満たさなければならず，原則として，建築物の敷地は，道路に2メートル以上接しなければならない（建基43条）。

ここで道路は，建築基準法上の道路と呼ばれ，次のうち，幅員4メートル（特定行政庁（建築主事を置く市区町村の長，その他の市区町村では都道府県知事）がその地方の気候若しくは風土の特殊性又は土地の状況により必要と認めて都道府県都市計画審議会の議を経て指定する区域内においては，6メートル。）以上のもの（地下におけるものを除く。）が該当する（建基42条1項）。

(1)　道路法による道路
(2)　都市計画法，土地区画整理法，旧住宅地造成事業に関する法律，都市再開発法，新都市基盤整備法，大都市地域における住宅及び住宅地の供給の促進に関する特別措置法又は密集市街地整備法による道路
(3)　既存道路
(4)　道路法，都市計画法，土地区画整理法，都市再開発法，新都市基盤整備法，大都市地域における住宅及び住宅地の供給の促進に関する特別措置法　又は密集市街地整備法による新設又は変更の事業計画のある道路で，2年以内にその事業が執行される予定のものとして特定行政庁が指定したもの
(5)　指定道路

以上のことから，都市計画区域内で建築物を建築するには，その敷地は，建築基準法上の道路に2メートル以上接していなければならず，建築基準法

上の道路に接していても接する部分が2メートルに満たない場合や，道路法による道路（一般国道，都道府県道，市町村道）に2メートル以上接していても，その道の幅員が4メートルに満たない場合には，接道義務を満たさず，その敷地には建築物を建築することはできない。

ここで建築とは，建築物の新築だけでなく，その増築，改築，移転も含まれるため，建築基準法が施行された昭和25年11月23日（但し，その日以後に都市計画区域とされた場合はその指定の日，又は接道要件が強化された改正建築基準法施行日）以前から建っていた建築物であっても，それ以後に増築，改築を行おうとする場合には増築，改築時における接道義務を満たす必要が生じる。

〈図13　建築物と道路の関係（接道義務）〉

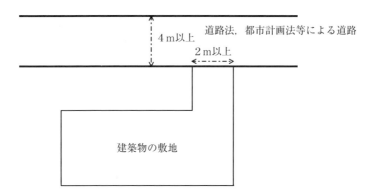

Q58　既存道路とはどのような道路か。

　都市計画区域となった際に，現に存在する道で，幅員4メートル以上のものをいう。

第2章 私　道

解説　建築基準法上の道路の一種である既存道路とは，建築基準法第3章の規定が適用されるに至った際（都市計画区域となった際）に，現に存在する幅員4メートル以上の道をいう（建基42条1項3号）。

建築基準法第3章が適用されるに至った際とは，建築基準法が施行された昭和25年11月23日であるが，その日以後に都市計画区域とされた区域にあっては，都市計画区域となった日をいい，一般に基準日と呼ばれている。

この基準に該当する道は，特定行政庁による指定等を要せずに，公道であっても私道であっても，すべて当然に既存道路に該当することとなる。

ここで道と認められるためには，基準日当時に，安全，防火，衛生，交通等の面で支障がないような状態を維持し保証するという道路が本来有すべき機能を果たすための必要最低限の実態を備えて，一般交通の用に供されていたことが必要である。

Q59　指定道路とはどのような道路か。

　幅員4メートル以上の，政令で定める基準に適合する道で，特定行政庁からその位置の指定を受けたものをいう。

解説　指定道路とは，土地を建築物の敷地として利用するため，道路法，都市計画法，土地区画整理法，都市再開発法，新都市基盤整備法，大都市地域における住宅及び住宅地の供給の促進に関する特別措置法又は密集市街地整備法によらないで築造する政令で定める基準に適合する道で，これを築造しようとする者が特定行政庁からその位置の指定を受けたものをいう（建基42条1項5号）。

通常は，道路法による道路，都市計画法による道路などの公道や，既存道

154

第2章　私　道

路に接していなければ接道義務は満たさないが，分譲地などのように，土地
を建築物の敷地として利用するために，新たに築造する道について，位置指
定を受けたものは指定道路として建築基準法上の道路に該当し，接道義務を
満たすべき道となる。

Q 60｜幅員が4メートルに満たない道は建築基準法上の道路とは認められないか。

A 原則として認められないが，特定行政庁によって指定された道については，建築基準法上の道路として認められ，みなし道路，2項道路と呼ばれ，この場合，道路境界線について特則がある。

解説　基準日（Q58）において，現に建築物が立ち並んでいる幅員4
メートル未満の道で，特定行政庁の指定したものは，建築基準法
上の道路とみなされ（建基42条2項），この道路は，みなし道路，あるいは2
項道路と呼ばれている。

これにより，みなし道路（2項道路）に2メートル以上接する敷地には，
建築物を建築することができることになるが，道路と敷地の境界線について
は，特則が設けられている。

みなし道路（2項道路）に接道する場合は，その4メートル未満の道路の
中心線からの水平距離2メートルの線が，その道路と敷地との境界線とみな
され，また，その中心線からの水平距離2メートル未満でがけ地，川，線路
敷地その他これらに類するものに沿う場合においては，当該がけ地等の道の
側の境界線及びその境界線から道の側に水平距離4メートルの線がその境界
線とみなされる（建基42条2項）。

つまり，みなし道路（2項道路）に接道する場合，建築物の敷地は，現実

155

第2章　私　道

の道との境界線まで建築物を建築できるということにはならず，本来の敷地の部分であっても，みなし道路（2項道路）の中心から当該敷地の側へ2メートル後退した線までは道路とみなされるため，その後退した部分（道路後退部分）は敷地面積には算入されず，自己の所有地であっても建築物を建築することはできないということになる。

　みなし道路（2項道路）の指定は個別に指定される場合もあるが，包括的に指定される場合もあり，接道しようとする幅員4メートル未満の道が，建築基準法上の道路に該当するものであるか否かの判断に相当の作業と日数を要することもある。

【判　例】

■「現に建物が立ち並んでいる」の意義

　「現に建物が立ち並んでいる」とは，単に建築物が道路を中心に2個以上存在しているということではなく，道を中心に建築物が寄り集まって市街の一画を形成し，道が一般の通行の用に供され，防災，消防，衛生，採光，安全等の面で公益上重要な機能を果たす状況に在ることをいう（最判昭59・7・17判自8号101頁）。

〈図14　2項道路（片側が崖などの場合）〉

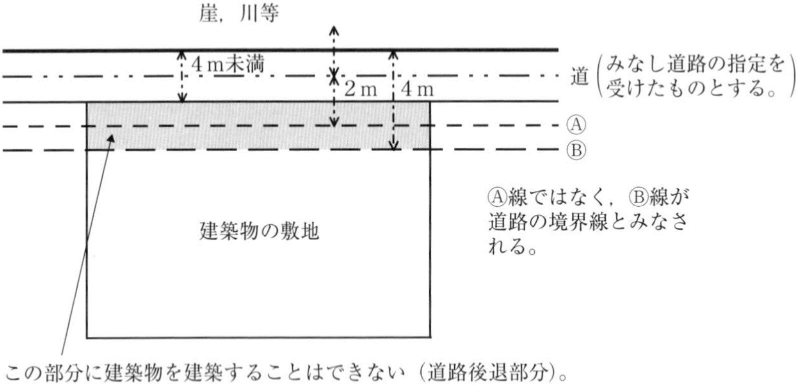

第2章 私　道

Q61 建築基準法上の道路について道路敷地の所有者が擁壁を設置することはできるか。

 道路敷地所有者であっても，建築基準法上の道路内には擁壁を設置することはできない。

解　説　私道の設置，管理，廃止等は，本来その所有者の意にまかされているところ，建築基準法等の公法的規制を受けると，種々の制限が発生する。

都市計画区域内においては，建築物，擁壁は，道路内又は道路（私道，道路後退部分を含む。）に突き出して建築，築造してはならないとされている（建基44条）。

また，私道の変更によって，その道路に接する敷地が接道義務に抵触することとなる場合は，特定行政庁は，私道の変更を制限し，禁止することができる（建基45条）。

建築基準法上の道路は，道路法による道路と同様一般交通の用に供され，その道路敷地は所有権移転，抵当権設定・移転のほかは，一般交通を阻害するような方法で私権を行使することはできない。

【判　例】
■建築基準法上の道路の公共的性格と私権制限

建築基準法には「一般交通の用に供する」旨，「私権を行使することができない」旨の条文はないが，建築基準法上の道路は，公道であるか私道であるかを問わず，災害等の緊急時に限らず平常時においても，道路法による道路と同様一般交通の用に供され，その道路敷地は所有権移転，抵当権設定・移転のほかは，一般交通を阻害するような方法で私権を行使することはできない（東京高判昭49・11・26判タ323号161頁）。

第2章 私　道

Q62 建築基準法上の道路について道路敷地の所有者は第三者
の通行を妨げることができるか。

道路所有者は所有者以外の者の通行そのものを妨げることはできな
い。ただ，道路所有者による道路管理は認められており，自動車によ
る通行まで認められるか否かは，個別の事例によって判断される。

解説　　建築基準法上の道路（道路後退部分を含む。）には，建築の制限を
受けるため，その反射的利益によって，一般公衆も指定道路を通
行することができるようになる。

つまり，私道であっても，指定道路，みなし道路（2項道路），その他の建
築基準法上の道路（道路後退部分を含む。）については，私道所有者以外の第三
者も私道所有者の承諾を得ることなく通行することができることになる。

ただ，私道は，建築基準法上の道路であっても，原則的にその私道の所有
者が管理権を有することになり，一般公衆の通行を全面的に禁止することは
できないものの，居住の安寧，交通事故の防止など道路の性質を害しない程
度において管理することができる。

私道である建築基準法上の道路を第三者が通行することができるとしても，
自動車による通行までも含まれるかどうかは，市町村道や開発道路等とは異
なり，それがあくまでも私道であり，建築に関する最低の基準を定めた建築
基準法の規制を受けるにすぎないので，必ずしも第三者の通行権益に自動車
による通行が前提となっているわけではないと思われる。結局は私道所有者
の私権と，国民の生命・健康・財産の保護を図り公共の福祉の増進に資する
目的とを比較し，交通の安全，地形や地域の事情等を総合的に検討するなど
して，個別的に判断されることとなり，大半の世帯が自動車を所有している
時代に，それを必要とすることが多い地域において築造された道路にあって
は，特別の事情のない限り，道路所有者の管理に従えば，原則的に自動車に
よる通行も認められる場合も少なくないであろう。

158

第2章 私 道

【判 例】

■指定道路における第三者の通行の可否

　特定の土地につき道路位置指定処分がされ，当該土地が現実に道路とし
て開設されている場合においては，当該土地所有者以外の者も当該土地を
自由に通行することができるが，現実に道路部分として開設されていな
かった土地については，自由に通行することができるものではない（最二
小判平3・4・19裁判集民162号489頁）。

■指定道路における第三者の自動車通行の可否

　道路位置指定を受けて現実に道路として開設されている本件土地を長年
にわたり自動車で通行してきたもので，自動車の通行が可能な公道に通じ
る道路は外に存在しないという状況等の下では，当該土地を自動車で通行
することについて日常生活上不可欠の利益を有しているものということが
できる（最一小判平9・12・18民集51巻10号4211頁）。

Q63 | 建築基準法上の道路の通行を妨害された（道路所有者以外の）者は妨害排除請求を行うことができるか。

A 民法上の通行権を有する者は，その通行権に基づいて妨害排除請求
をすることができる。民法上の通行権を有しない者であっても，その
日常生活に必要不可欠な範囲で，人格権的通行権（通行の自由権）に基づいて
妨害排除請求を行うことができる。

解 説　公道はもちろん，私道であっても，建築基準法上の道路に該当
する場合は，建築基準法の規制によって反射的に一般公衆が通行
することができるにとどまらず，近隣住民に，日常生活上必要な範囲で自由
に通行することができるという人格権としての自由権（通行の自由権）が認め

第2章　私　道

られる場合がある。

　この人格権的通行権（通行の自由権）は，民法上の保護に値し，この権利に基づいて私人による通行妨害の排除，損害賠償請求を求めることができることとなる。

　人格権的通行権（通行の自由権）は，人間としての安定した生活を保持するために日常生活上必須のものとして認められるものであるため，通行権を主張し得る者の範囲は，自己の所有権に基づいて居住する者に限られず，借地人借家人や同居人等も含まれる。

　人格権的通行権（通行の自由権）は，災害等の緊急時に限らず日常生活において日常生活に必要不可欠な範囲であれば認められ得るが，現実に道路として開設された部分については認められない。

【判　例】

■建築基準法上の道路における人格権的通行権（通行の自由権）の成否

・　指定道路土地内であっても，現実に道路として開設されておらず，通行されていたわけではない場合，当該部分については，自由に通行し得るという反射的利益自体が生じておらず，ブロック塀の設置により既存の通路の幅員が狭められた範囲はブロック2枚分の幅の程度にとどまり，当該ブロック塀の外側には公道に通ずる通路があるときは，日常生活に支障が生じたとはいえず，人格的利益が侵害されたものとは解し難い（最二小判平5・11・26裁判集民170号641頁）。

・　道路位置指定を受け現実に開設されている道路を通行することについて日常生活上不可欠の利益を有する者は，右道路の通行をその敷地の所有者によって妨害され，又は妨害されるおそれがあるときは，敷地所有者がその通行を受忍することによって通行者の通行利益を上回る著しい損害を被るなどの特段の事情のない限り，敷地所有者に対して右妨害行為の排除及び将来の妨害行為の禁止を求める権利（人格権的権利）を有する（最一小判平9・12・18民集51巻10号4241頁）。

160

第 2 章　私　道

Q64 公道に至るため隣接する他人の土地を長年通行している者は通行地役権を認められるか。

A 一般的に，長年通行しているだけで，通行地役権が認められることはない。ただ，具体的な事情によっては，黙示的に通行地役権が設定されたり，時効による通行地役権が認められる場合もある。

解説　　所有権以外の財産権については，自己のためにする意思をもって，平穏に，かつ，公然と行使する者は，20年又は10年（善意無過失の場合）を経過した後，その権利を取得することとなる（民163条）。地役権も所有権以外の権利であり，自己のためにする意思をもって，平穏に，かつ，公然と行使する者は，20年又は10年（善意無過失の場合）を経過した後，その権利を取得することとなるが，地役権にあっては，継続的に行使され，かつ，外形上認識することができるものに限り，時効によって取得することができるとされている（民283条）。つまり，単に通行を続けるだけでは通行地役権を時効取得することにはならず，通行部分に通路が開設されていることが必要とされ，その通路は要役地（本事例では宅地）所有者自身によって開設されたものでなければならない。

明確な通行地役権の締結行為がない場合，時効取得によるほか，黙示的な設定行為があったと解釈された結果，通行地役権が認められる場合もある。この場合も，単に，通行の事実があって，通行地の所有者がこれを黙認しているだけでは通行地役権が認められるには足りないが，通行地の所有者が通行地役権を設定し，法律上の義務を負担することが客観的にみても合理性があると考えられるような，例えば宅地分譲の経緯，宅地売買の際の価格などに，特別の事情があることが認定されれば，黙示の通行地役権の成立が認められ得る。

このような事情が認められないときは，長年通行していたとしても，その通行は，事実上の通行を，通行部分の土地所有者から好意的に黙認されてい

第3編　私道と建築基準

161

第2章 私 道

るに過ぎず，法的効果は発生しない。

【判 例】

■通行地役権の時効取得に関する事例

・ 通路の設備のない一定の場所を永年通行しても，通行地役権を時効取得することはできない（大判昭2・9・19大民集6巻510頁）。

・ 民法283条にいう「継続」の要件を満たすには，承役地たるべき他人所有の土地の上に通路の開設があっただけでは足りないのであって，その開設が要役地所有者によってなされたことを要する（最二小判昭33・2・14民集12巻2号268頁）。

・ 道路を拡幅するため，所有地の一部をその拡幅用地として提供するよう道路対面地所有者に働き掛ける一方，自らも，各自その所有地の一部を同用地として提供するなどの負担をしたものであり，これら行為の結果として，道路の全体が拡幅され，当該土地はその一部として通行の用に供されるようになったときは，当該土地については，要役地の所有者によって通路が開設されたものといえ，それにより，その開設後20年以上，当該土地を通行のために使用したことによって，当該土地につき通行地役権を時効取得したということができる（最二小判平6・12・16裁判集民173号517頁）。

■黙示の通行地役権の事例

・ 公道に出るために当該通路が必要であるにもかかわらず，売却にあたってその通路のみが売却されなかった場合，特別の事情のない限り，通路に通行地役権が設定されたものと認められる（東京高判昭49・5・9東高民時報25巻5号89頁）。

・ 土地分譲に際し，通路部分の所有権を分譲者が留保して順次分譲してきたが，買受人らの通路部分の通行に対して特別異議の申出もなかったような事情のもと，それぞれ各買受け時において当該通路について通行地役権設定契約が成立したとみることができる（大阪高判昭49・3・28高民27巻1号62頁）。

・ 土地の分筆分譲の際その中央部に通路を開設し，その通路が公道へ出るために最も適切である事情で，その通路の所有権が分譲者に留保された

第2章　私　道

ときは，各分譲地を要役地とし，その通路を承役地とする通行地役権が黙示的に設定されたものと認められる（仙台高判昭55・10・14判タ431号104頁）。

・　分譲地のみが売却されたが，その価格が通常の時価（坪25,000円）を超える価格（坪30,000円）であった場合は，分譲地にとって必要不可欠な通路上に無償無期限の通行地役権が設定されたと認められる（大阪高判昭60・9・26公刊物未登載）。

Q65 時効によって通行地役権を取得した者であっても登記がなければ第三者に対抗することはできないか。

A 時効によって通行地役権を取得した者も，その後に当該通路部分の所有権の譲受人に対しては，地役権設定登記をしなければ対抗することはできない。なお，事例によっては，未登記の通行地役権であっても，通路部分の新所有者に対して通行地役権を対抗することができる場合がある。

解　説 通行地役権も，登記をしなければ第三者に対抗することができない（民177条）。

ただ，通行地役権は通行目的という特殊性から，未登記ではあっても事実上対抗力が発生する事例もあり得る。現実に通路が開設されているという状態において，通路の位置，形状，構造等の物理的状況から客観的に，通行地役権者によって継続的に通路として利用されていることが明らかで，かつ，通路の譲受人がそのことを認識していたか，認識することが可能であったときは，たとえ通行地役権が設定されていることを知らなかったとしても，特段の事情がない限り，通路の譲受人は，通行地役権が未登記であることを主張することができないこととなろう。

第2章 私 道

【判 例】
■ 通行地役権の対抗力の原則
地役権設定契約があったとしても,これにつき登記なき以上,その後において承役地の所有権を取得した者に対抗し得ないため,未登記の通行地役権者は,当該通路部分について登記を備えた所有権取得者に対抗することはできない(最三小判昭30・12・26民集9巻14号2097頁)。
■ 未登記の通行地役権の対抗力の特例
通行地役権(通行を目的とする地役権)の承役地が譲渡された場合において,譲渡の時に,承役地が要役地の所有者によって継続的に通路として使用されていることがその位置,形状,構造等の物理的状況から客観的に明らかであり,かつ,譲受人がそのことを認識していたか又は認識することが可能であったときは,譲受人は,通行地役権が設定されていることを知らなかったとしても,特段の事情がない限り,地役権設定登記の欠缺(けんけつ)を主張するについて正当な利益を有する第三者に当たらない(最二小判平10・2・13民集52巻1号65頁)。

Q66　私道において人格権的通行権が認められるのはどのような場合か。

建築基準法など公法による規制を受けた現実の道路について,近隣住民が,日常生活上必要不可欠必要な範囲で認められる場合がある。

解説　公道における人格権的通行権は,道路法による道路は,供用開始によって初めて道路として成立するところ,私道についても公道におけるような通行の自由権が,同様の要件のもとに成立する場合がある。建築基準法等公法の適用があり,現に道路が開設されている私道について

164

第2章　私　道

は，日常生活上必要な範囲で一般の通行者は，通行の自由権を有すると認められる場合があり，この場合はその権利に基づき，継続的な妨害に対し排除等を請求することができることになる。

　一般に，私道において人格権的通行権（通行の自由権）が認められるためには，建築基準法等の公法的使用規制を受けていること，現実に通行可能な道であること，通行者にとって日常生活上必要不可欠なものであることという要件を満たす必要がある。

【判　例】

■建築基準法上の道路における通行の自由権の発生の有無

・　建築基準法第42条第1項第5号の規定による位置の指定（以下「道路位置指定」という。）を受け現実に開設されている道路を通行することについて日常生活上不可欠の利益を有する者は，当該道路の通行をその敷地の所有者によって妨害され，又は妨害されるおそれがあるときは，敷地所有者が当該通行を受忍することによって通行者の通行利益を上回る著しい損害を被るなどの特段の事情のない限り，敷地所有者に対して当該妨害行為の排除及び将来の妨害行為の禁止を求める権利（人格権的権利）を有する（最一小判平9・12・18民集51巻10号4241頁）。

・　特定の土地につき道路位置指定処分がされ，当該土地が現実に道路として開設されている場合においては，当該土地所有者以外の者も当該土地を自由に通行することができると解すべきところ，その道路位置指定土地のうち，一部分は，既存の本私道との境界上（本ブロック塀築造位置）に従前から存在した竹垣及び柾木の生垣の内側に位置し，現実に道路部分として開設されていなかったというのであるから，その部分を自由に通行することができるものではない。（最二小判平3・4・19裁判集民162号489頁）。

・　建築基準法第42条第2項に規定する指定がされた本道路指定土地内に同法第44条第1項に違反する建築物であるブロック塀が設置された場合，当該ブロック塀の内側に位置する土地のうち，従前から設置されていた塀の内側の部分は，現実に道路として開設されておらず，所有者以外の者が通行していたわけではないから，この部分については，自由に通行し得る

第3編　私道と建築基準

165

第2章　私　道

という反射的利益自体が生じていない。また，本ブロック塀の設置により
既存の通路の幅員が狭められた範囲はブロック2枚分の幅の程度にとどま
り，本ブロック塀の外側には公道に通ずる通路があるならば，日常生活に
支障が生じたとはいえないことが明らかであり，本ブロック塀が設置され
たことにより人格的利益が侵害されたものとは解し難い（最二小判平5・
11・26裁判集民170号641頁）。

第3章 建築と不法行為

Q67 隣地に建築中の建築物が建築基準法に違反しているときは民事上の不法行為責任となるか。

A 建築基準法に違反することだけで直ちに不法行為になることはないが、これによって生じた損害が被害者において忍容するのを相当とする程度を超えたと認められるときは、不法行為となり得る。

解説

隣地、近隣に建築されている、あるいは建築中の建築物が、建築基準法に違反するだけでは、直ちに民事上の請求によって是正を求めることはできず、行政に是正措置等をとるよう促すことができるに過ぎない。

しかしながら、違反建築物によって被害が生じ、その行為が社会的妥当性を欠き、これによって生じた損害が、社会生活上一般的に被害者において忍容するのを相当とする程度を超えたと認められるときは、その権利の行使は、社会観念上妥当な範囲を逸脱したものというべく、いわゆる権利の濫用にわたるものであって、違法性を帯び不法行為の責任が生じることとなる。

このような場合には、差止め、撤去、損害賠償等を訴求し得ることになる。

【判 例】
■違法建築物による不法行為の成否

居宅の日照、通風は、快適で健康な生活に必要な生活利益であり、それが他人の土地の上方空間を横切ってもたらされるものであっても、法的な保護の対象にならないものではなく、加害者が権利の濫用にわたる行為により日照、通風を妨害したような場合には、被害者のために、不法行為に基づく損害賠償の請求を認めるのが相当であり、もとより、日照、通風の妨害は、従来与えられていた日光や風を妨害者の土地利用の結果遮ったと

第3章　建築と不法行為

いう消極的な性質のものであるから，騒音，煤煙，臭気等の放散，流入に
よる積極的な生活妨害とはその性質を異にするものであるが，日照，通風
の妨害も，土地の利用権者がその利用地に建物を建築してみずから日照，
通風を享受する反面において，従来，隣人が享受していた日照，通風を遮
るものであって，土地利用権の行使が隣人に生活妨害を与えるという点に
おいては，騒音の放散等と大差がなく，被害者の保護に差異を認める理由
はないというべきである。家屋の2階増築部分が隣人居住の家屋及び庭へ
の日照を著しく遮ることになったこと，その程度は，その家屋の居室内及
び庭面への日照が，季節により若干の変化はあるが，朝夕の一時期を除い
ては，おおむね遮断されるに至ったほか，増築前に比較すると，その家屋
への通風も悪くなり，かようにも日中ほとんど日光が居宅に差さなくなっ
た状況のもと，その家屋の建築が隣人の家屋の日照，通風を妨げた場合は，
もとより，それだけでただちに不法行為が成立するものではないが，すべ
て権利の行使は，その態様ないし結果において，社会観念上妥当と認めら
れる範囲内でのみこれをなすことを要するのであって，権利者の行為が社
会的妥当性を欠き，これによって生じた損害が，社会生活上一般的に被害
者において忍容するのを相当とする程度を超えたと認められるときは，そ
の権利の行使は，社会観念上妥当な範囲を逸脱したものというべく，いわ
ゆる権利の濫用にわたるものであって，違法性を帯び不法行為の責任を生
ぜしめるものといわなければならない。この2階増築行為は，建築基準法
に違反したのみならず，東京都知事から工事施行停止命令や違反建築物の
除却命令が発せられたにもかかわらず，これを無視して建築工事を強行し，
その結果，少なくとも，その過失により，隣人の居宅の日照，通風を妨害
するに至ったのであり，一方，その増築が建築基準法の基準内である限り
において，かつ，建築主事の確認手続を経ることにより，通常一定範囲の
日照，通風を期待することができ，その範囲の日照，通風が被上告人に保
障される結果となるわけであったにかかわらず，その2階増築行為により，
住宅地域にありながら，日照，通風を大幅に奪われて不快な生活を余儀な
くされ，これを回避するため，ついに他に転居するのやむなきに至った場

168

第3章　建築と不法行為

合，建築基準法違反がただちに隣人に対し違法なものとなるといえないが，以上の行為は，社会観念上妥当な権利行使としての範囲を逸脱し，権利の濫用として違法性を帯びるに至ったものと解され，不法行為の責任を免れず，生じた損害を賠償すべき義務がある（最三小判昭47・6・27民集26巻5号1067頁）。

Q68 隣地に建築中の建築物によって日照妨害が生じるときは民事上の不法行為となるか。

A 日照妨害だけで直ちに不法行為になることはないが，これによって生じた損害が被害者において忍容するのを相当とする程度を越えたと認められるときは，不法行為となり得る。

解説 隣地に建築されている，あるいは建築中の建築物によって，既存建物の日照が遮られたとき，それが民事上の不法行為に該当すると，その結果，差止めや撤去，あるいは損害賠償を請求することができることになる。

日照が妨げられただけで直ちに不法行為になるわけではなく，その行為が社会的妥当性を欠き，これによって生じた損害が，社会生活上一般的に被害者において忍容するのを相当とする程度を超えたと認められるときは，その権利の行使は，社会観念上妥当な範囲を逸脱したものというべく，いわゆる権利の濫用にわたるものであつて，違法性を帯び，不法行為の責任が生じることとなる。

一方，建築基準法に適合する建築物による日照障害が生じたときであっても，被害者の受ける受忍限度によっては，日照障害が不法行為となる余地もないではない。

第3編　私道と建築基準

169

第3章　建築と不法行為

【判　例】

■日照妨害による不法行為の成否

　　前掲169頁参照（最三小判昭47・6・27民集26巻5号1067頁）。

Q 69　隣地に建築中の建築物によって景観に不都合が生じるときは民事上の不法行為となるか。

A　景観に不都合が生じただけで直ちに不法行為になることはないが，侵害行為の態様や程度の面において社会的に容認された行為としての相当性を欠くときは，不法行為となり得る。

解説　建築されている，あるいは建築中の建築物によって，景観に不都合が生じるとき，それが民事上の不法行為に該当すると，その結果，差止めや撤去，あるいは損害賠償を請求することができることになる。

　景観に不都合が生じただけで直ちに不法行為になるわけではなく，その侵害行為が，刑罰法規や行政法規の規制に違反するものであったり，公序良俗違反や権利の濫用に該当するものであるなど，侵害行為の態様や程度の面において社会的に容認された行為としての相当性を欠くときは，不法行為となり得る。

【判　例】

■良好な景観の恵沢を享受する利益は法律上の保護

　良好な景観に近接する地域内に居住し，その恵沢を日常的に享受している者は，良好な景観が有する客観的な価値の侵害に対して密接な利害関係を有するものというべきであり，これらの者が有する良好な景観の恵沢を享受する利益（以下「景観利益」という。）は，法律上保護に値するものと解される。もっとも，この景観利益の内容は，景観の性質，態様等によって

170

第3章　建築と不法行為

異なり得るものであるし，社会の変化に伴って変化する可能性のあるものでもあるところ，現時点においては，私法上の権利といい得るような明確な実体を有するものとは認められず，景観利益を超えて「景観権」という権利性を有するものを認めることはできない。ある行為が景観利益に対する違法な侵害に当たるといえるためには，少なくとも，その侵害行為が刑罰法規や行政法規の規制に違反するものであったり，公序良俗違反や権利の濫用に該当するものであるなど，侵害行為の態様や程度の面において社会的に容認された行為としての相当性を欠くことが求められると解される。景観に不都合を生じさせた建物は，関係条例施行時には既に根切り工事をしている段階にあって，「現に建築の工事中の建築物」に当たり，同条例による高さ制限の規制が及ばないこと，その外観に周囲の景観の調和を乱すような点があるとは認め難いこと，その他，その建築が，当時の刑罰法規や行政法規の規制に違反したり，公序良俗違反や権利の濫用に該当するなどの事情はうかがわれないことなどの事情の下では，当該建物の建築は，行為の態様その他の面において社会的に容認された行為としての相当性を欠くものではなく，良好な景観に近接する地域内に居住する者が有するその景観の恵沢を享受する利益を違法に侵害する行為に当たるとはいえない（最一小判平18・3・30民集60巻3号948頁）。

> **Q 70**　違法操業中の工場によって騒音被害が生じるときは民事上の不法行為となるか。

A　騒音被害が生じただけで直ちに不法行為になることはないが，諸般の事情を総合的に考察して，被害が一般社会生活上受忍すべき程度を超えるものであるときは，不法行為となり得る。

第3章　建築と不法行為

解説　　　工場等の操業に伴う騒音，粉じんによる被害が，違法な権利侵害になるかどうかは，侵害行為の態様，侵害の程度，被侵害利益の性質と内容，当該工場等の所在地の地域環境，侵害行為の開始とその後の継続の経過及び状況，その間にとられた被害の防止に関する措置の有無及びその内容，効果等の諸般の事情を総合的に考察して，被害が一般社会生活上受忍すべき程度を超えるものかどうかによって決せられる。

　したがって，騒音，粉じんによる被害が，それらの諸般事情を総合的に考慮した結果，一般社会生活上受忍すべき程度を超えると認められる場合には，民事上の不法行為となり，差止めや損害賠償を請求することができることとなる。

　なお，工場等の操業が法令等に違反するものであるかどうかは，諸般の事情の一つとして考慮されるべきであるとしても，それらに違反していることのみをもって不法行為に当たることにはならない。

【判　例】

■騒音被害による不法行為責任の成否

　工場等の操業に伴う騒音，粉じんによる被害が，第三者に対する関係において，違法な権利侵害ないし利益侵害になるかどうかは，侵害行為の態様，侵害の程度，被侵害利益の性質と内容，当該工場等の所在地の地域環境，侵害行為の開始とその後の継続の経過及び状況，その間にとられた被害の防止に関する措置の有無及びその内容，効果等の諸般の事情を総合的に考察して，被害が一般社会生活上受忍すべき程度を超えるものかどうかによって決すべきである。工場等の操業が法令等に違反するものであるかどうかは，その受忍すべき程度を超えるかどうかを判断するに際し，その諸般の事情の一つとして考慮されるべきであるとしても，それらに違反していることのみをもって，第三者との関係において，その権利ないし利益を違法に侵害していると断定することはできない。相当の交通騒音が存在する地域に属すること，工作物の操業に伴う騒音は，瞬間的な砂利投下音を別にすると環境騒音とほぼ同じレベルであり，しかも，窓を閉めることによって室内に流入する騒音は相当低下すること，騒音，粉じんに対する

172

各種の対策を講じ，それが相応の効果を挙げていることなどの事実をも考慮して判断しなければならない（最一小判平6・3・24裁判集民172号99頁）。

Q71 総合設計許可に係る建築物により日照を阻害される周辺の他の建築物に居住する者は当該許可の取消訴訟の原告適格を有するか。

当該許可の取消訴訟の原告適格を有する。

解説 建築基準法の目的に照らせば，総合設計許可については，これに係る建築物の建築が市街地の環境の整備改善に資するようにするとともに，当該建築物により日照を阻害される周辺の他の建築物に居住する者の健康を個々人の個別的利益としても保護すべきものとする趣旨であると解されるため，総合設計許可に係る建築物により日照を阻害される周辺の他の建築物に居住する者や，総合設計許可に係る建築物の倒壊，炎上等により直接的な被害を受けることが予想される範囲の地域に存する建築物に居住し又はこれを所有する者は，同許可の取消訴訟の原告適格を有することとなる。

【判　例】
■建築基準法に基づく許可の取消訴訟における近隣住民の原告適格
・　建築基準法第59条の2第1項は，その許可に係る建築物の建築が市街地の環境の整備改善に資するようにするとともに，当該建築物の倒壊，炎上等による被害が直接的に及ぶことが想定される周辺の一定範囲の地域に存する他の建築物についてその居住者の生命，身体の安全等及び財産としてのその建築物を，個々人の個別的利益としても保護すべきものとする趣

第3章　建築と不法行為

旨を含むものと解され，そうすると，総合設計許可に係る建築物の倒壊，炎上等により直接的な被害を受けることが予想される範囲の地域に存する建築物に居住し又はこれを所有する者は，総合設計許可の取消しを求めるにつき法律上の利益を有する者として，その取消訴訟における原告適格を有する（最三小判平14・1・22民集56巻1号46頁）。

・　建築基準法（平成4年法律第82号による改正前のもの）第59条の2第1項の趣旨・目的，同項が総合設計許可を通して保護しようとしている利益の内容・性質等に鑑みれば，同項は，その許可に係る建築物の建築が市街地の環境の整備改善に資するようにするとともに，当該建築物により日照を阻害される周辺の他の建築物に居住する者の健康を個々人の個別的利益としても保護すべきものとする趣旨を含むものと解され，そうすると，総合設計許可に係る建築物により日照を阻害される周辺の他の建築物の居住者は，総合設計許可の取消しを求めるにつき法律上の利益を有する者として，その取消訴訟における原告適格を有する（最一小判平14・3・28民集56巻3号613頁）。

Q72　建築工事が完了した場合は建築確認の取消しを求める訴えの利益は失われるか。

　建築確認の取消しを求める訴えの利益は失われる。

解説　建築確認を受けて建築工事が開始され，工事が完了したときは，建築主は，建築主事の検査を申請しなければならない（建基7条1項）。

建築確認の存在は，検査済証の交付を拒否する上において法的障害となる

174

ものではなく，また，たとえ建築確認が違法であるとして判決で取り消され
たとしても，検査済証の交付を拒否すべき法的拘束力が生ずるものではない
ため，工事が完了した場合においては，建築確認の取消しを求める訴えの利
益は失われる。

【判　例】

■建築工事が完了した場合における建築確認の取消しを求める訴えの利益

　　建築工事が完了した後における建築主事等の検査は，当該建築物及びそ
　の敷地が建築関係規定に適合しているかどうかを基準とし，同じく特定行
　政庁の違反是正命令は，当該建築物及びその敷地が建築基準法並びにこれ
　に基づく命令及び条例の規定に適合しているかどうかを基準とし，いずれ
　も当該建築物及びその敷地が建築確認に係る計画どおりのものであるかど
　うかを基準とするものでない上，違反是正命令を発するかどうかは，特定
　行政庁の裁量に委ねられているから，建築確認の存在は，検査済証の交付
　を拒否し又は違反是正命令を発する上において法的障害となるものではな
　く，また，たとえ建築確認が違法であるとして判決で取り消されたとして
　も，検査済証の交付を拒否し又は違反是正命令を発すべき法的拘束力が生
　ずるものではない。したがって，建築確認は，それを受けなければ建築工
　事をすることができないという法的効果を付与されているにすぎないもの
　というべきであるから，当該工事が完了した場合においては，建築確認の
　取消しを求める訴えの利益は失われるものといわざるを得ない（最二小判
　昭59・10・26民集38巻10号1169頁）。

第3章　建築と不法行為

Q 73 開発行為に関する工事の完了検査を終えた後も予定建築物の建築確認がされていなければ開発許可の取消しを求める訴えの利益は失われないか。

A 検査済証が交付されたときは，予定建築物についていまだ建築確認がされていない場合であっても，開発許可の取消しを求める訴えの利益は失われる。

解説 市街化区域内にある土地を開発区域として開発行為に関する工事が完了し，その検査済証の交付がされた後においては，もはや，その開発許可の取消しを求める訴えの利益が失われることになるが，それは，その開発区域内において予定された建築物について建築確認がされていないときであっても，その許可の取消しを求める訴えの利益は失われていることになる。

【判　例】

■開発行為に関する検査済証が交付後における開発許可の取消しを求める訴えの利益

市街化区域内にある土地を開発区域として都市計画法（平成4年法律第82号による改正前のもの）第29条による許可を受けた開発行為に関する工事が完了し，当該工事の検査済証の交付がされた後においては，その開発区域内において予定された建築物についていまだ建築基準法6条に基づく確認がされていないとしても，その許可の取消しを求める訴えの利益は失われたというべきである（最三小判平11・10・26裁判集民194号907頁）。

176

第 1 章　占有権

第4編
占有権と取得時効

第1章　占有権

Q74 占有権を取得するには行為能力が必要か。

　必ずしも，行為能力は必要とされない。

解説　占有権は，自己のためにする意思をもって物を所持することによって取得される（民180条）。

　不動産に関していうと，所持とは，その不動産を事実的に支配すること（占有すること）をいい，社会通念上，そのような支配下にある関係にあれば，必ずしも，直接的に，物理的に支配している必要はないが，客観的に明確な程度に排他的な支配状態にある必要がある。そして，その所持が，自己のためにする意思に基づくときに，所持者に占有権が生じることとなる。

　自己のためにする意思（占有意思）とは，所持による利益を所持者に帰属させようとする意思であり，それは所持者の主観的内心ではなく，所持の原因から客観的に判断される。その意思によって，所有の意思をもってする占有（自主占有）と，他人の所有であることを前提に所有権以外の権利に関する意思をもってする占有（他主占有）とに分類される。

　占有権を取得するためには，自己のためにする意思が必要となることから，

第1章　占有権

まったく意思能力のない者は，単独では占有権を取得することができないが（法定代理人による代理占有は可能），行為能力は必要とされていないため，15歳くらいの者であれば，特段の事情がない限り，占有権を取得することができる。

【判　例】
■土地の占有
　　一定範囲の土地の占有を継続したというためには，その部分につき，客観的に明確な程度に排他的な支配状態を続けなければならない（最三小判昭46・3・30裁判集民102号371頁）。
■占有意思
　・　15歳くらいであったとしても，その年齢からみて，特段の事情のないかぎり，当時所有の意思をもって占有をすることができる（最二小判昭41・10・7民集20巻8号1615頁）。
　・　11歳くらいに達した者は，特段の事情のないかぎり，不動産について所有権の時効取得の要件である自主占有をすることができる（仙台高判平4・7・24判タ824号172頁）。

Q75　他人による現実の占有をもって自己の占有権が成立することがあるか。

　　代理人による占有の場合には，その代理関係の本人に占有権が成立することがある。

解説　　占有権は，代理人によって取得することができる（民181条）。
　　つまり，現実の占有を代理人が行うことによって，本人が占有権を取得することになり，例えば，不動産の賃貸借の関係においては，賃貸人

178

第1章　占有権

である所有者は現実の占有は行っていないものの，賃借人の現実の占有を通して，なお，占有権を有していることになり，この場合，賃貸人は自主占有に基づく占有権を有し，賃借人は他主占有による占有権をすることとなる。

　他方，占有補助者による事実上の現実の占有は，その本人そのものの占有となり，占有代理人とは異なり，占有補助者自身に独立の占有が認められることにはならない。例えば，建物の賃借人の同居家族は，現実には事実上の占有があっても，それは賃借人の占有であって，同居家族自身に占有権が成立するものではない。

【判　例】

■占有補助者による占有
- 単に夫に従って同居するにすぎない妻の占有は，夫の占有の範囲内で行われるものであるため，特別の事情がない限り，独立の占有をなさない（大判昭10・6・10大民集14巻1077頁）。
- 使用人として建物に居住する者にすぎない者は，占有補助者に過ぎないので，独立の占有をすることはできない（最一小判昭31・12・27裁判集民24号673頁）。
- 代表取締役が同会社の土地を所持することは，会社の機関として所持するに止まり，特別の事情がない限り，直接占有者となるものではない（最二小判昭32・2・15民集11巻2号270頁）。

Q76　土地の登記済権利証を交付することは，当該土地を引渡ししたことになるか。

　引渡しがあったと推定されることもある。

第1章　占有権

解 説　　占有権の譲渡は，占有物の引渡しによってし（民182条1項），譲
　　　　　受人又はその代理人が現に占有物を所持する場合には，占有権の
譲渡は，当事者の意思表示のみによってすることができる（民182条2項）。前
者は現実の引渡しと，後者は簡易の引渡しといわれ，これらによって占有権
を移転させることができる。

　引渡しには，その旨の当事者の合意がなければならず，現実の引渡しとは，
さらに所持の状態（現実の支配）を新主に移転させることを要し，不動産の場
合には，現地において新旧両当事者の立会いの下に引渡しを行ったりするこ
とだけでなく，鍵を引き渡したり，登記済権利証等の重要書類を交付したり
することでも特段の事情がない限り，引渡しがあったとみられよう。

　現実の引渡し，簡易の引渡し以外の場合であっても，占有改定，指図によ
る占有移転によっても，占有権を移転させることができる。

　代理人が自己の占有物を以後本人のために占有する意思を表示したときは，
本人は，これによって占有権を取得するが（民183条），この規定による占有
権の移転を占有改定といい，例えば，不動産を売却して，同時に，売主が買
主から当該不動産を賃借すると，現実の引渡しや簡易の引渡しは行われてい
ないが，売主は賃借人（他主占有人）として買主のために代理占有することに
なり，売主の自主占有による占有権は，買主に移転することになる。

　代理人によって占有をする場合において，本人がその代理人に対して以後
第三者のためにその物を占有することを命じ，その第三者がこれを承諾した
ときは，その第三者は，占有権を取得するが（民184条），この規定による占
有権の移転を指図による占有移転といい，例えば，物を保管させている者が，
保管者に，以後，新所有者のために引き続き保管をすることを命ずることに
よって，元の所有者から新所有者（第三者）に代理占有を介した占有権が移
転することになる。つまり，代理占有されている物を，引き続きそのままの
状態で占有権を移転するには，現実の引渡しを必要とせずに，譲渡人と譲受
人の占有権移転の合意の下で，譲渡人が代理占有人に対して，以後は譲受人
のために占有するように命ずることで，譲渡人から譲受人に占有権が移転す
る。

180

第1章　占有権

【判　例】

■ 不動産の引渡し

・　内縁の夫から妻への両名が居住する土地建物贈与に当たって，実力的支配を移転する合意を行うことで，引渡しは完了する（大判昭2・12・17新聞2811号15頁）。

・　占有を移転するため，権利証を交付することは，通常の状態であるため，その証書を交付したときは，引渡しがあったと推定される（大判昭6・5・7・法律〔学説判例〕評論全集（法律評論社）20巻683頁（民法））。

・　同居している内縁の夫婦間で，同家屋の贈与がなされ，かつ，その権利の表象ともいうべき当該家屋の買受けに関する契約書がその実印とともに交付されることによって，簡易の引渡しによる占有移転が行なわれたものとみるべきである（最三小判昭39・5・26民集18巻4号667頁）。

■ 占有改定の事例

・　売却後，直ちに，売主が買主から賃借したときは，占有改定が認められる（大判大4・9・29民録21輯1532頁）。

・　売渡担保契約によって，債務者が引き続き担保物件を占有するときは，占有改定が認められる（最一小判昭30・6・2民集9巻7号855頁）。

・　土地売買の当時，売主と買主との間で，売主が借りて耕作する契約が成立したときは，占有改定が認められる（最二小判昭28・7・3民集7巻811頁）。

Q77　占有権は相続されるか。

　占有権も相続される。

第1章 占有権

解 説 占有権の移転は，当事者の合意がある現実の引渡し，簡易の引渡し，占有改定，指図による占有移転以外の場合，相続によっても移転する。

つまり，被相続人が相続開始時に有していた占有権についても，相続によって相続人に承継されることとなり，占有権も相続によって移転する。この場合，その相続人自身が当該占有権の対象物を実際に所持しているか否か，あるいは相続開始を知っているか否かとは無関係に，当然に相続人に移転する。

もちろん，相続開始と同時に占有が第三者に移転したり，相続人において占有取得を妨げる事情がある場合には，占有権が相続人に移転しないこともあり得る。

【判 例】

■占有権の相続

・ 占有権は，相続開始当時被相続人が占有を有するときは，相続によって相続人に移転し，その移転には必ずしも相続人が物の所持をすることを要しないが，隠居によって相続が開始した場合において，被相続人がなお依然として占有を継続するときは，占有権は相続人に移転しない（大判大4・12・28民録21輯2289頁）。

・ 被相続人の死亡による家督相続により家屋の所有権を取得した者は，当該家屋に対する被相続人の占有権をも承継する（最二小判昭28・4・24民集7巻4号414頁）。

182

第1章　占有権

Q78 被相続人が賃借していた土地を被相続人の所有地と信じて相続後に占有を開始した相続人であっても，他主占有による占有権を承継するか。

A 相続人が，さらに所有の意思をもって占有を開始すると，自主占有として占有することとなる。

解説　権原の性質上占有者に所有の意思がないものとされる場合には，その占有者が，自己に占有をさせた者に対して所有の意思があることを表示し，又は新たな権原により更に所有の意思をもって占有を始めるのでなければ，占有の性質は，変わらない（民185条）。

つまり，賃借人等の他主占有者は，内心において所有の意思を有するだけでは自主占有に転換されることにはならず，所有者に対して所有の意思を表示するか，新権原によってさらに所有の意思をもって占有しなければ，自主占有に転換されない。

相続の場合には新権原であるといえ，相続によって相続人が新たに所有の意思をもって占有を開始したならば，被相続人の占有が他主占有であったとしても，以後，自主占有に転換されることとなる。

【判　例】

■相続と新権原

・　土地建物に対する被相続人の占有を相続により承継したばかりでなく，新たに本件土地建物を事実上支配することによりこれに対する占有を開始したものであるなら，当該相続人に所有の意思があるとみられる場合においては，新権原によって本件土地建物の自主占有をするに至ったものと解される（最三小判昭46・11・30民集25巻8号1437頁）。

・　他主占有者の相続人が独自の占有に基づく取得時効の成立を主張する場合において，右占有が所有の意思に基づくものであるといい得るためには，取得時効の成立を争う相手方ではなく，占有者である当該相続人にお

第4編　占有権と取得時効

183

第 1 章　占有権

いて，その事実的支配が外形的客観的にみて独自の所有の意思に基づくものと解される事情を自ら証明すべきである（最三小判平 8・11・12民集50巻10号2591頁）。

■農地の売買と新権原
・　農地の小作人が，長期にわたり当該農地の管理人のように振る舞っていた者に小作料を支払っていたところ，当該管理人詐称者が農地所有者の代理人と称して，小作人に売却する契約を締結し，小作人が農地所有者から当該農地を買い受けるための農地法所定の許可を得て所有権移転登記手続を経由し，その代金を支払った等の事情のもとにおいては，管理人詐称者に代理権限がなかったとしても，遅くとも，その登記の時には新権原により所有の意思をもって当該農地の占有を始めたものであるといえる（最一小判昭51・12・2民集30巻11号1021頁）。
・　農地を賃借していた者が所有者から当該農地を買い受けその代金を支払ったときは，当時施行の農地調整法第 4 条によって農地の所有権移転の効力発生要件とされていた都道府県知事の許可又は市町村農地委員会の承認を得るための手続がとられていなかったとしても，買主は，特段の事情のない限り，売買契約を締結し代金を支払った時に新権原により所有の意思をもって当該農地の占有を始めたものといえる（最一小判昭52・3・3民集31巻 2 号157頁）。

> **Q79**　占有者が自主占有であることを主張するときは，所有の意思をもって占有していることを占有者自身が証明しなければならないか。

　占有者の自主占有を否定しようとする者が，占有者に所有の意思がないことを証明することができなければ，占有者の占有は自主主占有

であるとみられる。

解 説　占有者は，所有の意思をもって，善意で，平穏に，かつ，公然と占有をするものと推定される（民186条1項）。

そのため，占有者の占有が自主占有に当たらないことを理由に取得時効の成立を争う者が，占有者の占有が所有の意思のない占有に当たることについての立証責任を負うことになる。

つまり，占有者の自主占有を否定しようとする者があるとすると，占有者自身が自主占有であることを証明しなくても，占有者の自主占有を否定しようとする者が占有者に所有の意思がないことを証明することができなければ，占有者の占有は自主主占有であるとみられることになるのである。

【判　例】

■自主占有の推定と立証責任

・　民法第186条1項の規定は，占有者は所有の意思で占有するものと推定しており，占有者の占有が自主占有に当たらないことを理由に取得時効の成立を争う者は，当該占有が所有の意思のない占有に当たることについての立証責任を負う（最三小判昭54・7・31裁判集民127号315頁）。

・　占有者がその性質上所有の意思のないものとされる権原に基づき占有を取得した事実が証明されるか，又は占有者が占有中，真の所有者であれば通常はとらない態度を示し，若しくは所有者であれば当然とるべき行動に出なかったなど，外形的客観的にみて占有者が他人の所有権を排斥して占有する意思を有していなかつたものと解される事情が証明されるときは，占有者の内心の意思のいかんを問わず，その所有の意思を否定し，時効による所有権取得の主張は排斥される（最一小判昭58・3・24民集37巻2号131頁）。

第1章　占有権

> **Q80** 賃借人として占有している者が内心では所有の意思を有しているときは自主占有であると判断することができるか。

賃借人として占有している者は，占有者の内心の意思においては所有の意思があったとしても，自主占有であると判断することはできない。

解説　占有における所有の意思の有無は，占有取得の原因たる事実によって外形的客観的に定められる。

したがって，賃貸借により取得した占有は他主占有であり，仮に，占有者が内心において所有の意思を有していたとしても，その占有が自主占有であると判断することはできない。

【判　例】
■所有の意思
・　取得時効の要件としての所有の意思の有無は，占有の根拠となった客観的事実によって決定さるべきところ，自作農創設特別措置法に基づいて政府から当該土地の売渡しを受けたもので，その無効であることを知らず，売渡しによってその所有権を取得したものと信じて以後その占有を継続していたときは，その処分以来本件土地を所有の意思をもって占有していたものということができる（最一小判昭44・5・22民集23巻6号993頁）。
・　占有における所有の意思の有無は，占有取得の原因たる事実によって外形的客観的に定められるべきものであるから，賃貸借が法律上効力を生じない場合にあっても，賃貸借により取得した占有は他主占有というべきであり，賃貸借が農地調整法所定の認可を受けなかったため効力が生じないものであるとしても，当該占有をもって他主占有ということに妨げはない（最一小判昭45・6・18裁判集民99号375頁）。
・　小作人が農地解放後に最初に地代を支払うべき時期であった昭和23年12月末に，その支払をせず，これ以降，所有者が，小作人が当該土地につ

第1章 占有権

き地代等を一切支払わずに自由に耕作し占有することを容認していたこと
などの事情があるときは，小作人には，遅くとも昭和24年1月1日には本
件土地につき所有の意思のあることを表示したものと判断することができ
る（最三小判平6・9・13裁判集民173号53頁）。

・ 土地の所有者甲の弟である乙が右土地を継続して占有した場合に，甲
の家が本家，乙の家が分家という関係にあり，当時経済的に苦しい生活を
していた乙が甲に援助を受けることもあり，乙は家族と共に居住するため
の建物を建築，移築，増築して当該土地を使用し，甲はこれに異議を述べ
たことがなかったなどの事実関係の下においては，乙が，甲に対して当該
土地の所有権移転登記手続を求めず，当該土地に賦課される固定資産税を
負担しなかったことをもって，他主占有事情として十分であるということ
はできない（最二小判平7・12・15民集49巻10号3088頁）。

・ 農地を農地以外のものにするために買い受けた者は，農地法第5条所
定の許可を得るための手続がとられなかったとしても，特段の事情のない
限り，代金を支払い当該農地の引渡しを受けた時に，所有の意思をもって
同農地の占有を始めたものと解される（最二小判平13・10・26民集55巻6号
1001頁）。

Q81 | 所有者の共同相続人の一人が相続開始後に土地を独占的に自主占有したときは，当該一人の相続人は単独で自主占有をしたものといえるか。

A 共同相続人の一人が，単独で相続したものと信じて疑わず，相続開
始とともに相続財産を現実に占有し，他の共同相続人も異議を述べな
かったようなときは，当該相続人が単独で自主占有をしたものといい得る。

187

第1章　占有権

解説　被相続人所有の土地について共同相続が開始したが，共同相続人の一人が，相続開始とともに，自己が単独に相続したものと信じて疑わず，相続開始とともに相続財産を現実に占有し，その管理，使用を専行してその収益を独占し，他の相続人がなんら関心をもたず，異議を述べた事実もなかったような場合には，その相続人はその相続のときから単独所有者としての自主占有を取得したものといえる。

【判　例】
■共同相続人の一人の単独の自主占有

昭和22年以前に死亡した者の所有の土地について，共同で遺産相続が開始したが，共同相続人のうちの一人が，相続が共同遺産相続であることに想到せず，当該土地は戸主たる自己が単独で相続したものと誤信し，自己が単独に所有するものとして占有使用し，その収益はすべて自己の手に収め，地租も自己名義で納入してきているとき，このように，共同相続人の一人が，単独に相続したものと信じて疑わず，相続開始とともに相続財産を現実に占有し，その管理，使用を専行してその収益を独占し，公租公課も自己の名でその負担において納付してきており，これについて他の相続人がなんら関心をもたず，もとより異議を述べた事実もなかったような場合には，当該相続人はその相続のときから自主占有を取得したものと解される（最二小判昭47・9・8民集26巻7号1348頁）。

Q 82　占有者は善意，平穏，公然，無過失の占有であると推定されるか。

　善意，平穏，公然であることは推定されるが，無過失であることは推定されない。

第 1 章　占有権

解　説　　占有者は，所有の意思をもって占有していると推定される他，
さらに善意，平穏，公然と占有していることも推定される（民186
条 1 項）。

　善意の占有とは，本権（例えば所有権）がないことを知らない（本権があると
誤信している。）占有のことであり，悪意でない占有をいう。本権がないこと
を確信していなくても，本権がないことを疑っているような状況で占有して
いることは，善意の占有であるとはいえない。

　平穏の占有とは，平穏の占有とは，占有者がその占有を取得し，又は，保
持するについて，暴行強迫などの違法強暴の行為を用いていない占有をいう。

　公然の占有とは，占有の存在を知るにつき利害関係を有する者に対して占
有者が占有の事実をことさら隠蔽しない占有をいう。

　他方，占有者が無過失であることは推定されないため，占有者が，本権が
あると誤信していることについて過失がないことは，占有者自身が証明しな
ければならない。

【判　例】
■平穏の占有

　・　平穏の占有とは，強暴の占有に対する語であり，占有の取得又は保持
に強暴の行為がない限り，占有者が他人から占有が不法であるという抗議
を受けたという事実があっても，それだけで平穏でない占有であることに
はならない（大判大 5・11・28民録22輯2320頁）。

　・　平穏の占有とは，占有者がその占有を取得し，または，保持するにつ
いて，暴行強迫などの違法強暴の行為を用いていない占有を指称するもの
であり，占有者が右のような強暴の行為をもって占有を取得し，または，
保持しているものでない以上は，不動産所有者その他その占有の不法を主
張する者から，異議を受け，不動産の返還，右占有者名義の所有権移転登
記の抹消手続方の請求を受けた事実があっても，そのために平穏を失うに
いたるものではないと解すべきである（最二小判昭41・4・15民集20巻 4 号676頁）。

■占有の善意，悪意

　本権の有無について疑いを有しながら占有している場合は，善意の占有

第 4 編　占有権と取得時効

189

第 1 章　占有権

ではなく，悪意の占有である（大判大 8・10・13民録25輯1863頁）。

■ 公然の占有

　　公然の占有とは，占有の存在を知るにつき利害関係を有する者に対して占有者が占有の事実をことさら隠蔽しないことをいい，利害関係を有する者において占有者が所有の意思をもって占有している事実を知り得たからといって，公然の占有でないとはいえない（最三小判昭43・12・24民集22巻13号3366頁）。

■ 無過失の占有の立証責任

　　民法第162条第 2 項の10年の取得時効を主張する者は，その不動産を自己の所有と信じたことにつき無過失であったことの立証責任を負う（最一小判昭43・12・19裁判集民93号707頁，最一小判昭46・11・11裁判集民104号227頁）。

Q 83 | 10年又は20年間継続して土地を占有していることを証明するためには，当該全期間において占有を継続していることを証明する必要があるか。

A　　占有の開始の時点において占有していたことと，そこから10年後又は20年後の時点において占有していたことを，占有者が証明したときは，当該全期間において占有を継続していたと推定される。

解説　　前後の両時点において占有をした証拠があるときは，占有は，その間継続したものと推定される（民186条 2 項）。

　つまり，後述Q91のとおり，不動産の取得時効の要件の一つに，一定期間（10年間又は20年間），当該不動産を継続して占有していることがあるが，この場合，占有開始の時点において占有していたことが証明され，さらに，占有開始から10年間又は20年間の時効完成の時点において占有していたことが証

第1章　占有権

明されると，その10年間又は20年間の全期間において占有者が占有を継続していたと推定される。したがって，これら両時点における占有が証明されたときは，占有者は，その全期間中における占有の継続を証明する必要はなく，これは，占有の承継（Q77）があったときであっても同様で，前主による占有開始の時点における占有の証明と，占有を承継した者による時効完成の時点における占有が証明したときは，その全期間における占有の継続が推定されることとなる。

Q84 承継された土地について現在の占有者が主張することができる当該土地の占有は，自己が承継を受けた以後の占有に限られるか。

A 自己の占有だけを主張することも，自己の占有に併せて，承継以前の占有者の占有も主張することもできるが，後者の場合は，以前の占有者の占有の性質をも承継することになる。

解説　占有者の承継人は，その選択に従い，自己の占有のみを主張し，又は自己の占有に前の占有者の占有を併せて主張することができ，前の占有者の占有を併せて主張する場合には，その瑕疵をも承継する（民187条）。

例えば，甲から乙へ売買された土地について，乙が買受けから5年後に丙に譲渡し，さらに丙が買受けから5年後に丁に譲渡した場合，丁の買受けから10年を経て，甲乙間の売買が無効とされたときは，丁は，自己の占有である，自己が譲渡を受けた時から10年間の占有を主張することもできるし，あるいは，乙の5年間の占有及び丙の5年間の占有も併せて，自己の占有と通算し，合計20年間の占有も主張することができることになる。

191

第1章　占有権

　占有権が承継される場合は，この事例のように特定承継される場合と，相続のように包括承継される場合があるが，いずれの場合であっても，自己の占有のみを主張することも，前主の占有を通算して主張することもできる。

　なお，前主の占有を通算して主張する場合には，前主の瑕疵も承継することとなるため，先の事例において，仮に乙の占有が有過失の占有であったなら，丁が通算して主張する20年間の占有は，有過失の占有として主張しなければならないものとなる。

　占有における瑕疵とは，所有の意思，平穏，公然，善意，無過失を欠くことをいう。

　相続による占有権の承継の場合に，新権原によると認められる場合には，占有の性質に転換が生じうることはQ78のとおりである。

【判　例】

■前主からの承継による占有

　・　民法第187条の前主とは，直前の占有者だけでなく，占有の承継によって繋がるすべての占有者を含み，そのうち任意の占有から現占有者の占有までを1個の占有として援用することができ，援用する占有の開始について一旦なされた選択を変更することもできる（大判大6・11・8民録23輯1772頁）。

　・　前主の占有が所有権に基づいたものであっても，現在の占有者は，その前主の占有も併せて主張することができる（大判昭9・5・28大民集13巻857頁）。

　・　順次買い受けて占有を承継し，前主の占有を併せると，占有を開始したときから20年を経過したときには，取得時効が完成した旨主張には，仮にその間に占有承継人として別人が介在することが認められるとするならば，その別人の占有をも当該取得時効の期間として主張する趣旨を含むものと解される（最二小判昭49・11・22裁判集民113号225頁）。

■占有における瑕疵

　　占有における瑕疵とは，占有をするについて，所有の意思がないこと，強暴又は隠秘であること，悪意又は過失があること等のように，占有権が

完全な効力を生ずる障害となるべき事実をいい,占有者が僭称相続人である事実のようなものは含まれない(大判昭13・4・12大民集17巻675頁)。

■瑕疵の基準となる占有

・ 前主の占有を通算せずに,現占有者が自己の占有のみ主張する場合は,前主の瑕疵は承継されない(大判昭17・4・22法学(東北大学法学会誌)12巻62頁)。

・ 占有者の善意・無過失の存否については,占有主体に変更があって承継された2個以上の占有が併せて主張される場合についても,その主張にかかる最初の占有者につきその占有開始の時点においてこれを判定すれば足りる(最二小判昭53・3・6民集32巻2号135頁)。

■代理占有から自己占有となった場合と占有の承継

代理占有から自己占有となった場合は,民法第187条の規定は適用されない(大判大11・10・25大民集1巻604頁)。

Q85 不動産の占有者は所有者であると推定されないか。

　登記されている不動産については,占有しているだけで所有者であることが推定されるわけではない。

解説　占有者が占有物について行使する権利は,適法に有するものと推定される(民188条)。

占有者は所有の意思をもって占有するものと推定されるため(Q79),結局,特段の事情がない限り,通常は,占有者は所有者であると推定されることになる。

ただ,それが不動産であるときは,登記制度との関係から,この推定が一律に適用されるとは限らない。つまり,不動産については,所有権の登記名

第 1 章　占有権

義人は，反証のない限り，所有者であると推定されるものであり，登記のない不動産についてだけ，占有者が所有者であると推定されるとの民法第188条が適用される（『注釈民法7』98頁）。

　所有権の登記名義人を真の所有者であると信じて，譲渡を受けて占有を開始することは，特段の事情がない限り，過失のない占有であるといえる。

【判　例】

■登記による所有者の推定

　　所有名義に登記されていることは，当該名義人の所有に属するものと推定される。その原因となった債権行為が有効に存在することは推定されない（最一小判昭34・1・8民集13巻1号1頁）。

Q 86　土地の占有者が当該土地を貸し出して賃料を得ているとき，後日になって占有者が真の所有者でなかったことが明らかになった場合は，得た賃料のすべてを真の所有者に返還しなければならないか。

A　土地の占有者が，自己が所有者であると誤信していた場合は，賃料を変換する必要はないが，真の所有者にかかる所有権の訴えにおいて敗訴したときは，その訴えの提起以後の賃料は返還しなければならない。

解　説　　善意の占有者は，占有物から生ずる果実を取得し，善意の占有者が本権の訴えにおいて敗訴したときは，その訴えの提起の時から悪意の占有者とみなされる（民189条）。

　悪意の占有者は，果実を返還し，かつ，既に消費し，過失によって損傷し，又は収取を怠った果実の代価を償還する義務を負い，それは，暴行若しくは強迫又は隠匿によって占有をしている者についても準用される（民190条）。

194

第1章　占有権

Q 87　建物の占有者が当該建物を毀損した後に真の所有者に返還するときは損害の全部を賠償する必要があるか。

　悪意の占有者は損害の全部の賠償を，善意の占有者は現に利益を受けている限度において賠償をする義務を負う。

解説　占有物が占有者の責めに帰すべき事由によって滅失し，又は損傷したときは，その回復者に対し，悪意の占有者はその損害の全部の賠償をする義務を負い，善意の占有者はその滅失又は損傷によって現に利益を受けている限度において賠償をする義務を負うが，ただし，所有の意思のない占有者は，善意であるときであっても，全部の賠償をしなければならない（民191条）。

Q 88　建物の占有者が当該建物の保存に必要不可欠な修繕を行った後に真の所有者に返還するときは修繕費用の償還は求められないか。

　原則として，真の所有者に対して，修繕費用の償還を求めることができる。

解説　占有者が占有物を返還する場合には，その物の保存のために支出した金額その他の必要費を回復者から償還させることができるが，ただし，占有者が果実を取得したときは，通常の必要費は，占有者の負担に帰する（民196条1項）。

占有者が占有物の改良のために支出した金額その他の有益費については，

第1章　占有権

その価格の増加が現存する場合に限り，回復者の選択に従い，その支出した金額又は増価額を償還させることができるが，ただし，悪意の占有者に対しては，裁判所は，回復者の請求により，その償還について相当の期限を許与することができる（民196条2項）。

Q89 所有権等の本権に基づかずに占有権のみに基づいて妨害排除の請求をすることができるか。

 占有の訴え（占有訴権）として，妨害排除請求をすることができる。

解説　占有者は，民法第198条から第202条までの規定に従い，占有の訴えを提起することができ，他人のために占有をする者も，同様とされる（民197条）。

占有者がその占有を妨害されたときは，占有保持の訴えにより，その妨害の停止及び損害の賠償を請求することができる（民198条）。

占有者がその占有を妨害されるおそれがあるときは，占有保全の訴えにより，その妨害の予防又は損害賠償の担保を請求することができる（民199条）。

占有者がその占有を奪われたときは，占有回収の訴えにより，その物の返還及び損害の賠償を請求することができるものの，占有を侵奪した者の特定承継人に対して提起することができないが，ただし，その承継人が侵奪の事実を知っていたときは，この限りでない（民200条）。

占有保持の訴えは，妨害の存する間又はその消滅した後1年以内に提起しなければならないが，ただし，工事により占有物に損害を生じた場合において，その工事に着手した時から1年を経過し，又はその工事が完成したときは，これを提起することができない（民201条1項）。

196

第1章　占有権

占有保全の訴えは，妨害の危険の存する間は，提起することができ，この場合において，工事により占有物に損害を生ずるおそれがあるときは，前項ただし書の規定が準用される（民201条2項）。

占有回収の訴えは，占有を奪われた時から1年以内に提起しなければならない（民201条3項）。

占有の訴えは本権の訴えを妨げず，また，本権の訴えは占有の訴えを妨げず，占有の訴えについては，本権に関する理由に基づいて裁判をすることができない（民202条）。

【判　例】

■占有の訴えと本権の訴えとの関係

・　侵奪者が占有物について所有権その他の本権を有することは，占有者の侵奪者に対する請求権に消長を来さない（大判大8・4・8民録25輯657頁）。

・　占有の訴えに対し，防御方法として本権の主張をなすことは許されないが，本権に基づく反訴を提起することは許される（最一小判昭40・3・4民集19巻2号197頁）。

■占有保全の訴え

妨害のおそれありとは，将来の侵害のおそれがあれば足り，過去の侵害の存在を必要としない（大判大10・1・24民録27輯221頁）。

■占有保持の訴え

・　占有訴権に基づいて妨害排除を請求する場合，故意・過失のある妨害者だけでなく，無過失の妨害者に対しても請求することができる（大判大5・7・22民録22輯1585頁）。

・　妨害排除を請求する場合，自ら妨害状態又は妨害のおそれがある状態を生じさせた者でない妨害者に対しても，請求することができる。物権的請求権に基づく妨害排除請求の場合は，妨害物所有者は，妨害発生の原因の関係ももたなかったとしても，妨害排除費用を負担しなければならない（大判昭5・10・31大民集9巻1009頁）。

・　妨害が，妨害者の故意・過失がない場合や，第三者の行為によって生じた場合でも，排除費用は妨害者が負担しなければならないが，その妨害

第4編　占有権と取得時効

197

第1章　占有権

が自然による場合は，負担する必要はない（大判昭7・11・9大民集11巻2277頁）。

・　かつての妨害者であっても，現に妨害者でないものに対しては，返還を請求することができない（大判大9・7・15民録26輯973頁）。

・　妨害が，妨害者の故意・過失がない場合や，第三者の行為によって生じた場合でも，排除費用は妨害者が負担しなければならないが，不可抗力による妨害の場合は，負担する必要はない（大判昭12・11・19大民集16巻1881頁）。

■占有回収の訴え

・　侵奪物について特定承継が生じた後，さらに特定承継が生じた場合，中間の特定承継人が善意であれば，最終の特定承継人が悪意であっても，占有回収の訴を提起することができない（大判昭13・12・26大刑集3巻910頁）。

・　他人の占有する土地に建物を建築することは，建築工事着工の時から占有侵奪になる（大判昭15・10・24新聞4637号10頁）。

・　建物の転借人が転貸人のために占有する意思を失い，その入室を拒んだときでも，それだけで転貸人の占有が奪われたとはいえない（最一小判昭34・1・8民集13巻1号17頁）。

・　強制執行によって占有を解かれたことは，当該執行行為が著しく違法性を帯び，もはや社会的に公認された執行と認めるに堪えない場合を除いて，占有回収の訴を提起することはできない（最二小判昭38・1・25民集17巻1号41頁）。

・　侵奪者の特定承継人について，その承継人が何らかの形で占有の侵奪があったことについて認識があった場合には占有回収の訴を提起することができるが，占有の侵奪を単なる可能性のある事実として認識していただけであった場合には提起することができない（最一小判昭56・3・19民集35巻2号171頁）。

第 1 章　占有権

Q90 占有者の占有が他人に奪われたときは，元の占有者の占有権が消滅するか。

　占有者が占有回収の訴えを提起すると，占有権は消滅しない。

解説　占有権は，占有者が占有の意思を放棄し，又は占有物の所持を失うことによって消滅する。ただし，占有者が占有回収の訴えを提起したときは，この限りでない（民203条）。

代理人によって占有をする場合には，占有権は，本人が代理人に占有をさせる意思を放棄したこと，代理人が本人に対して以後自己又は第三者のために占有物を所持する意思を表示したこと，又は代理人が占有物の所持を失ったことによって消滅するが，代理権の消滅のみによっては，消滅しない（民204条）。

【判　例】
■所持の喪失
・　劇場内の売店を再三の督促を受けたにもかかわらず明け渡さず，2年8か月も渡過した場合は，売店に対する所持は喪失したものといえる（最判昭30・2・18公刊物未登載）。
・　借地上の借地人所有の建物を賃借している場合，当該建物が焼失したときは，借地人は借地に対する所持を喪失しないが，借家人は借家に対する所持を喪失する（大判昭3・6・11新聞2890号13頁）。

第2章 取得時効

Q 91 土地の占有者が当該土地の所有権を時効取得することができるための要件は何か。

A 20年間（長期），所有の意思をもって，平穏，公然に占有することが要件とされている。さらに，占有の開始の時に，善意無過失であったならば，占有期間は10年間（短期）に短縮される。

解説 20年間，所有の意思をもって，平穏に，かつ，公然と他人の物を占有した者は，その所有権を取得し（民162条1項），10年間，所有の意思をもって，平穏に，かつ，公然と他人の物を占有した者は，その占有の開始の時に，善意であり，かつ，過失がなかったときは，その所有権を取得する（民162条2項）。

つまり，平穏かつ公然の自主占有であることが前提となり，さらに占有の開始の時に善意かつ無過失であったときは継続した10年間の短期の占有で取得時効が完成し，悪意又は有過失であったときは継続した20年間の短期の占有で取得時効が完成する。

ここで，所有の意思，善意，平穏，公然については推定され（Q82），占有の継続は占有開始時と時効完成時における占有の証明をもって，その間の占有の継続が推定されるため（Q83），結局，時効取得の要件について（援用についてはQ103），その成立を主張する者は，まず，占有開始時と時効完成時における占有の主張をすることによって長期の時効取得を主張したことになり，さらに無過失の主張を行うことで短期の時効取得を主張したことになる。

第2章　取得時効

Q92 農地について農地法所定の許可を得なければならないことを知らずに売買契約によって占有を始めた者は、時効取得の要件において過失がなかったといえるか。

特段の事情がない限り、過失がなかったとはいえない。

解説　取得時効の成立については、占有の開始の時点で過失があったか否かによって必要とされる占有期間が異なり、無過失であることは推定されないため、占有者自身が無過失の占有であることを証明しなければならず、それが証明されると10年間の短期の占有期間が適用されるが、証明されないとなると20年間の長期の占有期間が適用されることになる。

なお、農地の譲渡を受けた者が、農地法の許可を得ずに占有を開始したときは、農地法所定の許可を受けなければならないことを知らなかったとしても、特段の事情のない限り、その占有は過失がなかったとはいえない。

【判　例】
■占有開始の時点における過失、無過失
・登記簿上権利者として表示された者を真正の権利者であると信じたことは、特段の事情がない限り、過失はない（大判大15・12・25大民集5巻897頁）。
・空襲により一家全滅した本家の再興のため、親族の協議により相続人に選ばれて本家の家業を継ぎ、相続財産に属する土地を占有している22歳の女子につき、同人がその土地の所有権を取得したものと信ずるにつき過失はない（最二小判昭35・9・2民集14巻11号2094頁）。
■農地の時効取得における過失、無過失
・政府から農地として売渡しを受けた以上、売渡しによって自己が所有者になったと信じるのは当然のことであり、よほど特別の事情のない限り、その売渡処分に無効・取消事由たる瑕疵がないことまで確かめなければ所有者と信じるにつき過失があるというのは、法律知識のない一般人に難き

第2章　取得時効

を強いるものといわなければならず，当の政府が農地と認定して買収・売渡しをしているのに，法律的知識が特にあるとは認められない者において，売渡しを受けた本件土地が農地でないことに気付くべきであったというのは無理な話であるため，その売渡処分に瑕疵のないことまで確かめなくとも，所有者と信じるにつき過失があるとはいえない（最二小判昭41・9・30民集20巻7号1532頁）。

・　耕地整理施行中の未登記の残地を買い受けた者が，耕地整理組合について調査することなく，売主の当該土地は自己の所有であるとの言を信じてその占有を始めたとしても，その売主が真の所有者の実父であり，同人がこれを管理していた等の事実の下においては，買主がその所有権を取得したと信じたことについては，過失はない（最二小判昭42・7・21裁判集民88号91頁）。

・　買収農地の売渡しを受けてこれを耕作している者は，当該売渡処分が当然無効である場合においても，特段の事情のない限り，その占有の始め，善意，無過失であったと認めるのが相当であり，この理は，単に耕作しているときのみならず，農業用施設として占有しているときにも異なることはない（最二小判昭43・9・6裁判集民92号211頁）。

・　買収農地の売渡しを受けてこれを耕作している者は，当該売渡処分が当然無効である場合においても，特段の事情のない限り，その占有の初め，善意・無過失であったと認めるのが相当であるところ，この理は，自作農創設特別措置法に基づく宅地の買収において，その買収計画に取消原因が存した場合においても異なるところはないというべきである（最三小判昭45・5・19裁判集民99号165頁）。

・　贈与に基づき農地の占有を開始した当時においては，農地の所有権を移転するためには，農地調整法の規定に従い，知事の許可を受けることが必要であるところ，農地の譲渡を受けた者は，通常の注意義務を尽くすときには，譲渡を目的とする法律行為をしても，これにつき知事の許可がない限り，当該農地の所有権を取得することができないことを知り得たものというべきであるから，譲渡についてされた知事の許可に瑕疵があって無

効であるが，その瑕疵のあることにつき善意であった等の特段の事情のない限り，譲渡を目的とする法律行為をしただけで当該農地の所有権を取得したと信じたとしても，このように信ずるについては過失がないとはいえない（最二小判昭59・5・25民集38巻7号764頁）。
・ 農地の譲渡を受けた者は，通常の注意義務を尽くすときには，譲渡を目的とする法律行為をしても，これにつき知事の許可がない限り，当該農地の所有権を取得することができないことを知り得たものというべきであるから，例えば，譲渡についてされた知事の許可に瑕疵があって無効であるが，その瑕疵のあることにつき善意であった等の特段の事情のない限り，譲渡を目的とする法律行為をしただけで当該農地の所有権を取得したと信じたとしても，そのように信じるにつき過失がないとはいえない（最三小判昭63・12・6裁判集民155号187頁）。

Q93 自己の不動産については取得時効が成立し得ないか。

　自己の不動産であっても，取得時効が成立する対象となり得る。

解説　不動産の所有権の時効取得については，通常は，占有者が真の所有者でない場合であり，真の所有者であるならば所有権の時効取得の成立を主張することは意味がないところ，所有権取得の立証が困難であったり，あるいは所有権の取得を第三者に対抗することができない等の場合において取得時効による権利取得を主張できるということもあり，このようなときには，自己の所有する不動産についても時効取得の成立を主張することができる。

第2章　取得時効

つまり，不動産の時効取得の成立は，他人所有のものに限られない。

【判　例】

■自己の不動産に対する取得時効の成立

・　所有権に基づいて不動産を占有する者についても，民法第162条の適用があるものと解され，取得時効は，当該物件を永続して占有するという事実状態を，一定の場合に，権利関係にまで高めようとする制度であるから，所有権に基づいて不動産を永く占有する者であっても，その登記を経由していない等のために所有権取得の立証が困難であったり，または所有権の取得を第三者に対抗することができない等の場合において取得時効による権利取得を主張できると解することが制度本来の趣旨に合致するものというべきであり，民法第162条が時効取得の対象物を他人の物としたのは，通常の場合において，自己の物について取得時効を援用することは無意味であるからにほかならないのであって，同条は，自己の物について取得時効の援用を許さない趣旨ではない（最二小判昭42・7・21民集21巻6号1643頁）。

・　民法第162条の規定が適用されるためには，他人の所有に属することが要件とされるものではない（最二小判昭43・9・6裁判集民92号211頁）。

■法律行為による所有権取得の主張と時効取得の主張の併存

当事者が，法律行為によって所有権を取得した旨の抗弁を提出するにもかかわらず，時効によって所有権を取得した旨を主張することを妨げられない（大判大9・7・16民録26輯1108頁）。

第2章　取得時効

Q94 | 担保権等が設定されている土地を時効取得した場合，その担保権等は消滅するか。

 原則として消滅する。

解説　時効取得は，原始取得であるとされ，従前の所有者の所有権は消滅する。したがって，土地を時効取得した者は，その土地において所有者が負担していた他人の権利を引き継ぐことはなく，新たな所有権を取得することとなり，その反射的効果として，その他人の権利は消滅する。

特に，抵当権の場合には，次のとおり，明文化されている。

債務者又は抵当権設定者でない者が抵当不動産について取得時効に必要な要件を具備する占有をしたときは，抵当権は，これによって消滅する（民397条）。

なお，時効取得によって取得することとなる所有権とは，常に完全な所有権であるとは限らず，その前提となる占有の範囲で決まることとなるため，例えば，第三者が承役地に他人の通行地役権があることを認めて占有した結果取得時効が成立したときは，その第三者は通行地役権の付いたままの承役地所有権を取得することとなるので，通行地役権は消滅しないこともあり得よう。

担保権についても，占有者が当該担保権の存在を容認していたなど担保権の消滅を妨げる特段の事情が認められるときには，担保権の設定されたままの所有権を取得時効する場合もあり得る（最二小判平24・3・16民集66巻5号2321頁参照）。

【判　例】
■時効所得の原始取得性
・　民法第397条によって，取得時効の完成によって抵当権が消滅するものである。なお，取得時効によって取得する不動産の所有権とは，必ずし

205

第2章　取得時効

も常に不動産に関して完全な所有権という意味ではなく，どのような範囲の所有権を取得するかの問題は，その所有権取得の前提である占有の範囲如何によって決せられる（大判大9・7・16民録26輯1108頁）。
・　取得時効によって所有権を取得する者は，原始取得として所有権を取得する（大判大13・10・7大民集3巻509頁）。

Q95　1筆の土地の分筆されていない一部分を時効取得することはできるか。

時効取得することはできるが，所有権の登記をするためには分筆登記を経なければならない。

解説　一物一権主義の下では，土地についても1個の不動産について所有権の時効取得が成立し，1個の不動産とは登記された1筆の土地をいうため（Q9），1筆の土地の全部を時効取得することが原則である。

ただ，1筆の土地の一部分であっても，時効取得の要件を充足する場合には，実体法上，占有者が当該部分の所有権を原始取得することになる。

なお，当該部分について，占有者に所有権移転登記をする場合には，その前提として時効取得された部分とそれ以外の部分に分筆登記がなされなければならない。

このような場合，任意に，当該土地の所有権登記名義人の協力が得られないときは，判決による登記によるほかなく，判決正本を代位原因証書として，確定判決により当該土地の部分の所有権の時効取得を認められた者が所有権登記名義人を代位して，分筆登記を申請する必要がある（その前提としての隣接地との筆界の確認を含む。）。ただ，分筆登記を申請するに当たっては，原則として，時効取得された土地の部分だけでなく，元の1筆の土地の全部の筆界

206

第2章　取得時効

を確認し，測量する必要があるが（不登規77条1項），このような事例においては，往々にして，測量や筆界の確認が困難なこともある。分筆前の土地が広大な土地であって，分筆後の土地の一方がわずかであるなどの特別の事情があるときに限り，分筆後の土地のうち1筆（時効取得にかからない土地の部分）については測量することを要しないところ（準則72条2項），確定判決又は理由中において，勝訴判決に係る土地の一部の範囲が明確に特定されているときには，「特別の事情」として取り扱っても差し支えないものと考えられている（登研709号27頁）。

　さらに，当該土地に隣接する土地との間の筆界が確認できないようなときは，1筆の土地の一部の所有権を取得した者として，筆界特定制度を利用して（Q127），その筆界を特定したうえで，分筆登記を申請することもできる。

【判　例】
■土地の一部の時効取得
　　1筆の土地の平面的一部分について時効取得の要件を充足した場合，当該一部分は時効により取得される（最二小判昭38・12・13民集17巻12号1696頁）。

【実　例】
■1筆の土地の一部を時効取得したときの分筆登記の申請に添付する代位原因証書
　　1筆の土地の一部を時効取得した者が，所有権移転登記請求権に基づいて債権者代位により分筆登記の申請をする場合には，代位原因を証する書面として，所有権移転登記手続を命ずる給付判決（移転する土地の位置・形状が図面で特定されたもの。）を添付すべきであり，所有権の範囲が明らかにされていても，所有権の確認判決は，代位原因を証する書面としては認められない（登研578号131頁）。

第 2 章　取得時効

Q 96　時効取得により，登記されている不動産の所有権を取得した場合，どのような登記を申請するか。

　所有権移転登記を申請する。

解説　時効取得は原始取得であり，従来の所有者の所有権が消滅し，時効取得者の新たな所有権が生じるため，承継取得とは異なるものの，所有権の登記手続にあっては，保存登記ではなく，移転登記の形式をとるものとされている。共同申請ができないときは，判決により登記権利者が単独で移転登記を申請する。

　もちろん，未登記の不動産について時効取得が成立したときは，所有権の保存登記によることはいうまでもない。

【判　例】
■時効取得に場合の所有権の登記の形式
　・　時効による不動産所有権の取得は原始取得であるため，法律行為の当事者なるものがないが，占有者が所有権を取得した結果，所有者であった者の所有権が消滅するものであるから，時効完成当時の所有者は取得者に対する関係においてはあたかも伝来取得における当事者の地位にあるといえる（大判大 7・3・2民録24輯423頁）。
　・　時効による不動産所有権の取得については，移転登記をなすこととなる（大判昭 2・10・10大民集 6 巻558頁）。

【先　例】
■時効取得の場合の所有権の登記の形式
　・　未登記の不動産の時効取得による所有権の登記は所有権保存登記により，既登記の不動産の時効取得による所有権の登記は所有権移転登記による（明44・6・22民414号民事局長回答）。
　・　私人のために取得時効が完成していることが認定された国有の普通財

産のうち，国名義で所有権保存登記されているものについては取得時効を
登記原因として所有権移転の登記をし，国名義の表題登記があるものにつ
いては国名義に所有権保存登記をしたうえ所有権移転登記をし，国名義の
登記がないものについては，直接，時効取得者に登記をさせる。ただし，
国名義の所有権保存登記が取得時効の完成後になされたものであるときは
「錯誤」を登記原因として当該保存登記を抹消し，表題登記が取得時効の
完成後になされたものであるときは，時効取得者名に表題部所有者の更正
登記をする（昭41・11・22民三発1190号民事第三課長依命通知）。

【実　例】

■ 時効の完成があったことを証する書面の要否

　　時効による所有権取得の登記は，共同申請の場合であっても，時効完成
の事実を証する市町村長の書面の提出は要しない（登研43号29頁，登研294号
73頁）。

■ 親権者の同意書の要否

　　満19歳の未成年者が，登記義務者として，時効取得を原因とする所有権
移転の登記を申請する際には，親権者の同意書の添付を要しない（登研529
号162頁）。

■ 短期の時効取得による登記原因証明情報

　　民法第162条第2項の短期取得時効を登記原因として所有権の移転の登
記を申請する場合に提供する登記原因証明情報には，同項の要件を具備し
ていることを記載する必要があり，単に短期取得時効により所有権を取得
した者がその占有の開始の時に無過失であったことの記載だけでは足りず，
そのことを基礎付ける具体的な事実を記載しなければならない（登研742号
165頁）。

第2章　取得時効

> **Q97** 農地の時効取得による所有権移転登記申請には，農地法所定の許可書を添付する必要があるか。

許可書を添付する必要はない。

解説　農地についても要件を満たせば時効取得の対象となるが，原始取得として農地の所有権を占有者が取得することは農地法第3条の適用がないため，農地法所定の許可申請を要せず，したがって，時効取得による所有権移転登記申請の際にも許可書の添付は要しない。これは，時効取得による所有権移転登記を判決により単独申請する場合だけでなく，判決によらずに共同申請する場合であっても同様である。

　田又は畑の時効取得による所有権移転登記が申請されたときは，登記官から農業委員会に通報がなされ（昭52・8・22民三4239号民事第三課長依命通知），また，農地を時効取得した者は，遅滞なく，農業委員会に届け出なければならないことになっている（農地法3条の3）。

　農地の時効取得についての詳細は，拙著『農地・森林に関する登記と実務』（日本加除出版，2013）50・100頁を参照のこと。

【判　例】
■農地所有権の時効取得と農地法第3条の適用の有無
　農地法第3条による都道府県知事等の許可の対象となるのは，農地等につき新たに所有権を移転し，又は使用収益を目的とする権利を設定若しくは移転する行為に限られ，時効による所有権の取得は，いわゆる原始取得であって，新たに所有権を移転する行為ではないから，許可を受けなければならない行為に当たらない（最一小判昭50・9・25金法772号26頁）。

【先　例】
■農地の時効取得による所有権移転登記の許可書添付の要否
　時効取得による農地の所有権移転登記申請については，農地法第3条の

第2章　取得時効

許可書の添付を要しない（昭38・5・6民甲1285号民事局長回答）。

【実　例】

■農地の時効取得による所有権移転登記の許可書添付の要否

・　農地の所有権移転登記につき時効取得を登記原因とする登記の申請（判決による場合又は当事者双方申請による場合を含む。）には，農地法第3条の許可書の添付を要しない（登研149号161頁，登研275号75頁，登研379号93頁）。

・　時効取得を原因とする農地の所有権移転登記申請には，農地調整法施行（昭和13年8月1日）以後に占有が開始したときであっても，所定の許可書の添付は要しない（登研158号97頁）。

・　時効取得による共有持分移転登記申請については，農地法第3条の許可書の添付を要しない（登研548号167頁）。

Q 98　不動産を時効取得した者は登記をしなければ所有権の登記名義人（元の所有者）に対抗することができないか。

A　不動産を時効取得した者は，登記の有無とは関係なく，所有権の登記名義人（元の所有者）に対して，所有者であることを主張することができる。

解説　甲所有地について，乙の時効取得が成立したときは，原始取得であるため甲と乙は法律行為でいうところの当事者とはいえないが，時効完成時（時効期間満了時）の所有者と占有者間においては，承継取得における当事者と同様の関係に立つことになる。その結果，時効完成時の占有者である乙と，時効完成時の所有者である甲とは民法第177条の対抗関係に立たず，甲は乙にとって第三者には当たらない。

したがって，時効取得によって，乙が所有者であることを甲に対して主張

第4編　占有権と取得時効

211

第2章　取得時効

するときは登記を要しないし，反対に，甲は乙の登記がないことをもって乙が所有者でないと主張することはできない。

　時効の完成後，甲又は乙に相続が生じたときであっても，甲の相続人，乙の相続人は，それぞれ甲，乙の地位を包括承継するため，相互に当事者であることは変わらず，なお対抗関係には立たない。

　以上の関係は，甲所有地について乙が占有し，乙の時効取得が完成する前に，甲が丙へ当該土地を売買等により譲渡した後に，乙の時効取得が完成した場合も同様で，乙と丙とは対抗関係に立たず，乙は，登記なくして丙に対して所有者であることを主張することができる。

【判　例】

■時効完成時の所有者等と時効取得者との関係

　　・　時効完成当時の所有者は取得者に対する関係は伝来取得における当事者の地位にあるといえるため，占有者は，時効完成の時期における所有者であった者に対しては完全に所有権を取得するものであり，登記を必要としない（大判大7・3・2民録24輯423頁）。

　　・　不動産に設定された抵当権は，取得時効の完成によって消滅するため，抵当権者は所有者と同様に時効の当事者であると解することができ，民法第177条にいう第三者に該当するものではなく，その時効による所有権の取得は登記がなくても抵当権者に対抗することができる（大判大9・7・16民録26輯1108頁）。

■時効完成前に譲渡を受けた所有者等と時効取得者との関係

　　昭和33年3月21日に取得時効完成したところ，その時効完成前昭和33年2月に当該土地を前所有者から買い受けてその所有者となった者が，その後，同年12月8日所有権取得登記を経由した場合，取得時効完成当時の土地の所有者は，前所有者から買い受けてその所有者となった者であり，したがって，その者は土地所有権の得喪のいわば当事者の立場に立つのであるから，時効取得者は，その時効取得を登記なくして，その者に対抗できる筋合であり，このことは，その者がその後所有権取得登記を経由することによって消長を来さない（最二小判昭42・7・21民集21巻6号1653頁）。

第2章　取得時効

Q99 不動産を時効取得した者は登記をしなければ時効完成後に所有権の登記名義人（元の所有者）から当該不動産の譲渡を受けた者に対抗することができないか。

登記をしなければ対抗することができない。

解説　不動産を時効取得した者と，時効完成後に当該不動産の譲渡を受けた者とは，第三者として対抗関係に立つ。

つまり，甲所有の土地を乙が占有し，乙の時効が完成した後に，当該土地を丙が甲から売買等によって譲渡を受けたとき，乙と丙とは二重譲渡の関係に当たることとなり，先に登記を経たほうが優先することとなる。したがって，乙が先に時効取得による所有権移転登記を経ると丙は乙に所有者であることを対抗し得ず，反対に丙が先に売買等による所有権移転登記を経ると乙は丙に所有者であることを対抗し得ない。

丙が先に登記をした後は，乙への当該時効取得を原因とする所有権移転登記は，丙の所有権を抹消しなければ，申請することができない。

【判　例】
■時効完成後の譲受人と時効取得者との関係
・　取得時効による不動産の所有権の取得についても，時効完成後，当該不動産につき譲受人が現れた場合は，時効取得者と譲受人は対抗関係に立つ（大判昭14・7・19大民集18巻856頁）。
・　取得時効による不動産の所有権の取得についても，登記なくしては，時効完成後当該不動産につき旧所有者から所有権を取得し登記を経た第三者に対して，その善意たると否とを問わず，時効による所有権の取得を対抗し得ない（最一小判昭33・8・28民集12巻12号1936頁）。
・　時効が完成しても，その登記がなければ，その後に登記を経由した第三者に対しては時効による権利の取得を対抗しえないのに反し，第三者の

213

第2章　取得時効

なした登記後に時効が完成した場合においてはその第三者に対しては，登記を経由しなくとも時効取得をもってこれに対抗しうることとなる（最一小判昭35・7・27民集14巻10号1871頁）。

・　時効が完成しても，その登記がなければ，その後に登記を経由した第三者に対しては時効による権利の取得を対抗することができないのに反し，第三者のなした登記後に時効が完成した場合においては，その第三者に対しては，登記を経由しなくても時効取得をもってこれに対抗することができる（最三小判昭41・11・22民集20巻9号1901頁）。

【先　例】

■時効完成後の登記を経た譲受人から時効取得者への移転登記の可否

　　昭和23年7月11日売渡しによるAへの所有権移転，昭和54年5月2日贈与によるAからBへの所有権移転のある不動産について，B・Cの共同申請により，原因を昭和23年月日不詳時効取得として，BよりCへの所有権移転登記の申請があった場合，Cの取得時効完成後にBの所有権取得による登記がなされたものと認められるので，原因を「時効取得」とする当該移転登記申請は方式に適合しないものとして受理されない（昭57・4・28民三2986号民事第三課長回答）。

第 2 章　取得時効

> **Q100**　時効完成後に土地の譲渡を受けた者が先に所有権移転登記を受けると時効取得者は一切所有権を主張することができないか。

A　譲受人が時効取得者の長年の占有を認識して譲渡を受けたような事情によって，背信的悪意者であると認められたときは，時効取得者は，登記がなくても，譲受人に対抗することができる場合がある。

解説　前述のとおり，時効取得者と時効完成後の譲受人とは対抗関係に立つが，対抗関係にある者が背信的悪意者であるときは，時効取得された権利が登記されていなくても，背信的悪意者においては記の欠映を主張するについて正当な利益を有する第三者に当たらない。

そこで，現地の状況等を，譲受人が知り得るべきであったような事情により，背信的悪意者であるとされると，たとえ，その者が所有権移転登記をしたとしても，時効取得者は取得した権利を主張することができる。

【判　例】

■背信的悪意者の事例

・　通行地役権（通行を目的とする地役権）の承役地が譲渡された場合において，譲渡の時に，承役地が要役地の所有者によって継続的に通路として使用されていることがその位置，形状，構造等の物理的状況から客観的に明らかであり，かつ，譲受人がそのことを認識していたか又は認識することが可能であったときは，譲受人は，通行地役権が設定されていることを知らなかったとしても，特段の事情がない限り，地役権設定登記の欠缺を主張するについて正当な利益を有する第三者に当たらない（最二小判平10・2・13民集52巻 1 号65頁）。

・　甲が時効取得した不動産について，その取得時効完成後に乙が当該不動産の譲渡を受けて所有権移転登記を了した場合において，乙が，当該不動産の譲渡を受けた時点において，甲が多年にわたり当該不動産を占有し

215

第2章　取得時効

ている事実を認識しており，甲の登記の欠缺を主張することが信義に反するものと認められる事情が存在するときは，乙は背信的悪意者に当たる（最三小判平18・1・17民集60巻1号27頁）。

 Q101 時効完成後に土地の譲渡を受けた者が先に所有権移転登記を受けた後も，引き続き占有を継続し時効取得の要件が満たされたときであっても，占有者は所有権を登記名義人に対抗することができないか。

A 再度の時効完成による時効取得者は，時効完成時の所有者（登記名義人）に対して，登記なくして所有権を対抗することができる。

解説　時効取得が完成しても，その登記がなければ，その後に登記を経由した第三者に対しては時効による権利の取得を対抗することができないのに反し，第三者のなした登記後に時効が完成した場合においては，その第三者に対しては，登記を経由しなくても時効取得を，その第三者に対抗することができるが，これは，時効完成後に土地の譲渡を受けた者が先に所有権移転登記を受けた後も引き続き占有を継続し時効取得の要件が満たされたときであっても同様であり，占有者は，その時効取得による所有権を，登記なくして，登記名義人に対抗することができる。

【判　例】
■時効完成後の第三者の登記の後の再度の時効完成
・　A所有の土地をBが占有し，大正4年5月29日に取得時効が完成したものの，その登記を経ることなく経過するうち，同15年8月26日CがAから当該土地の寄付をうけてその旨の登記を経由するに至ったところ，Bはさらに，その登記の日より昭和11年8月26日まで10年間引き続き所有の意

216

思をもって平穏,公然,善意,無過失に占有を継続したときは,Bは時効による所有権の取得をその旨の登記を経由することなくてもCに対抗することができ,これは,Cの前記登記によって時効が中断されるものではない(最一小判昭36・7・20民集15巻7号1903頁)。
・ 不動産の取得時効の完成後,所有権移転登記がされることのないまま,第三者が原所有者から抵当権の設定を受けて抵当権設定登記を了した場合において,当該不動産の時効取得者である占有者が,その後引き続き時効取得に必要な期間占有を継続したときは,占有者が当該抵当権の存在を容認していたなど抵当権の消滅を妨げる特段の事情がない限り,当該占有者は,当該不動産を時効取得し,その結果,当該抵当権は消滅する(最二小判平24・3・16民集66巻5号2321頁)。

Q102 時効取得による所有権移転登記の原因の日付はいつになるか。

A 占有開始の日となる。

解説 時効の効力は,その起算日にさかのぼる(民144条)。
占有者が占有を継続し,取得時効の要件を充足したときは(援用についてはQ103参照),占有者が所有権を取得するが,それは時効完成の時ではなく,その起算日,つまり,占有を開始した時にさかのぼって所有権取得の効力が生じるため,時効取得による所有権移転登記の原因の日付は,占有開始の日となる。この場合,原則として,時効取得による登記原因の日付を「年月日不詳」とすることはできない。
取得時効の完成前に占有を承継し,その後,前主の占有期間を合わせて承

第2章　取得時効

継者が時効を完成させ，援用をしたときも，前主の占有開始の日をもって時効取得による所有権移転登記の原因の日付とすることとなり，この場合は，結果的に，援用者の出生前の日付をもって所有権移転がなされることになっても差し支えない。

取得時効の起算日については，取得時効の援用者が，任意に，その起算点を選択し，時効完成の時期を早めたり，遅らせたりすることはできない。

なお，Q101のように，第三者のなした登記後に再度の時効が完成した場合は，その第三者が登記をした時から，新たに占有を開始することになる。

【判　例】

■時効の起算日の選択の可否

・　取得時効完成の時期を定めるに当たっては，取得時効の基礎たる事実が法律に定めた時効期間以上に継続した場合においても，必ず時効の基礎たる事実の開始した時を起算点として時効完成の時期を決定すべきものであって，取得時効を援用する者において任意にその起算点を選択し，時効完成の時期をあるいは早め，あるいは遅らせることはできない（最一小判昭35・7・27民集14巻10号1871頁）。

・　不動産の二重売買において，当該不動産が売主から第2の買主に二重に売却され，第2の買主に対し所有権移転登記がなされたときは，第2の買主は登記の欠缺を主張するにつき正当の利益を有する第三者であることはいうまでもないことであるから，登記の時に第2の買主において完全に所有権を取得するわけであるが，その所有権は，売主から第2の買主に直接移転するのであり，売主から一旦第1の買主に移転し，第一の買主から第2の買主に移転するものではなく，第1の買主は当初から全く所有権を取得しなかったことになるので，第1の買主が，その買受後不動産の占有を取得した時から時効期間を起算すべきものである（最二小判昭46・11・5民集25巻8号1087頁）。

・　占有者が，占有開始時にさかのぼって土地を原始取得し，その旨の登記を有しているときは，時効の援用により確定的に当該土地の所有権を取得したのであるから，このような場合に，起算点を後の時点にずらせて，

218

再度，取得時効の完成を主張し，これを援用することはできないため，その時効の完成後に設定された抵当権を譲り受けた者に対して対抗するため，その設定登記時を起算点とすることはできず，その抵当権の設定登記の抹消登記手続を請求することはできない（最二小判平15・10・31裁判集民211号313頁）。

【実　例】

■「年月日不詳時効取得」を登記原因とすることの可否
・　判決の主文中に時効完成日は記載されているものの，取得時効の起算日の記載がなされていない場合，登記原因及びその日付は，「年月日不詳取得時効」として申請する（登研244号68頁）。
・　農地について，時効取得を原因とする所有権移転登記申請書に「年月日不詳時効取得」とあるものは認められない（登研434号146頁）。
・　地目に関係なく，宅地であっても，「年月日不詳時効取得」を原因とする所有権移転登記申請は認められない（登研503号196頁）。

■占有を承継した場合の時効取得による登記原因の日付
　甲所有の不動産について乙が自主占有を開始し，乙の死亡後，その相続人丙が占有を承継し，乙の占有期間と丙の占有期間を併せて取得時効が完成した場合，甲から丙へ時効取得による所有権移転の登記を申請するときの登記原因の日付は，乙の占有開始の時であり，その日付は丙の出生前の日付であっても差し支えない（登研603号135頁）。

Q103 自主占有の要件を充足する占有期間の10年又は20年が経過した時は，占有者は自動的に所有権を取得するか。

　占有者は，時効を援用する必要がある。

第2章　取得時効

解説　時効は，当事者が援用しなければ，裁判所がこれによって裁判をすることができない（民145条）。

自主占有の要件を充足する占有期間が10年又は20年が経過した時に，占有者は自動的に所有権を取得するわけではなく，時効を援用することによって，占有の開始時にさかのぼって所有権を取得することになるのである（時効期間の経過により確定的にについて時効の効果が生じ，援用は訴訟における攻撃防御方法に過ぎないとする古い判例（大判明38・11・25民録11輯1581頁）もある。）。

なお，時効期間経過後にあっては援用するか否かは任意であるが，その期間経過前にあっては，時効の利益は，あらかじめ放棄することができない（民146条）。

Q104　時効取得の対象となる土地上の建物の賃借人も当該土地の取得時効を援用することができるか。

　建物の賃借人は，土地の取得時効を援用することはできない。

解説　時効を援用することができる当事者とは，時効によって直接に利益を受ける者をいう。

取得時効の援用によって所有者となるべき者（占有者）が援用をすることができることは当然であるが，土地上の建物の賃借人は，占有者の時効取得が成立しても，その受ける利益は間接的であるため，土地の取得時効を援用することはできない。

また，時効援用権者が複数いる場合でも，その一人は，自己の受けるべき利益の限度においてのみ，援用することができる（最三小判平13・7・10裁判集民202号645頁）。

第2章　取得時効

【判　例】

■取得時効の援用権者

・　時効を援用することができる当事者とは，時効によって直接に利益を受けるものに限られ，間接に利益を受けるものは含まれない（大判明43・1・25民録16輯22頁）。

・　係争土地の所有権を時効取得すべき者またはその承継人から，当該土地上に同人らが所有する建物を貸借しているにすぎない者は，当該土地の取得時効の完成によって直接利益を受ける者ではないから，当該土地の所有権の取得時効を援用することはできない（最三小判昭44・7・15民集23巻8号1520頁）。

Q105　他人に占有されている土地の所有者が占有者に対して当該土地の明渡しを求めたときは，当該取得時効は中断するか。

A　明渡しの催告から6か月以内に明渡訴訟を提起したときは，取得時効は中断する。

解説　占有によって開始した時効期間の継続は，占有者が任意に占有を中止し（単に，使用していないというだけでは占有を中止したことにはならない。），または他人に占有を奪われたときは（Q90），中断する（民164条）。

これらの取得時効の中断（自然中断）の他にも，請求，差押え，仮差押え若しくは仮処分，又は承認によっても中断（法定中断）する（民147条）。

中断した時効は，その中断の事由が終了した時から，新たにその進行を始め，また，裁判上の請求によって中断した時効は，裁判が確定した時から，新たにその進行を始めるため（民157条），いったん，取得時効が中断される

221

第2章　取得時効

と時効期間の進行が中断し，引き続き占有を継続したとしても，中断以前の期間を引き継ぐことはできなくなる。

　時効の中断を生じさせ得る請求の典型例が裁判上の請求（訴訟の提起）であるが，裁判上の請求は，訴えの却下（棄却も含まれる（大判明42・4・30民録15輯439頁）。）又は取下げの場合には，時効の中断の効力を生じない（民149条）。

　和解の申立て又は民事調停法若しくは家事事件手続法による調停の申立ては，相手方が出頭せず，又は和解若しくは調停が調わないときは，1か月以内に訴えを提起しなければ，時効の中断の効力を生ぜず（民151条），破産手続参加，再生手続参加又は更生手続参加は，債権者がその届出を取り下げ，又はその届出が却下されたときは，時効の中断の効力を生じず（民152条），差押え，仮差押え及び仮処分は，権利者の請求により又は法律の規定に従わないことにより取り消されたときは，時効の中断の効力を生じず（民154条），差押え，仮差押え及び仮処分は，時効の利益を受ける者に対してしないときは，その者に通知をした後でなければ，時効の中断の効力を生じない（民155条）。

　催告（例えば，裁判外の請求）は，6か月以内に，裁判上の請求，支払督促の申立て，和解の申立て，民事調停法若しくは家事事件手続法による調停の申立て，破産手続参加，再生手続参加，更生手続参加，差押え，仮差押え又は仮処分をしなければ，時効の中断の効力を生じない（民153条）。6か月未満の期間で催告を繰り返しても，訴訟等を提起しないならば，時効中断とはならない。

【判　例】

■取得時効中断の可否

　・　所有者を異にする相隣接地の一方の所有者甲が，境界を越えて隣接地の一部を自己の所有地として占有し，その占有部分につき時効により所有権を取得したと主張している場合において，隣接地の所有者乙が甲に対してその時効完成前に境界確定訴訟を提起していたときは，その訴えの提起により，甲の占有部分に関する所有権の取得時効は中断する（最二小判昭38・1・18民集17巻1号1頁）。

222

第2章　取得時効

・　所有権に基づく登記手続請求の訴訟において，被告が自己に所有権があることを主張して請求棄却の判決を求め，その主張が判決によって認められた場合には，その主張は，時効中断の関係においては，所有権そのものに基づく裁判上の請求に準じ，原告のための取得時効を中断する効力を生ずる（最大判昭43・11・13民集22巻12号2510頁）。

・　所有者を異にする相隣接地の一方の所有者甲が，境界を越えて隣接地の一部を自己の所有地として占有し，その占有部分につき時効により所有権を取得したと主張している場合において，隣接地の所有者乙が甲に対してその時効完成前に境界確定訴訟を提起していたときは，その訴えの提起により，甲の占有部分に関する所有権の取得時効は中断するものと解される場合であっても，土地所有権に基づいて乙が甲に対してその占有部分の明渡しを求める請求がその境界確定訴訟と併合審理されており，判決において，その占有部分についての乙の所有権が否定され，乙の甲に対する前記明渡請求が棄却されたときは，たとえ，これと同時に乙の主張するとおりに土地の境界が確定されたとしても，その占有部分については所有権に関する取得時効中断の効力は生じない（最三小判平元・3・28裁判集民156号373頁）。

・　民事執行法第50条の規定に従い不動産に対する強制競売手続において催告を受けた抵当権者がする債権の届出は，その届出に係る債権に関する「裁判上の請求」又は「破産手続参加」に該当せず，また，これらに準ずる時効中断事由にも該当しない（最二小判平元・10・13民集43巻9号985頁）。

第4編　占有権と取得時効

223

第2章　取得時効

> **Q106** 土地の占有者と地上権設定契約を締結して占有する者に対して当該土地の所有者が請求を行ったことによる時効の中断の効果は当該土地の占有者にも及ぶか。

地上権に基づく土地の占有者に対して生じた時効の中断の効果は，土地の占有者にも及ぶ。

解説　時効の中断は，その中断の事由が生じた当事者及びその承継人の間においてのみ，その効力を有する（民148条）。

土地の所有者が，その土地の占有者に対して時効取得の中断にかかる行為を行ったことによって中断が生じたときは，その効果は占有者の承継人（相続人や，占有者から土地を買い受けた者等）の範囲で及ぶことになる。

【判　例】
■時効中断の及ぶ者の範囲
・　土地の占有者と地上権設定契約を締結して占有する者に対して，当該土地の所有者が請求を行って時効が中断したとき，地上権設定により占有する者は，土地の占有者の代理占有をする者であるため，時効中断の効果は，その土地の占有者にも及ぶ（大判大10・11・3民録27輯1875頁）。
・　自作農創設特別措置法に基づき土地の買収および売渡しがされた場合にも，当該土地の売渡しを受けて占有者となったものにつき当該土地所有権の取得時効がその進行を開始しうるものというべきであり，また，その時効は，被買収者が右土地の買収計画または買収処分につき取消訴訟を提起したことによって，中断されるものではないが，ただし，取得時効の制度は，目的物件を一定期間継続して占有するという事実状態を一定の条件のもとに権利関係にまで高めようとするものであるから，占有取得の原因いかんによって，時効が進行しないものと解することはできないし，また，行政処分の取消訴訟は，行政庁を被告として提起されるものであって，当該土地の占有者である売渡しの相手方を被告として提起されるものではな

224

いから，同人に対する関係で当然に時効を中断する効力を有するものと解することはできないからであり，このことは，取消訴訟における取消判決の効力が第三者たる売渡しの相手方にも及ぶこととされていることによって，なんら影響を受けるものではない（最三小判昭47・12・12民集26巻10号1850頁）。

Q107　被保佐人が土地を占有している場合に取得時効の中断を承認するには保佐人の同意が必要か。

　被保佐人は，保佐人の同意なく，時効の中断を承認することができる。

解説　時効の中断の効力を生ずべき承認をするには，相手方の権利についての処分につき行為能力又は権限があることを要しない（民156条）。

そこで，意思能力があれば，完全な処分権限を有している必要はなく，被保佐人，被補助人は，保佐人，補助人の同意がなくても，有効に事項の承認をすることができ，これについて，保佐人，補助人は取消権を行使することはできない。

他方，この承認には，管理する権限は必要であるため，未成年者（大判昭13・2・4大民集17巻87頁）や，成年被後見人（遠藤浩＝良永和隆編『基本法コンメンタール　民法総則』（日本評論社，第6版，2012）233・234頁）は単独では完全有効な承認をすることができず，これについて，親権者，成年後見人は取消権を行使し，時効中断の効力を生じさせないことができる。

第2章　取得時効

【判　例】

■ 準禁治産者による時効中断の承認

　　時効中断の承認は，相手方が有する権利の存在を認める観念表示である
から，準禁治産者であっても保佐人の同意がなく単独にすることができる
（大判大7・10・9民録24輯1886頁）。

Q108　土地の占有者は未成年である土地の所有者に対して時効
を完成させることができるか。

A　時効の期間の満了前6か月以内の間に未成年者に法定代理人がない
ときは，未成年者が行為能力者となった時又は法定代理人が就職した
時から6か月を経過するまでの間は，時効は停止する。

解説　時効の期間の満了前6か月以内の間に未成年者又は成年被後見
人に法定代理人がないときは，その未成年者若しくは成年被後見
人が行為能力者となった時又は法定代理人が就職した時から6か月を経過す
るまでの間は，その未成年者又は成年被後見人に対して，時効は完成せず，
未成年者又は成年被後見人がその財産を管理する父，母又は後見人に対して
権利を有するときは，その未成年者若しくは成年被後見人が行為能力者と
なった時又は後任の法定代理人が就職した時から6か月を経過するまでの間
は，その権利について，時効は完成しない（民158条）。

　　土地について，他人の占有の継続により取得時効が完成しようとしている
とき，その土地が未成年者又は成年被後見人の所有であり，かつ，それらの
者に法定代理人がいないときは，有効に時効の中断を生じ得る行為をなすこ
とができないため，有効に時効の中断をなすことができるようになってから
6か月間，時効が停止される。時効の停止は，時効の中断と異なり，停止以

226

前の占有期間が無効になるわけではない。

　また，夫婦の一方が他の一方に対して有する権利については，婚姻の解消の時から6か月を経過するまでの間は，時効は完成せず（民159条），相続財産に関しては，相続人が確定した時，管理人が選任された時又は破産手続開始の決定があった時から6か月を経過するまでの間は，時効は完成せず（民160条），時効の期間の満了の時に当たり，天災その他避けることのできない事変のため時効を中断することができないときは，その障害が消滅した時から2週間を経過するまでの間は，時効は完成しない（民161条）。

【判　例】
■相続財産に関する時効の停止
　　相続財産管理人が選任される以前に，時効取得の占有期間が具備されたときであっても時効取得の対象となるが，管理人が選任されたときから6か月を経過するまでの間，時効は停止される（最二小判昭35・9・2民集14巻11号2094頁）。

 共有不動産について一人の共有持分だけを時効取得により移転登記をすることはできるか。

　　　共有者の一人についてだけであっても，時効取得による持分移転登記をすることができる。

【解説】　共有の不動産について取得時効が完成し，占有者が援用し，当該不動産の所有権を占有者に移転する登記申請は，不動産の共有者全員を登記義務者，占有者を登記権利者として所有権移転登記を共同申請するところ，その共有者の一部の者が共同申請に協力しないいときは，その者に対しては，登記請求訴訟を経て，判決による登記を占有者が単独申請す

第2章　取得時効

るほかないが，この場合であっても，その他の共有者が共同申請への協力が得られるならば，その他の共有者の共有持分についてだけ，時効取得による持分移転登記をすることができる。

【実　例】

■時効取得による持分のみの移転登記の可否

・　甲乙各2分の1の共有の不動産について，甲の持分2分の1のみを，時効取得を原因として，丙へ甲持分全部移転の登記申請（共同申請及び判決による単独申請を含む。）をすることができる（登研351号93頁）。

・　甲乙共有名義の土地について丙が時効により所有権を取得し，その登記の申請をする場合に，乙が登記手続に協力しないときは，丙甲の共同申請により時効取得により甲持分全部移転登記の申請をすることができる（登研397号83頁，登研547号145頁）。

Q110 占有者が土地の占有を開始し時効完成後に占有者が死亡したが，占有者が取得時効を援用していたときの登記手続はどのようになるか。

A 当該土地の所有権の登記名義人を登記義務者，占有者の相続人（の一人）を登記権利者として，亡占有者名義に所有権移転登記後，相続による所有権移転登記を行う。

解説 占有者が土地の占有を開始し，時効完成したが，所有権移転登記未了の間に，占有者が死亡したものの，占有者が生前に取得時効を援用していたときは，取得時効の援用によって，占有者が所有権を取得していたことになるので，一旦，当該土地の所有権の登記名義人を登記義務者，占有者の相続人（の一人）を登記権利者として，亡占有者名義に所有権

228

移転登記をすることになる。
　占有者の相続人へは，その後，相続による所有権移転登記をする。

Q111 占有者が土地の占有を開始し時効完成後に占有者が死亡し占有者の相続人の一人が取得時効を援用したときは，当該相続人の単独名義で所有権移転登記をすることはできないか。

　原則として，共同相続人の一人の単独名義で所有権移転登記をすることはできない。

解説　占有者である被相続人が完成させた取得時効について，被相続人が生前に時効の援用をしていなかったときは，占有者の相続人は，その援用をすることができる。
　ただ，各相続人が援用するできる範囲は，時効の完成により利益を受ける者は自己が直接に受けるべき利益の存する範囲に限られるため，原則として，自己の相続分の限度においてのみ取得時効を援用することしかできない。

【判　例】
■時効完成後の相続人による援用の限度
　時効の完成により利益を受ける者は自己が直接に受けるべき利益の存する限度で時効を援用することができるものと解されるので，被相続人の占有により取得時効が完成した場合において，その共同相続人の一人は，法定相続人の間で本件不動産の全部を取得する旨の遺産分割協議が成立したなどの事情があれば格別，自己の相続分の限度においてのみ取得時効を援用することができるにすぎない（最三小判平13・7・10裁判集民202号645頁）。

第2章　取得時効

【実　例】

■共同相続人の一人の単独名義による登記の可否

　昭和23年8月15日解散し，昭和24年2月14日清算結了した農業会の所有の農地について，昭和19年当時甲が占有を開始し，甲の死亡（昭和30年5月1日死亡）後，相続人4名のうち1名のみが取得者となり，登記原因を「昭和19年月日不詳時効取得」として，当時の清算人との共同申請による所有権移転登記申請は認められない（登研451号124頁）。

Q112 占有者が土地の占有を開始し時効完成前に占有者が死亡し占有者の相続人が取得時効を完成させて時効を援用していたときの登記手続はどのようになるか。

A 当該土地の所有権の登記名義人を登記義務者，占有者の相続人（の全員）を登記権利者として，占有者の相続人（の全員）名義に所有権移転登記を行う。

解説 占有者である被相続人が土地の占有を開始し，時効完成前に占有者が死亡したときは，その相続人は，新たな自己の占有を主張することも，被相続人の占有を承継し，自己の占有と通算して主張することもできる（Q77）。

　後者の場合は，占有期間を通算した結果，その相続人が取得時効を援用すると，前主の占有開始の時にさかのぼって，相続人が所有権を取得することとなる。

　したがって，この場合には，当該土地の所有権の登記名義人を登記義務者，占有者の相続人（の全員）を登記権利者として，占有者の相続人（の全員）名義に所有権移転登記を行うこととなる。

230

第２章　取得時効

Q113　占有者が土地の占有を開始する前に当該土地の所有者が死亡して，後に占有者が取得時効を完成させて時効を援用したときの登記手続はどのようになるか。

A　当該土地について相続による所有権移転登記を経て，その登記後の所有権登記名義人を登記義務者，占有者を登記権利者として，占有者名義に所有権移転登記を行う。

解　説　取得時効が完成したが，その登記原因の日である占有開始の日より前に，所有権登記名義人が死亡していたときは，その所有権登記名義人の相続人の全員が登記義務者となっても，その所有権登記名義人から占有者へ直接，時効取得による所有権移転登記をすることはできない。

すなわち，時効取得による所有権移転の日には，土地の所有権は相続人に移転しているため，相続による所有権移転登記を経てでなければ，時効取得による占有者への所有権移転登記はすることができない。

【実　例】

■占有開始前に所有者が死亡している場合の相続登記の要否

・　乙（昭和29年５月１日死亡，相続人は丙及び丁）名義の不動産について，「相手方ら（丙及び丁）は，申立人（甲）に対し，当該土地について時効取得（昭和31年６月20日が時効の起算日）により申立人のために所有権移転登記手続をせよ。」との調停調書に基づいて甲が単独で当該登記を申請する場合，甲は，丙及び丁に代位して相続による所有権移転の登記をする（登研355号92頁）。

・　甲の時効取得が完成した土地について，その時効の起算日前に，土地所有者乙が死亡していたとき，その相続登記が未了の場合には，甲の時効取得による所有権移転登記の前提として，乙の相続人への相続による所有権移転の登記をしなければならない（登研455号89頁）。

第４編　占有権と取得時効

231

第 2 章　取得時効

Q114
占有者による土地の占有開始のあと取得時効の完成までの間に，当該土地の所有者が死亡したときに占有者が時効を援用した場合の登記手続はどのようになるか。

A 所有権登記名義人（の相続人全員）を登記義務者，占有者を登記権利者として，占有者名義に所有権移転登記を行う。

なお，既に相続登記がなされているときは，現在の所有権登記名義人から，直接，占有者名義に所有権移転登記を申請することができる。

解説　占有者による土地の占有開始のあと，取得時効の完成までの間に当該土地の所有権登記名義人が死亡したときに，占有者が時効を援用した場合は，時効取得による所有権移転登記の原因の日は占有開始の日となるため，占有開始後に所有権登記名義人が死亡していても，占有開始の日においては所有権登記名義人が所有者であるため，亡所有権登記名義人から占有者へ時効取得による所有権移転登記を，占有者を登記権利者，所有権登記名義人の相続人全員を登記義務者として，時効取得による所有権移転登記をすることになる。

ただ，時効による所有権移転登記より先に，既に所有者について相続による所有権移転登記がなされている場合には，その所有権移転登記（相続登記）を抹消することなく，所有者の相続人である所有権登記名義人から占有者へ時効取得による所有権移転登記をすることもできる。

【実例】
■占有開始後，時効完成前に所有所が死亡している場合の相続登記との関係
・　昭和15年 1 月15日家督相続としてAからBに所有権移転登記，昭和36年 8 月10日相続としてBからCに所有権移転登記後，登記権利者をD，登記義務者をCとして，昭和20年 1 月10日時効取得とする所有権移転の登記の申請をすることができる（登研375号79頁）。
・　所有権の時効取得が完成した後，その登記未了のうちに所有権の登記

232

名義人につき相続が開始し，相続による所有権移転の登記がされたとき，時効取得者と相続登記を受けた所有権登記名義人の共同で，時効取得による所有権移転の登記の申請をする場合には，相続による所有権移転の登記を抹消することは要しない（登研401号159頁）。

Q115 占有者による土地の占有により取得時効が完成（援用も）した後に当該土地の所有者が死亡した場合の登記手続はどのようになるか。

A 所有権登記名義人の相続人の全員を登記義務者，占有者を登記権利者として，所有権登記名義人から占有者名義に所有権移転登記を行う。

解 説 占有者による土地の占有により取得時効が完成し，援用した後に，当該土地の所有者が死亡した場合は，土地について相続が開始する前に占有者が所有権を取得しているため，土地につき相続による所有権移転登記を経ることなく，所有権登記名義人の相続人の全員を登記義務者，占有者を登記権利者として，所有権登記名義人から占有者名義に所有権移転登記を行うこととなる。

【実　例】

■時効完成後に所有所が死亡した場合の登記手続

　甲名義の土地について乙が時効取得した後に，甲について相続が開始した場合は，甲の相続人と乙の共同申請により，甲から乙への所有権移転の登記をすることができる（登研383号92頁，登研401号159頁）。

第2章　取得時効

Q116　時効取得による所有権移転登記を不在者財産管理人が登記義務者となって申請するときは家庭裁判所の権限外行為許可書の添付を要するか。

権限外行為許可書の添付を要する。

解説　不在者の不動産，相続人不存在の不動産について，他人の取得時効が成立し，その不在者財産管理人又は相続財産管理人が登記義務者となって，時効取得による所有権移転登記を申請するには，家庭裁判所による権限外行為許可が必要とされる。

これは，不在者財産管理人又は相続財産管理人が選任されるまでの間に，取得時効が完成した場合にあっても同様である。

【実　例】
■不在者財産管理人又は相続財産管理人を登記義務者とする時効取得による所有権移転登記申請につき家庭裁判所の許可書の添付の要否
・　不在者財産管理人が登記義務者となり，時効取得を原因として所有権移転登記を申請する場合，家庭裁判所の権限外行為許可書の添付を要する（登研449号87頁）。
・　相続財産管理人が登記義務者として時効取得を原因とする所有権移転登記を申請する場合は，家庭裁判所の許可書を添付しなければならない（登研492号119頁）。
・　甲の相続人乙が不在者の場合，甲名義の不動産について，甲生存中に丙の取得時効が完成したとして，丙が登記権利者，乙の不在者財産管理人丁が登記義務者となって時効取得を原因とする所有権移転の登記を申請するときは，家庭裁判所の許可書の添付を要する（登研548号165頁）。

第2章　取得時効

Q117　贈与後に取得時効の要件を満たすときは，遺留分減殺はできないか。

　遺留分権利者に損害を加えることを知って行った贈与については，相続開始の1年以上までの贈与であっても，遺留分減殺の対象となる。

解説　遺留分は，被相続人が相続開始の時において有した財産の価額にその贈与した財産の価額を加えた額から債務の全額を控除して算定し，条件付きの権利又は存続期間の不確定な権利は，家庭裁判所が選任した鑑定人の評価に従って，その価格を定める（民1029条）。贈与は，相続開始前の1年間にしたものに限り，前記の規定によりその価額を算入するが，当事者双方が遺留分権利者に損害を加えることを知って贈与をしたときは，1年前の日より前にしたものについても，同様とする（民1030条）。

つまり，当事者双方が遺留分権利者に損害を加えることを知って行った贈与については，相続開始の1年以上までの贈与であっても，期間に関わらず，遺留分減殺の対象となるということである。

この場合，20年以上前に不動産の贈与を受けた者が，遺留分減殺に対して，不動産の時効取得をもって対抗することができるかということが問題となるが，受贈者が取得時効の要件を満たしているとしても，遺留分権利者への権利の帰属を妨げるものではないとされている。

登記をした贈与に対して遺留分減殺がなされたときは，所有権の移転又は一部移転を原則とするが，例外的に更正登記による場合もある（山野目章夫「民法・総則・9年」取引法判例研究会『（別冊NBL62号）実務　取引法判例（平成8～9年）』（商事法務研究会，2011）185頁，東広島法務研究会『補訂　実務相続登記法』（日本加除出版，2001）446頁）。

【判　例】
■取得時効の要件を満たす不動産に対する遺留分減殺
　当事者双方が遺留分権利者に損害を加えることを知って不動産の贈与を

第2章　取得時効

したときには，贈与の時期のいかんにかかわらず，その減殺請求がされれば，受贈者が取得した権利は遺留分を侵害する限度で遺留分権利者に帰属するに至るものであり，受贈者が，この贈与に基づき不動産の占有を取得し，民法第162条所定の期間，平穏かつ公然にこれを継続していたとしても，そのことは，遺留分権利者への権利の帰属を妨げる理由とはなり得ない（補足意見:贈与から相続開始までに長期間が経過した場合には，贈与が遺留分権利者を害することを知ってされたものであるという認定は，通常は困難である。最二小判平9・3・14裁時1191号18頁)。

Q118　公有地を占有し続けると時効取得の対象となるか。

　公共用財産である公有地は，原則として取得時効の対象とはならない。

解説　公共用財産である公有地は原則として，私人による時効取得の対象にはなり得ない。

ただ，黙示にせよ自主占有開始当時までに公用が廃止されているものについては，時効取得が認められる場合もある。

このような場合，時効取得に伴う所有権帰属の認定については訴訟によるほかないが，実務上，時効が完成していると認められる事例では，訴訟によらず，行政的な処理がなされることもある。

【判　例】
■公共用財産の時効取得の否定の原則事例
　・　里道敷地は，時効取得の対象とならない（大判大8・2・24民録25輯336頁）。

236

第2章　取得時効

・　官有の道路敷地は，時効取得の対象とならない（大判大10・2・1民録27輯160頁）。

・　下水敷地は，時効取得の対象とならない（大判昭4・12・11大民集8巻914頁）。

■公物について時効取得が認められる要件

・　公道が事実上，一般公衆のための道路として利用されなくなり，道路管理者も事実上管理をしていない場合は，公道であっても私人の時効取得の対象となり得るが，自主占有開始までに，公共用財産としての形態，機能をまったく喪失し，占有の継続によっても公の目的を害されることもなく，もはや公共用財産として維持すべき理由がなくなったという客観的状況が存在していなければならない（最二小判昭51・12・24民集30巻11号1104頁）。

・　国は，ある土地の寄附を受けたものとして所有の意思をもって公道敷地として占有管理していた場合には，自らその公道敷地の取得時効を援用することができる（最二小判昭42・6・9訟月13巻9号1035頁）。

・　自作農創設特別措置法の規定に基づき，政府から売渡を受けて現に耕作していた土地に対し，建設大臣が都市計画上公園と決定したとしても，市が当該土地につき直ちに現実に外見上児童公園の形態を具備させたわけではなく（公用開始行為もない。），したがって，それは現に公共用財産としてその使命を果たしているものではなく，依然としてこれにつき，その耕作占有状態が継続されてきたというのであるから，係る事実関係のもとにおいては，当該土地に対する取得時効の進行が妨げられるものとは認められない（最一小判昭44・5・22民集23巻6号993頁）。

【先　例】

■国有財産の時効取得

・　法定外公共用財産に関し，時効取得の完成を主張する者がある場合には，用途廃止に引き継いで国有財産台帳に登録したうえ，大蔵省財務局に設置された国有財産時効確認連絡会に付議し，時効が完成していると認定されるものについては，国有財産台帳から除去することができる（昭41・4・21蔵国有1305号国有財産局長通達）。

第4編　占有権と取得時効

237

第2章　取得時効

・　国有畦畔（二線引畦畔）の取得時効による土地の表示の登記申請書に添付する土地所在図，地積測量図としては，認証前の地籍調査の成果を活用して差し支えない（昭46・4・28民甲1453号民事局長通達）。

・　国有畦畔に係る取得時効の取扱いの特例について（昭55・1・10民三482号民事第三課長依命通知）。

【実　例】

■町有地の時効取得

　　町有の農地（普通財産）について，個人の為に時効取得による所有権移転登記をすることができる（登研447号84頁）。

第5編 筆界特定

第1章 概　要

Q119 筆界特定制度とはどのような制度か。

A 隣接する二つの土地の筆界の現地における位置を特定することであり（新たに筆界を創設する効力を有するものではない。），その特定を筆界特定登記官が行う制度である。

解説　筆界特定制度とは，「筆」，すなわち，一つ一つの土地である筆と筆の界を特定するための制度であり，不動産登記法の改正によって，平成18年1月20日から新たに設けられた制度である。

筆界特定制度には新たに筆界を創設する効力はなく，筆界特定登記官の筆界に関する認定判断を表示する行為としての意義がある。つまり，筆界特定は行政処分性を有しないものであり，特定がなされた筆界特定に対して取消訴訟を提起することはできず，申請方式違背等による却下の場合は除いて，特定の内容に対する審査請求も認められないということになる（不登158条）。

ただ，筆界特定によって特定された筆界は，相応の公の手続を経て，公に認定されたものであることから，高い証拠力を有し，社会的にも十分通用するものであるといえよう。仮に，後日，当該筆界について土地境界（筆界）確定訴訟が提起された場合であっても，筆界特定が適正であるならば，訴訟

第1章 概　要

においても通常は，筆界特定と同様の判決がなされるものと考えられる（後述のとおり，判決によって特定された筆界が覆されることも否定はされないが。）。

　筆界特定は，その手続としては，外部の専門家である筆界調査委員が関与し，かつ，期日など必要な手続保障を与えた上で筆界が特定される仕組みが取られている。この手続が開始するには，当事者の申請を要し，通常の表示に関する登記と異なり，職権で開始されることはない。

　登記手続と異なり，本局，支局，出張所の登記所単位で取り扱われる手続ではなく，法務局又は地方法務局で取り扱われることとなるため，筆界特定登記官や筆界調査委員はすべて本局に置かれることとなり，その管轄内すべての土地，例えば県の場合は県内すべての土地の筆界特定手続が本局において処理されることとなる。要するに，支局，出張所で筆界特定手続がなされることはないということになるが，（登記の）管轄登記所は，筆界特定書面申請の場合における申請書の提出先となるなど，筆界特定の事務に関与することがあるほか，筆界特定手続記録の保管及び公開に関する事務を行うことにはなる。

　また，筆界特定がされた場合は，その土地の登記記録に，筆界特定がされた旨が記録されることになっている。

Q120 筆界特定がされると土地境界確定訴訟や所有権確認訴訟を提起することができないか。

A 筆界特定の有無とは関係なく，土地境界確定訴訟や所有権確認訴訟を提起することができる。

　筆界特定手続は，筆界の特定のみを目的とするものであり，同じく筆界についての法的手続である土地境界確定訴訟とは異な

り，筆界を確定する手続ではなく，筆界を特定する手続であるということで，その他所有権の及ぶ範囲の紛争について解決を図る手続でもないということに留意する必要がある。筆界特定手続は，あくまでも筆界の特定のみを目的とする手続であるため，その申請が対象土地（Q128）の所有権の境界の特定その他筆界特定以外の事項を目的とするものと認められるときは却下されることとなる（不登132条1項5号）。

　土地境界（筆界）確定訴訟については，筆界特定制度の創設後も存続するため，どちらを選択するかは当事者の任意に任せられ，原則として，筆界特定手続と土地境界確定訴訟手続を併存させることができることになる。所有権確認訴訟手続についても併存させることができる。

　例えば，筆界特定がなされたが，その結果に不服のある当事者が土地境界（筆界）確定訴訟を提起することもできるし，土地境界（筆界）確定訴訟の提起後確定前に，筆界特定手続を申請することもできることになる。

　ただし，当該筆界について，筆界確定訴訟の判決が既に確定している場合は，訴えを不適法として却下したものを除いて，筆界特定の申請は却下されることとなるため（不登132条1項6号），この場合は改めて筆界特定手続を利用することはできない。

　つまり，両制度が並存しつつも，終局的には筆界確定訴訟の判決が優先するのであり，筆界特定がされた後に，当該筆界について筆界確定訴訟の判決が確定したときは，訴えを不適法として却下したものを除いて，その筆界特定は，当該判決と抵触する範囲において，その効力を失うこととなる（不登148条）。

第1章 概 要

Q121 筆界特定手続と土地境界（筆界）確定訴訟との間に特別
の規定は設けられているか。

A 筆界特定があっても，後日，土地境界（筆界）確定訴訟の判決が確
定したときは，当該筆界特定は当該判決と抵触する範囲において効力
を失うなど，土地境界（筆界）確定訴訟の確定判決が筆界特定に優先する規
定が設けられている。

解 説 筆界特定手続と土地境界（筆界）確定訴訟は並存しつつも，終
局的には筆界確定訴訟の判決が優先することになり，そのために，
次のような規定が設けられている。

(1) 申請の却下

筆界特定登記官は，……対象土地の筆界について，既に民事訴訟の手
続により筆界の確定を求める訴えに係る判決（訴えを不適法として却下した
ものを除く。）が確定しているとき……には，理由を付した決定で，筆界
特定の申請を却下しなければならない（不登132条1項6号）。

(2) 筆界確定訴訟における釈明処分の特則

「筆界特定がされた場合において，当該筆界特定に係る筆界について
民事訴訟の手続により筆界の確定を求める訴えが提起されたときは，裁
判所は，当該訴えに係る訴訟において，訴訟関係を明瞭にするため，登
記官に対し，当該筆界特定に係る筆界特定手続記録の送付を嘱託するこ
とができる。民事訴訟の手続により筆界の確定を求める訴えが提起され
た後，当該訴えに係る筆界について筆界特定がされたときも，同様とす
る」（不登147条）。

(3) 筆界確定訴訟の判決との関係

「筆界特定がされた場合において，当該筆界特定に係る筆界について
民事訴訟の手続により筆界の確定を求める訴えに係る判決が確定したと
きは，当該筆界特定は，当該判決と抵触する範囲において，その効力を

242

第1章　概　要

失う」（不登148条）。

⑷　筆界特定申請情報

　　筆界特定の申請においては，不動産登記法第131条第2項第1号から第4号まで及び前項各号に掲げる事項のほか，……申請に係る筆界について民事訴訟の手続により筆界の確定を求める訴えに係る訴訟（筆界確定訴訟）が係属しているときは，その旨及び事件の表示その他これを特定するに足りる事項……を筆界特定申請情報の内容とするものとする（不登規207条3項7号）。

> **Q122**　筆界について紛争が生じている場合にのみ筆界特定制度を利用することができるか。

A　筆界について紛争が生じている場合にのみならず，紛争というほどではないものの筆界が不明である，筆界に関する意見が食い違う，隣地所有者が行方不明で筆界の確認ができないなど，現地において筆界を特定する必要がある場合には利用することができる。

解説　不動産登記法において筆界特定制度を利用するための条件は限定されていないため，現地において筆界を明らかにする必要があれば，種々の場面で利用することができる。

　典型的な例としては，隣接地所有者間に筆界に関する紛争や意見の食い違いがあるものの訴訟以外の方法で解決したいような場合や，後日，土地境界（筆界）確定訴訟を提起する予定がある当該訴訟の前提として筆界特定制度を利用して，事前に有益な資料，証拠，特定結果を訴訟に活かしたいような場合，分筆登記や地積更正登記等を行いたい場合に隣接地所有者の同意が得られない場合，道路や水路等との境を確認したいときに対面地所有者の承諾を

第5編　筆界特定

243

第1章　概　要

求められたときにその承諾が得られない場合などが考えられる。

　その他，例えば，隣接地所有者双方において互いに筆界の位置の認識が不明確で第三者に決めてほしい場合だけでなく，筆界が不明確であった隣接地所有者間において，双方話し合いの結果，筆界の位置に関する認識が一致したときに，私文書であるいわゆる境界確認書の作成だけでなく，公の機関が作成した筆界特定書を得ておきたいような場合にも利用することができるであろう。なおこの後者には，当事者の合意した位置が必ずしも筆界であるとは限らず，結果的に別の位置が筆界として特定されることもあり得るものの，他に地積測量図等がなければ有力な資料となると思われる。

　さらに，隣接地所有者が所在不明で連絡がとれず筆界の確認ができない場合，隣接地所有者に意思能力が不十分で筆界の確認ができないときなどの場合にも利用することができなくはないと考えられる。このような場合には，隣接地について不在者財産管理人，相続財産管理人，清算人，成年後見人等が選任されて，その管理人等において筆界の確認を行うことが一般的ではあろうが，このような場合であっても，現地において筆界を明らかにする必要があれば筆界特定制度を利用することができると考える。司法書士等が土地所有者の成年後見人となったときは，通常は，その土地の筆界についての事情を詳細に知っていることは多くないことから，その土地の管理上の必要（隣接地所有者からの筆界の確認の求めの場合を含む。）から筆界を明確にしておきたい場合には，ケースによっては筆界特定制度を利用することもあり得よう。

　なお，実益の点は別とすれば，対象土地である両土地の所有権登記名義人等が同一である場合であっても筆界特定を申請することはできるだろう。

　また，「隣接土地所有者が不明時に土地の分筆等の登記を可能とするため」に特化した筆界特定制度の枠内における取組も進行しつつあり，その確立が望まれるところであるとされている（岡田潤一郎「筆界特定制度発足10年を迎えて～さらなる活用を探る～」（登情654号1頁））。

第 1 章 概 要

Q123 筆界特定を申請すると必ず筆界が特定されるか。

A 申請方式に違背する等の却下事由のない限り，一定の線で，必ず特定される。ただし，例外的に，筆界の位置の範囲によって特定されることもある。

解説 筆界特定においては，隣接する二つの土地の筆界は，その位置が線で特定されることが必要であり，そうでなければ筆界に関する問題の根本的な解消には至らない。そこで，筆界特定手続においては，登記手続と異なり，申請された内容が不動産登記法上，是か非かだけを判断するものではなく，筆界特定登記官が，当事者の主張や同意を参考にはしながらも，その有無や内容に拘束されず，筆界調査委員の意見を踏まえて，積極的に判断を示し，位置を特定しなければならないとされている（不登143条）。すなわち，申請方式に違背する等の却下事由のない限り，特定をしないということは許されず，原則的に，一定の線で特定されることとなる。

しかし，可能な限りの調査を尽くしても，現地における筆界の位置が判明しないケースも現実にはあるものと思われるため，この場合には例外的に，筆界の位置の範囲を特定すること，すなわち，「一定の線は明らかにはできないけれど，少なくとも，この範囲内に筆界がある。」という範囲を明らかにすることで筆界特定を行うことができるとされた（不登123条2号）。

なお，位置の範囲をもって特定することは，極めて例外的な取り扱いであると思われる。

第5編 筆界特定

245

第 1 章 概　要

Q124　筆界特定の手続の流れはどのようになるか。

　　おおむね，申請から始まり，筆界調査委員による調査等，意見聴取等の期日，筆界調査委員の意見の提出を経て，筆界特定登記官によって筆界特定がなされる。

解説　筆界特定制度は，おおむね，次のような流れによって進行する。
　まず，土地所有者による法務局に対する筆界特定の申請から始まり（不登131条），申請があると，却下事由に関する形式的審査があり（不登132条），さらに手続開始の公告及び通知がなされ（不登133条），そして事前に法務局から任命されているうちから筆界調査委員が指定される（不登134条）。
　筆界調査委員が指定されると，筆界調査委員による測量，実地調査，事情聴取，その他必要な事実調査がなされ（不登135条～137条），その間，当事者等による一般的な意見，資料の提出がなされることもある（不登139条）。
　それから，筆界特定登記官によって意見聴取等の期日が指定され，意見聴取等の期日においては，当事者等の意見陳述や資料提出がある（不登140条）。
　その後，筆界調査委員の意見が提出され（不登142条），それを踏まえて，最終的に筆界特定登記官によって筆界特定がなされる（不登143条）。

Q125　「筆界」とは。

　　表題登記がある1筆の土地とこれに隣接する他の土地（表題登記がない土地を含む。）との間において，当該1筆の土地が登記された時にそ

246

第1章 概 要

の境を構成するものとされた2以上の点及びこれらを結ぶ直線をいう。

解 説　「筆界」とは，表題登記がある，すなわち表題部がある1筆の土地と，これに隣接する他の土地との間において，当該1筆の土地が登記された時にその境を構成するものとされた2以上の点及びこれらを結ぶ直線をいう（不登123条1号）。

筆界は，点と直線で構成されるが，特定したい筆界で接する土地の双方とも表題部がある必要はなく，他方の土地は表題登記がない土地，つまり表題部も登記されていない全く未登記の土地があっても，少なくとも，それに隣接する一方の土地は表題登記がされていれば，その両土地間の登記された時の界は，筆界であるといえるが，他方，例えば，未登記の里道と未登記の水路との間の境は，筆界とはいえない。

筆界とは，いわゆる原始境界のことであり，土地が登記された時に定められた境界線をいい，それは，通常，明治初期に行われた地租改正事業の際に作成された地租改正図及びその後の更正図によって公示され，そのとおり登記された線に対応する現地の線のことをいう。この線は，その後，耕地整理や区画整理等があった場合を除いて現地の状況が変化していたとしても，後日，分筆・合筆がなされない限り変動はしない。つまり，筆界の基準となる「登記された時」とは，分筆又は合筆の登記がされた土地については，最後の分筆又は合筆の登記がされた時をいい，分筆又は合筆の登記がされていない土地については，当該土地が登記簿に最初に記録された時をいうことになる（達第1－1）。

筆界は，所有権の範囲の界や，占有の範囲の界とは異なる概念であることに留意する必要がある。

第5編　筆界特定

247

第1章　概　要

Q126　筆界が形成された最初の時期は。

　明治20年4月以降に，初めて登記された時であり，それ以前の地租改正等の制度によって創設された境界を承継している。

解説　原則として，初めて登記された時の境界（原始境界）が筆界であり，それは不動であるが，初めて登記された時というのは，一般には百数十年前のある時期と考えられている。

我が国で，初めて近代的な不動産登記制度が創設されたのは明治19年法律第1号の登記法であるが，この法律は明治20年4月に施行され，全国の土地が登記の対象となり，その後，明治32年には現行の不動産法に直接つながる不動産登記法が制定，施行された。

したがって，明治20年4月以降に，初めて登記された時の境界が筆界であるといえるが，この時の境界は，それ以前の地租改正等（Q139）の制度によって創設された境界を承継している。

第2章 手続の流れ

Q127 「筆界特定」とは。

A 1筆の土地及びこれに隣接する他の土地について，筆界の現地における位置を特定すること（その位置を特定することができないときは，その位置の範囲を特定すること。）をいう。

解説 「筆界特定」とは，1筆の土地及びこれに隣接する他の土地について，筆界の現地における位置を特定することをいう（不登123条2号）。

前述のとおり（Q123），例外的に線ではなく，筆界の位置を特定することができないときは，その位置の範囲を特定することも筆界特定とされている（不登123条2号括弧書き）。

Q128 「対象土地」とは。

A 筆界特定の対象となる筆界で相互に隣接する1筆の土地及び他の土地をいう。

249

第2章　手続の流れ

> 解　説

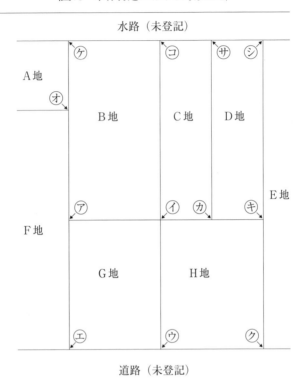

〈図15　筆界特定における対象土地〉

　筆界特定手続において「対象土地」とは，筆界特定の対象となる筆界で相互に隣接する一筆の土地及び他の土地をいう（不登123条3号）。
　図15において，G地の所有権登記名義人等が，H地との間の筆界，つまり，点イ及び点ウを結ぶ線について，筆界特定を申請した場合は，G地及びH地の両土地が対象土地と呼ばれることになる。
　要するに特定したい筆界を境界線とする二つの土地のことを両方とも対象土地というのであり，筆界特定を希望している申請人所有の土地も，その接

第2章 手続の流れ

する相手方の土地も対象土地ということになる。

　G地の所有権登記名義人等が，道路（未登記）の間の筆界である点ウ及び点エを結ぶ線について筆界特定を申請した場合は，G地及び道路（未登記）の両土地が対象土地となる。

Q129　「関係土地」とは。

　対象土地以外の土地であって，筆界特定の対象となる筆界上の点を含む他の筆界で対象土地の一方又は双方と接する土地をいう。

解説　筆界特定手続において「関係土地」とは，対象土地以外の土地であって，筆界特定の対象となる筆界上の点を含む他の筆界で対象土地の一方又は双方と接する土地をいう（不登123条4号）。

　前出図15のQ128前者（点イ及び点ウを結ぶ線について）の事例においては，B地及びC地，さらに道路（未登記）が関係土地と呼ばれ，後者（点ウ及び点エを結ぶ線について）の事例においてはH地及びF地が関係土地となる。

Q130　「所有権登記名義人等」とは。

　主に，所有権の登記名義人，所有権の登記がない土地にあっては表題部所有者，表題登記がない土地にあっては所有者をいう。

第2章　手続の流れ

解説　筆界特定手続において「所有権登記名義人等」とは，所有権の登記がある1筆の土地にあっては所有権の登記名義人，所有権の登記がない1筆の土地にあっては表題部所有者，表題登記がない土地にあっては所有者をいう（不登123条5号）。

つまり，原則として所有権の登記名義人又は表題部所有者が所有権登記名義人等ということになり，表題部も未登記の土地では実体上の所有者ということになる。

また，所有権の登記名義人又は表題部所有者に相続等が発生しているときには，それらの者の相続人その他の一般承継人も所有権登記名義人等に含まれる（不登123条5号後段）。

Q131　「関係人」とは。

　対象土地の所有権登記名義人等であって筆界特定の申請人以外のもの及び関係土地の所有権登記名義人等をいう。

解説　筆界特定の手続において「関係人」とは，対象土地の所有権登記名義人等であって筆界特定の申請人以外のもの，及び関係土地の所有権登記名義人等をいう（不登133条1項1号・2号）。

つまり，特定しようとする筆界上の点を含む土地の所有権登記名義人等のうち，申請人以外の所有権登記名義人等が関係人と呼ばれることになる。

前出図15前者の事例においては，H地，B地，C地，道路（未登記）の所有権登記名義人等が関係人と呼ばれ，後者の事例においては，H地，F地，道路（未登記）の所有権登記名義人等が関係人と呼ばれる。

なお，筆界特定の申請人所有の対象土地が共有であるとき，そのうちの1

252

名が単独で筆界特定の申請を行う際には，申請人とならないこの対象土地の他の共有者も関係人となる。

Q132 筆界特定は誰が行うか。

 筆界特定登記官が行う。

解説　筆界特定は，筆界特定登記官が行い，筆界特定登記官は登記官のうちから，法務局又は地方法務局の長に指定される（不登125条）。
　具体的には，経験年数や専門的知識の有無を考慮して，総括表示登記専門官クラスの登記官が指定されると考えられる。
　筆界調査委員が必要な調査を行い，意見を述べ，それを踏まえて筆界特定登記官が筆界特定を行うこととなる。

Q133 筆界調査委員の任務は。

 筆界特定について必要な事実の調査を行い，筆界特定登記官に意見を提出する。

第2章　手続の流れ

解　説　法務局及び地方法務局に，筆界特定について必要な事実の調査を行い，筆界特定登記官に意見を提出させるため，筆界調査委員若干人が置かれる（不登127条1項）。

筆界調査委員は，それらの職務を行うのに必要な専門的知識及び経験を有する者のうちから，法務局又は地方法務局の長によって任命され，その任期は2年（再任もあり。）で，非常勤とされる（不登127条2項〜5項）。

具体的には，土地家屋調査士が任命されることが多いと思われる。その他紛争解決の専門家として，司法書士，弁護士も任命されることもあるが，司法書士においては，簡裁訴訟代理等関係業務の認定を受けた司法書士であって，筆界確定訴訟の代理人となったことその他筆界に関する紛争解決手続に関与した等の経験を有し，その経験を通じて筆界についての知識を有するに至った者等が該当するものと考えられる。

筆界調査委員には欠格事由があり，次のいずれかに該当する者は，筆界調査委員となることができず，筆界調査委員が，そのいずれかに該当するに至ったときは，当然失職する（不登128条）。

(1) 禁錮以上の刑に処せられ，その執行を終わり，又はその執行を受けることがなくなった日から5年を経過しない者

(2) 弁護士法，司法書士法又は土地家屋調査士法の規定による懲戒処分により，弁護士会からの除名又は司法書士若しくは土地家屋調査士の業務の禁止の処分を受けた者でこれらの処分を受けた日から3年を経過しないもの

(3) 公務員で懲戒免職の処分を受け，その処分の日から3年を経過しない者

また，法務局又は地方法務局の長は，筆界調査委員が次のいずれかに該当するときは，その筆界調査委員を解任することができるとされている（不登129条）。

(1) 心身の故障のため職務の執行に堪えないと認められるとき。

(2) 職務上の義務違反その他筆界調査委員たるに適しない非行があると認められるとき。

254

第2章　手続の流れ

　なお，筆界特定の申請があったとき，具体的に対象土地の筆界特定のために必要な事実の調査を行うべき筆界調査委員は，先に任命されている筆界調査委員のうちから法務局又は地方法務局の長により指定され（不登134条1項），法務局又は地方法務局の長は，その法務局又は地方法務局の職員に，筆界調査委員による事実の調査を補助させることができるとされている（不登134条4項）。

　ただ，次のいずれかに該当する者は，具体的な申請に係る筆界調査委員に指定されることはない（不登134条2項）。

(1)　対象土地又は関係土地のうちいずれかの土地の所有権の登記名義人（仮登記の登記名義人を含む。），表題部所有者若しくは所有者又は所有権以外の権利の登記名義人若しくは当該権利を有する者

(2)　(1)に掲げる者の配偶者又は4親等内の親族（配偶者又は4親等内の親族であった者を含む。）

(3)　(1)に掲げる者の代理人若しくは代表者（代理人又は代表者であった者を含む。）又はその配偶者若しくは4親等内の親族（配偶者又は4親等内の親族であった者を含む。）

　指定を受けた筆界調査委員が数人あるときは共同してその職務を行い，また，筆界特定登記官の許可を得て，それぞれ単独にその職務を行い，又は職務を分掌することもできるとされている（不登134条3項）。

Q134　筆界特定に要する期間は。

標準処理期間が公にされている。

第2章 手続の流れ

解説 　筆界特定手続の処理に要する時間は事案によって異なることはいうまでもないが，法務局又は地方法務局の長は，筆界特定の申請がされてから筆界特定登記官が筆界特定をするまでに通常要すべき標準的な期間を定め，法務局又は地方法務局における備付けその他の適当な方法により公にしておかなければならないとされている（不登130条）。

　標準処理期間は，制度の趣旨に照らし，各地の実情に応じて，従来の境界確定訴訟の第一審の平均審理期間よりも短い期間が念頭に置かれ，具体的には通常の事件で6か月，最長でも1年程度を目標に設定されているものと思われる。

Q135　「手続番号」とは。

　1の筆界ごとに付される「平成○年第○○号」などと表示される番号で，以後の筆界特定手続を進行するうえで活用される。

解説 　筆界特定申請が受け付けられたときは，通常の受付事務のほか，手続番号が付されることとなり（不登規214条2項），以後，筆界特定手続を進行するうえで活用されることとなる。管轄登記所を経由した書面申請の場合の受付年月日は，本局へ到達した日ではなく，管轄登記所に申請書が提出された日とされる（達第4(A)54）。この手続番号は，「平成○年第○○号」などと表示されるが，手続番号は，1の筆界ごとに付されるため，複数の筆界につき一括して筆界特定の申請がなされたときは，当該申請に係る筆界特定の目的となっている筆界の数だけ手続番号が付され，1の筆界について2以上の筆界特定の申請が時を異にしてされたときは，それぞれの申請に別の手続番号が付されることとなる（達第4(A)55）。

256

第2章 手続の流れ

Q136 筆界特定申請が受け付けられたときは公告や通知が行われるか。

 管轄登記所には受付事項が通知され、筆界特定の申請がされた旨が公告され、かつ、その旨が関係人に通知される。

解説 筆界特定の申請の受付がされたときは、管轄登記所に、手続番号等の受付事項が通知され（達第4(A)58）、遅滞なく却下事由の有無が調査される（達第4(A)63）。

さらに、却下事由がないと認められるときは、筆界特定の申請がされた旨が公告され、かつ、その旨が関係人に通知される（不登133条1項）。筆界特定が行政処分に当たらないといえども、公の証明力を有することから、関係人をはじめ、広く第三者にも影響を及ぼす可能性があり、それらの者に手続保障の機会を与えるため公告、通知がなされることになる。

公告は、法務局若しくは地方法務局の掲示場その他法務局若しくは地方法務局内の公衆の見やすい場所に掲示して行う方法又は法務局若しくは地方法務局のホームページに2週間掲載する方法によってなされる（不登規217条1項）。

関係人に対する通知は、郵便、信書便その他適宜の方法により行い（不登規217条2項）、それには関係人が意見又は図面その他の資料を提出することができる旨が記載されている（不登規217条3項）。通知は、登記記録上の住所以外の場所に通知することが相当と認められる場合を除いて、登記記録に記録された住所に対しなされ、また、通知を受けるべき者が通知先を届け出たときは、当該通知先に対して通知される（達第8－138）。また、代理人があるときは、代理人（代理人が二人以上あるときは、そのうちの一人）に対して通知され、また、通知を受けるべき者が複数の場合であって代理人がいない場合、その全員又は一部の者のために通知を受ける者を指定したときは、当該指定をした者に係る通知は、当該指定を受けた者に対してなされる（達第8－139）。

第2章 手続の流れ

　関係人の所在が判明しないときは，関係人の氏名，通知をすべき事項等を記載した書面をいつでも関係人に交付する旨を対象土地の所在地を管轄する法務局又は地方法務局の掲示場に掲示することによって行うことができ，この場合においては，掲示を始めた日から2週間を経過したときに，当該通知が関係人に到達したものとみなされる（不登133条2項）。

　また，その「所在が判明しないとき」とは，登記記録その他の入手可能な資料から関係人又はその通知先を特定することができないときをいうとされている（達第8-141）。

Q137 「進行計画」とは。

 筆界特定の手続進行の目標として設定される計画をいう。

| 解　説 | 　筆界特定手続においては，まず筆界特定の手続の進行計画が策定されることになる。

　進行計画においては，標準処理期間を考慮して，事前準備調査を完了する時期，申請人及び関係人に立ち会う機会を与えて対象土地について測量又は実地調査を行う時期，意見聴取等の期日を開催する時期，筆界調査委員が意見書を提出する時期，筆界特定を行う時期等について，手続進行の目標が設定される（達第5(A)84）。

258

第2章　手続の流れ

Q138 法務局ではどのような事前準備調査を行うか。

A 筆界調査委員による調査を補助する法務局又は地方法務局の職員が，資料の収集のほか，調査図素図の作成，現況等把握調査及び論点整理等を行う。

解説 筆界特定申請の公告及び通知がされたときは，対象土地の筆界特定のために必要な事実の調査を行うべき筆界調査委員が，事前に任命された筆界調査委員のうちから法務局又は地方法務局の長により指定されが（不登134条1項），さらに，法務局又は地方法務局の長は，その法務局又は地方法務局の職員に，筆界調査委員による事実の調査を補助させることができるとされている（不登134条4項）。

そこで，調査を補助する法務局又は地方法務局の職員が，筆界調査委員による事実の調査を円滑に実施することを目的として，資料の収集のほか，必要に応じ，調査図素図の作成，現況等把握調査及び論点整理等を行うことになる（達第5(B)86）。

ここで，資料については，次のような資料の他，対象土地の調査を適確に行うための資料として筆界調査委員の指示に従い，必要な資料が収集される（達第5(B)87）。

① 管轄登記所に備え付け又は保管している登記記録，地図又は地図に準ずる図面，各種図面，旧土地台帳等

② 官庁又は公署に保管されている道路台帳，道路台帳附属図面，都市計画図，国土基本図，航空写真等

③ 民間分譲業者が保管している宅地開発に係る図面及び関係帳簿，対象土地若しくは関係土地の所有者又はそれらの前所有者等が現に保管している図面や測量図

資料収集の後は，収集された資料から得られた情報のうち，筆界特定の手

第5編　筆界特定

259

第2章　手続の流れ

続を進める上で参考となる情報（例えば，対象土地及び関係土地の登記記録上の地
積，地目，登記名義人の氏名及び分筆経緯等）を適宜の方式で不動産登記法第14条
第1項に規定する地図又は同条第4項に規定する地図に準ずる図面の写し表
示して調査図素図を作成することとなるが，土地所在図，地積測量図その他
申請人等から提供された図面を利用して調査図素図を作成しても差し支えな
いとされている（達第5(B)88）。

　現況の把握については，次の要領によって行われる（達第5(B)89）。

　ア　現地の測量又は実地調査

　イ　都道府県や市町村等の担当職員の立会いの下，道路や水路等との官民
　　境界について確認を得て街区情報の確定

　ウ　申請人又は関係人その他の者から測量図の提供があった場合において，
　　現地と照合し，現況等把握調査における測量結果に代わるものと認めら
　　れるときその他現況を把握することが可能な図面が存在するときは，ア
　　の測量を要しない。

　エ　対象土地及び関係土地その他周囲の土地の所有者又は占有者等から適
　　宜筆界特定に当たり参考となる事情（各自が主張する筆界の位置，紛争に至
　　る経緯，対象土地の過去から現在に至るまでの使用状況等）を聴取，また，現況
　　において判明している境界標等に基づく調査

　事前準備調査が終わったときは，筆界に関する論点の整理が行われ，その
争点が明確になるよう努められる（達第5(C)90）。

　筆界特定のため必要があると認めるときは，法務局又は地方法務局の長は，
関係行政機関の長，関係地方公共団体の長又は関係のある公私の団体に対し，
資料の提出その他必要な協力を求めることができる（不登138条）。これは当
事者に認められている権利ではないものの，真に必要があるときには法務局
又は地方法務局の長に対して，筆界特定登記官を通じて，関係機関に協力を
求めるべく職権発動を要請することも検討に値するといえよう。

260

第2章　手続の流れ

Q139 | 登記所に備え付けられている地図等の成立の過程は。

A 明治維新以来，地租改正等の作業によって作成された図面が公図に継承されている。また，その後，土地区画整理事業等によって作成された図面もある。

解説 　前述のとおり（Q126参照），明治20年4月以降に，初めて登記された時の境界が筆界であり，それは，それ以前の制度によって創設された境界を承継している。

明治維新後，近代国家を目指す過程において，明治政府の財政的な基盤の確立等を図るため，税制の基礎として今の固定資産税にあたる地租に求める地租改正を実施した。その作業の中で，全国の各土地の面積や地目などが明確にされていき，その結果，原始境界，すなわち筆界が創設されていったと思われる。また，旧暦の明治5年2月には太政官布告第50号で土地の売買の自由が認められて，次第に近代的な所有権も確立されていった。

地租改正以前にも，一定の土地には地券が発行されたものの，これは測量がなされないことが原則であったが，明治6年7月に太政官布告第272号で地租改正条例が公布され，それ以後，地租改正作業として全国の土地が測量され，それに基づいて1筆ごとに改正地券が発行された。

この際に作成された図面は，字図，字限図，改租図などとも呼ばれているが，現在の公図のルーツの一つにもなっている。ただ，実際には地元の村人自身が測量したものといわれており，正確性に欠けていたものが多かったため，明治20年6月には大蔵大臣から「地図更正ノ件」が発せられて，全国すべての地域ではないものの，測量がやり直されたところもあるといわれている。このとき作成された図面は更正図と呼ばれ，先の改租図や更正図は，明治22年に制定された土地台帳規則によって，土地台帳附属地図，いわゆる公図となった。この公図は，その後の不動産登記制度にも引き継がれており，

第5編　筆界特定

261

第2章　手続の流れ

つまり，一般的には，地租改正の作業の過程で筆界が創設されたことになり，現在の筆界に至っているといえるだろう。

公図は，不動産登記法第14条第4項の「地図に準ずる図面」として機能しているので，筆界を探るにはまずその筆頭となるべき資料であるが，精度において不十分なものも少なくないことは否定できない。

さらに，登記所には，不動産登記法第14条第1項の「地図」，いわゆる14条地図が備え付けられている場合もあり，これは不動産登記法の平成16年全面改正以前は17条地図と呼ばれていた。

14条地図は，公図をベースにしながらも，1筆ごとに測量し，各土地の筆界を明らかにして作成された図面であり，現地における筆界の復元が可能となるべき精度の高い地図として，筆界を特定するためには最重要の資料であることはいうまでもない。14条地図は法務局によって作成されるが，，国土調査の際の地籍調査によって作成された地籍図なども，その多くは14条地図になっている。14条地図は，原始境界や，その後に分筆された境界線である筆界を明らかにするものであり，14条地図が作成されたことによって，新たに筆界が創設されたことになるわけではなく，14条地図に示された筆界の位置が実際には異なることを証明することは難しいと思われる。

以上の他，以下のような場合にも登記所に備え付けられる図面が作成された。

そのような場合は幾つかあるが，代表的なもの一つに，耕地整理の際に測量され，作成された図面がある。これは，明治42年から昭和24年までの間の耕地整理法に基づいて，耕地が換地処分され，その結果，それまでの筆界が消滅し，新たに筆界が創設されもので，耕地整理によって作成された図面は，概ね，現在の公図として扱われている。

昭和24年からの土地改良法も同様で，農用地が換地処分され，それまでの筆界が消滅し，新たに筆界が創設され，土地改良によって作成された図面は，これも概ね，現在の公図として扱われている。

昭和29年には土地区画整理法ができ，都市計画区域内の土地について，公共施設の整備改善及び宅地の利用の増進を図るために，土地の区画形質の変

第2章　手続の流れ

更などを行う土地区画整理事業に伴って，土地が換地処分され，それまでの筆界が消滅し，新たに筆界が創設され，土地区画整理事業によって作成された図面は，精度や作成時期によって，現在の公図や，14条地図として扱われている。このような図面があるときは，新たに筆界を引き直したともいえるため，従来の地租改正を基準にしている図面ではなく，土地区画整理事業などによって示される境界線をもって筆界を判断する必要がある。

　以上のような図面が筆界を特定するための重要な資料になるため十分に事前に調査することが求められるが，図面以外にも，地租改正の際に1筆ごとに面積や地目や隣接する道や水路などを記載した帳簿，地域によっては畝順帳などといわれているが，図書館や地域の水利組合などに保存されていることもあり，それらも調査の対象とすることもある。

　なお，これらは一般論であって，現場においては，地域における筆界の創設過程や，土地の境界の確認方法についての慣習などもあり，それらも斟酌しなければ筆界が判明しない場合もあるだろう。

Q140 | 筆界調査委員はどのような調査を行うか。

A 申請人若しくは関係人又はその他の者からその知っている事実を聴取し又は資料の提出を求めることその他対象土地の筆界特定のために必要な事実の調査を行う。

解説　筆界調査委員は，対象土地又は関係土地その他の土地の測量又は実地調査をすること，筆界特定の申請人若しくは関係人又はその他の者からその知っている事実を聴取し又は資料の提出を求めることその他対象土地の筆界特定のために必要な事実の調査をすることとなるが，この

第5編　筆界特定

263

第2章　手続の流れ

場合，筆界特定が対象土地の所有権の境界の特定を目的とするものでないことに留意しなければならないとされている（不登135条）。

　それらの調査は「特定調査」と呼ばれるが，特定調査を行うに当たっては，事前準備調査の結果及び論点整理の結果を踏まえ，対象土地の測量又は実地調査を行い，筆界点となる可能性のある点の位置を現地において確認し，記録する（達第5(D)91）。

Q141 特定調査における測量又は実地調査はどのように行われるか。

A 申請人及び関係人に通知して立ち会う機会を与え，筆界を示す要素に関する測量したり，申請人又は関係人が主張する筆界の位置，その認識の一致の有無について確認するなどを行う。

解　説　対象土地について測量を実施する場合には，筆界を示す要素に関する測量し，筆界点となる可能性のある点のすべてについて，その位置を測定し，必要があると認める場合には，既存の地積測量図，申請人等が提出した測量図等に基づいて推定される筆界点について，現地において復元測量を行うことになる（達第5(D)92）。

　申請人又は関係人が特定調査に立ち会った場合において，これらの者が主張する筆界点及び筆界の位置があるときは，これを現地において確認し，また，必要に応じ，申請人又は関係人に対し，推定された筆界点について説明を行い，筆界の位置に関する認識の一致の有無について確認するものとされる（達第5(D)93）。

　これら対象土地の測量又は実地調査を行うときは，筆界調査委員は，あらかじめ，その旨並びにその日時及び場所を筆界特定の申請人及び関係人に通

264

知して，これに立ち会う機会を与えなければならないとされ，関係人の所在が判明しないときは，関係人の氏名，通知をすべき事項等を記載した書面をいつでも関係人に交付する旨を対象土地の所在地を管轄する法務局又は地方法務局の掲示場に掲示することによって行うことができ，この場合においては，掲示を始めた日から2週間を経過したときに，当該通知が関係人に到達したものとみなされるが（不登136条1項，133条2項），その「所在が判明しないとき」とは，登記記録その他の入手可能な資料から関係人又はその通知先を特定することができないときをいうとされる（達第8－141）。

　法務局又は地方法務局の長は，筆界調査委員が対象土地又は関係土地その他の土地の測量又は実地調査を行う場合において，必要があると認めるときは，その必要の限度において，筆界調査委員又は調査を補助する法務局又は地方法務局の職員に，他人の土地に立ち入らせることができる（不登137条1項）。

　一般には，筆界に関する紛争が生じているときは測量の必要があった場合であっても，紛争の相手方の所有地に立ち入ることができないが，筆界特定制度を利用することにより必要の限度において，立入調査，測量を活用することが可能となる。

　法務局又は地方法務局の長は，筆界調査委員等を他人の土地に立ち入らせようとするときは，あらかじめ，その旨並びにその日時及び場所を当該土地の占有者に通知しなければならず，宅地又は垣，さく等で囲まれた他人の占有する土地に立ち入ろうとする場合には，その立ち入ろうとする者は，立入りの際，あらかじめ，その旨を当該土地の占有者に告げなければならない。なお，日出前及び日没後においては，土地の占有者の承諾があった場合を除き，宅地又は垣，さく等で囲まれた他人の占有する土地に立ち入ってはならず，そうでないときは，土地の占有者は，正当な理由がない限り，立入りを拒み，又は妨げてはならない。立入りをする筆界調査委員等は，その身分を示す証明書を携帯し，関係者の請求があったときは，これを提示しなければならず，もし立入りによって損失を受けた者があるときは，国は，その損失を受けた者に対して通常生ずべき損失を補償しなければならないとされている（不登137条2項〜7項）。

第2章　手続の流れ

Q 142　特定調査における測量は誰が実施するか。

　筆界に関する測量を行うのに必要な専門的知見及び技術を有する者であって筆界特定登記官が相当と認める者が実施する。

解説　特定調査における測量は，筆界に関する測量を行うのに必要な専門的知見及び技術を有する者であって筆界特定登記官が相当と認める者が実施し，これは，その筆界特定手続で指定された筆界調査委員であっても差し支えないとされている（達第5(1)94）。一般には土地家屋調査士が行うことになる。

Q 143　申請人や関係人は意見や資料を提出することができるか。

　筆界特定登記官に対し，対象土地の筆界について，意見又は資料を提出することができるが，提出すべき相当の期間が定められることもある。

解説　筆界特定の申請があったときは，筆界特定の申請人及び関係人は，筆界特定登記官に対し，対象土地の筆界について，意見又は資料を提出することができ，この場合において，筆界特定登記官が意見又は資料を提出すべき相当の期間を定めたときは，その期間内にこれを提出しなければならないとされ，その提出は，電磁的方法により行うこともできることになっている（不登139条）。

266

第2章　手続の流れ

意見又は資料の提出は，次に掲げる事項を明らかにしなければならない（不登規218条1項）。

(1)　手続番号

(2)　意見又は資料を提出する者の氏名又は名称

(3)　意見又は資料を提出する者が法人であるときは，その代表者の氏名

(4)　代理人によって意見又は資料を提出するときは，当該代理人の氏名又は名称及び代理人が法人であるときはその代表者の氏名

(5)　提出の年月日

(6)　法務局又は地方法務局の表示

特に資料の提出の場合は，さらに次に掲げる事項を明らかにしてしなければならない（不登規218条2項）。

(1)　資料の表示

(2)　作成者及びその作成年月日

(3)　写真又はビデオテープ（これらに準ずる方法により一定の事項を記録することができる物を含む。）にあっては，撮影，録画等の対象並びに日時及び場所

(4)　当該資料の提出の趣旨

申請人又は関係人は，意見又は資料の提出を書面でするときは，当該書面の写し3部を提出しなければならず，筆界特定登記官は，必要と認めるときは，前項の規定により書面の写しを提出した申請人又は関係人に対し，その原本の提示を求めることができる（不登規220条）。

また，資料（情報通信の技術を利用する方法によるものを除く。）を提出した申請人又は関係人は，当該資料の還付を請求することができ，筆界特定登記官は，その請求があった場合において，当該請求に係る資料を，筆界特定をするために留め置く必要がなくなったと認めるときは，速やかに，これを還付するものとされている（不登規221条）。

なお，申請人が筆界特定の申請と同時に意見又は資料を提出する場合にお

第2章　手続の流れ

いて，筆界特定申請情報と併せて提出の際に明らかにすべき事項を明らかにした情報が提供されているときは，意見又は資料の表示がされているものと取り扱われる（達第3(B)35）。

申請人又は関係人から意見又は資料の提出があった場合には，原則として，その旨が対象土地の所有権登記名義人等に適宜の方法により通知される（達第5(F)105）。

Q144　意見や資料を代理人によって提出することができるか。

　代理人によって提出することができる。

解説　筆界特定において，申請人に代理人がある場合はもちろん，関係人に代理人があるときも，その代理人により意見又は資料を提出することが認められている（不登規218条1項4号）。

業として代理人となることができるのは，土地家屋調査士，司法書士，弁護士であるが（Q182），司法書士については，司法書士の業務範囲に属する筆界特定に関する司法書士の業務は「筆界特定の手続又は筆界特定の申請の却下に関する審査請求の手続」であり，筆界特定の申請に限られていないので（司法3条1項4号・8号），筆界特定の代理ができる司法書士は簡裁訴訟代理等関係業務の認定を受けた司法書士であって，一定の範囲内であれば（Q183），司法書士が関係人を代理して意見又は資料を提出することができる。

第 2 章　手続の流れ

Q 145　申請人及び関係人は意見又は資料の提出の他にも筆界特定登記官に対して意見を直接述べることはできるか。

　意見聴取等の期日において，意見を述べ，又は資料を提出することができる。

解説　筆界特定登記官は，筆界特定申請の公告をした時から筆界特定をするまでの間に，筆界特定の申請人及び関係人に対し，あらかじめ期日及び場所を通知して，対象土地の筆界について，意見を述べ，又は資料（電磁的記録を含む。）を提出する機会を与えなければならないとされている（不登140条1項）。

この期日が「意見聴取等の期日」と呼ばれる。

意見聴取等の期日の通知は，申請人及び関係人が対象土地の筆界について意見を述べ，又は資料を提出することができる旨を明らかにしてしなければならず（不登規223条1項），その通知をしたときは，期日前にその意見の概要を書面で提出するよう促すものとされている（達第6-112）。

Q 146　意見聴取等の期日はどこで開かれるか。

　法務局又は地方法務局，対象土地の所在地を管轄する登記所その他筆界特定登記官が適当と認める場所において開かれる。

解説　意見聴取等の期日は，法務局又は地方法務局，対象土地の所在地を管轄する登記所その他筆界特定登記官が適当と認める場所に

269

第2章　手続の流れ

おいて開かれる（不登規222条）。

　具体的には，申請人，関係人等の便宜，意見を聴取するに当たって現場での指示を要するか否か等を勘案し，法務局又は地方法務局の庁舎，対象土地の所在地を管轄する登記所の庁舎，現地等適切な場所が選定されることとなる（達第6－110）。

Q147　意見聴取等の期日はいつ開かれるか。

筆界特定をするまでに開かれる。

解説　　筆界特定登記官は，筆界特定をするまでであれば，いつでも意見聴取等の期日を設定することができるが，その日時を定めるに当たっては，申請人又は関係人が意見陳述又は資料の提出のための準備に要する期間等が勘案されることになっている（達第6－109）。

　同一の日時に2以上の申請人及び関係人に係る期日を同時に開くことも認められ（達第6－111），あるいは別々に開くこともできる。必要があれば，複数回の期日を設けることも可能である。

270

第2章 手続の流れ

Q148 意見聴取等の期日において意見又は資料を提出するにはどのようにすればよいか。

 期日において意見を述べることができる他，期日までに提出するときと同様の方法で資料を提出することができる。

解 説 申請人又は関係人は意見聴取等の期日において意見を述べることができる他（不登140条1項），資料を提出することもでき，その提出は，期日までに提出するときと同様の方法によらなければならない（不登規225条）。

期日において申請人又は関係人から意見又は資料の提出があった場合には，原則として，その旨が対象土地の所有権登記名義人等に適宜の方法により通知される（達第5(F)105）。

もちろん，期日においても申請人又は関係人が意見を述べ，資料を提出することを代理人によってすることができる（Q144）。

Q149 意見聴取等の期日においては申請人及び関係人以外の者が陳述することはできないか。

 参考人として陳述することができる場合がある。

解 説 筆界特定登記官は，意見聴取等の期日において，適当と認める者に，参考人としてその知っている事実を陳述させることができるとされている（不登140条2項）。

271

第2章　手続の流れ

　具体的には，例えば，対象土地の所有権登記名義人等であった者や，対象土地周辺の宅地開発を行った者，鑑定人（植生，地質等について筆界特定登記官の命を受けて鑑定を行った者）等が参考人となり得ると考えられている（達第6－115）。

Q150　意見聴取等の期日は公開されているか。

A　期日は公開されていない。ただし，一定の場合には，傍聴が許される場合がある。

解説　筆界特定の意見聴取等の期日は，裁判と異なり，一般に公開はされていない。ただし，筆界特定登記官は，適当と認める者に意見聴取等の期日の傍聴を許すことができることになっている（不登規224条3項）。
　傍聴が許される適当と認める者とは，例えば，次に掲げる者であって，その傍聴によって手続を行うのに支障を生ずるおそれがないと認められるものをいう（達第6－114）。
(1)　申請人又は関係人の親族若しくは同居者又はこれらに準ずる者
(2)　(1)以外の者であって，その者が傍聴することについて期日に出席した申請人及び関係人がいずれも異議を述べなかったもの

第2章　手続の流れ

Q151 意見聴取等の期日における筆界調査委員及び筆界特定登記官の役割は。

A 筆界調査委員は期日に立ち会うなど，及び筆界特定登記官は質問，発言を許可したり，期日の秩序を妨げるものを退去させたりすることができる。

解　説 筆界調査委員は，意見聴取等の期日に立ち会うものとされ，この場合において，筆界調査委員は，筆界特定登記官の許可を得て，筆界特定の申請人若しくは関係人又は参考人に対し質問を発することができる（不登140条3項）。

　筆界特定登記官は，参考人の陳述許可，傍聴許可，筆界調査委員の質問許可，申請人又は関係人の質問許可のほか，意見聴取等の期日において，発言を許し，又はその指示に従わない者の発言を禁ずることができ，意見聴取等の期日の秩序を維持するため必要があるときは，その秩序を妨げ，又は不穏な言動をする者を退去させることができる（不登規224条1項・2項）。

　意見聴取等の期日において申請人又は関係人は自己の意見を述べることができるが，筆界特定登記官は，2以上の申請人及び関係人に係る意見聴取等の期日を同時に開いた場合において，手続を行うのに支障を生ずるおそれがないと認められるときは，当該期日において，申請人若しくは関係人又はその代理人に対し，他の申請人又は関係人に質問することを許すことができる（達第6－113）。

第5編　筆界特定

273

第2章　手続の流れ

> **Q 152**　意見聴取等の期日における記録は公開されるか。

　筆界特定の申請人に対する通知がされるまでの間，申請人及び関係人は閲覧を請求することができる。

解説　筆界特定登記官は，意見聴取の期日の経過を記載した調書を作成し，当該調書において当該期日における筆界特定の申請人若しくは関係人又は参考人の陳述の要旨を明らかにしておかなければならず（不登140条4項），その調書は，期日ごとに作成するものとし，2以上の申請人又は関係人に係る意見聴取等の期日を同時に開いた場合にも，1通の調書を作成するものとされている（達第6－117）。

調書には，次の事項が記録される（不登規226条1項）。
(1)　手続番号
(2)　筆界特定登記官及び筆界調査委員の氏名
(3)　出頭した申請人，関係人，参考人及び代理人の氏名
(4)　意見聴取等の期日の日時及び場所
(5)　意見聴取等の期日において行われた手続の要領（陳述の要旨を含む。）
(6)　その他筆界特定登記官が必要と認める事項

調書は，申請人，関係人又は参考人の陳述をビデオテープその他の適当と認める記録用の媒体に記録し，これをもって調書の記録に代えることができ，また，書面，写真，ビデオテープその他筆界特定登記官において適当と認めるものを引用し，筆界特定手続記録に添付して調書の一部とすることができる（不登規226条2項・3項）。

調書の公開については，筆界特定の申請人及び関係人は，筆界特定の申請人に対する通知がされるまでの間，筆界特定登記官に対し，当該筆界特定の手続において作成された調書及び提出された資料の閲覧を請求することができ，この場合において，筆界特定登記官は，第三者の利益を害するおそれが

第2章　手続の流れ

あるときその他正当な理由があるときでなければ，その閲覧を拒むことができない（不登141条1項）。

　調書等の閲覧を請求するときは，手続番号等を記載した閲覧請求書を法務局又は地方法務局に提出する方法によりしなければならないとされ（不登規227条5項），筆界特定登記官は，閲覧についての日時及び場所を指定することができ（不登141条2項），閲覧は，筆界特定登記官又はその指定する職員の面前ですることになる（不登規228条1項）。

Q153　筆界特定はいつ，どのようになされるか。

A 筆界調査委員による意見書の提出を経て，筆界特定登記官が，その意見を踏まえ，関連する事情を総合的に考慮して，対象土地の筆界特定をする。

解説 筆界特定は筆界特定登記官によりなされるが，そのためには，まず，筆界調査委員が筆界特定登記官に対し意見が提出されることが前提となる。

　筆界調査委員は，意見聴取等の期日の後，対象土地の筆界特定のために必要な事実の調査を終了したときは，遅滞なく，筆界特定登記官に対し，対象土地の筆界特定についての意見を提出しなければならず（不登142条），それまでの間でも，筆界特定登記官は，筆界調査委員に対し，事実の調査の経過又は結果その他必要な事項について報告を求めることができることになっている（不登規229条）。

　意見は，意見書（電磁的記録を含む。）をもって提出され（不登規230条），意見書には意見及び理由を明らかにしなければならず，複数の筆界調査委員の意

第2章　手続の流れ

見が一致する場合は連名で作成することができることになっている（達第7
122）。

　筆界特定登記官は，筆界調査委員の意見が提出されたときは，その意見を
踏まえ，登記記録，地図又は地図に準ずる図面及び登記簿の附属書類の内容，
対象土地及び関係土地の地形，地目，面積及び形状並びに工作物，囲障又は
境界標の有無その他の状況及びこれらの設置の経緯その他の事情を総合的に
考慮して，対象土地の筆界特定をし，その結論及び理由の要旨を記載した筆
界特定書を作成（電磁的記録による作成を含む。）しなければならないことになり，
筆界特定書においては，図面及び図面上の点の現地における位置を示す一定
の方法により，筆界特定の内容を表示しなければならないとされている（不
登143条）。

　筆界特定がなされたときは，筆界特定登記官は，遅滞なく，筆界特定の申
請人に対し，筆界特定書の写しを交付する方法により当該筆界特定書の内容
を通知するとともに，筆界特定をした旨を公告し，かつ，関係人に通知する
ことになる（不登144条1項）。関係人の所在が判明しないときは，関係人の氏
名，通知をすべき事項等を記載した書面をいつでも関係人に交付する旨を，
対象土地の所在地を管轄する法務局又は地方法務局の掲示場に掲示すること
によって行うことができ，この場合においては，掲示を始めた日から2週間
を経過したときに，当該通知が関係人に到達したものとみなされるが（不登
144条1項，133条2項），その所在が判明しないときとは，登記記録その他の入
手可能な資料から関係人又はその通知先を特定することができないときをい
うとされる（達第8－141）。

276

第2章 手続の流れ

Q154 筆界特定書にはどのような事項が記録されるか。

 手続番号，不動産所在事項及び不動産番号，結論，理由の要旨などが記録される。

解説 筆界特定書には，次に掲げる事項が記録され，筆界特定登記官は，書面をもって筆界特定書を作成するときは，筆界特定書に職氏名を記載し，職印を押印しなければならない（不登規231条1項・2項）。

(1) 手続番号
(2) 対象土地に係る不動産所在事項及び不動産番号（表題登記がない土地にあっては，不動産登記法第34条第1項第1号に掲げる事項（土地の所在する市，区，郡，町，村及び字）及び当該土地を特定するに足りる事項）
(3) 結論
(4) 理由の要旨
(5) 申請人の氏名又は名称及び住所
(6) 申請人の代理人があるときは，その氏名又は名称
(7) 筆界調査委員の氏名
(8) 筆界特定登記官の所属する法務局又は地方法務局の表示

筆界特定において作成される図面（Q158）には，次に掲げる事項が記録される（不登規231条4項）。

(1) 地番区域の名称
(2) 方位
(3) 縮尺
(4) 対象土地及び関係土地の地番
(5) 筆界特定の対象となる筆界又はその位置の範囲
(6) 筆界特定の対象となる筆界に係る筆界点（筆界の位置の範囲を特定すると

277

第2章 手続の流れ

きは,その範囲を構成する各点。)間の距離
(7) 境界標があるときは,当該境界標の表示
(8) 測量の年月日

また,その図面上の点の現地における位置を示す方法としては,国土調査法施行令第2条第1項第1号に規定する平面直角座標系の番号又は記号及び基本三角点等に基づく測量の成果による筆界点の座標値とされ,ただし,近傍に基本三角点等が存しない場合その他の基本三角点等に基づく測量ができない特別の事情がある場合にあっては,近傍の恒久的な地物に基づく測量の成果による筆界点の座標値とされている(不登規231条5項)。

筆界特定書に誤記その他これに類する明白な誤りがあるときは,筆界特定登記官は,いつでも,当該筆界特定登記官を監督する法務局又は地方法務局の長の許可を得て,更正することができ,その場合は,申請人に対し,更正の内容を通知するとともに,更正した旨を公告し,かつ,関係人に通知しなければならず(不登規246条),さらに更正書を管轄登記所に送付しなければならないとされている(達第7-135)。ここで,明白な誤りとは,誤記その他これに類する明白な表現上の誤りを指す(達第7-134)。

Q155 筆界特定は筆界調査委員の意見に拘束されるか。

 筆界特定登記官が筆界特定は筆界調査委員の意見を踏まえるものの,最終的には筆界特定登記官の独自の判断で筆界特定がなされる。

解説 筆界特定登記官は,筆界調査委員の意見を尊重する義務はあるが,それに絶対的に拘束されるわけではなく,独自の責任で判断することができる。

第2章 手続の流れ

　つまり，筆界特定登記官は，筆界調査委員の意見を踏まえるものの，登記記録，地図又は地図に準ずる図面及び登記簿の附属書類の内容，対象土地及び関係土地の地形，地目，面積及び形状並びに工作物，囲障又は境界標の有無その他の状況及びこれらの設置の経緯その他の事情を総合的に考慮して，筆界特定を行うのである（不登143条1項）。

　ただ，筆界調査委員の意見が合理的である場合はその意見と異なる判断は問題であろうし，反対に，筆界調査委員の意見が不合理であり，かつ，十分な調査が尽くされていないと思われる場合は，筆界調査委員に対して再度の調査を命ずることができると考えられている。

Q156　筆界特定がなされたときは登記記録にはどのような事項が記録されるか。

対象土地の登記記録に筆界特定がされた旨が記録される。

解説　　筆界特定がされた筆界特定手続記録又は筆界特定書等の写しの送付を受けた登記所の登記官は，対象土地の登記記録に，筆界特定がされた旨を記録しなければならず（不登規234条），その場合は，対象土地の登記記録の地図番号欄に「平成○年○月○日筆界特定（手続番号平成○年第○○号）」と記録する（達第11(C)162）。これにより，登記記録と筆界特定の情報を結びつけることができることになる。

　甲土地から乙土地を分筆する分筆の登記をする場合において，甲土地の登記記録に筆界特定がされた旨の記録があるときは，これを乙土地の登記記録に転写するものとし，甲土地を乙土地に合筆する合筆の登記をする場合において，甲土地の登記記録に筆界特定がされた旨の記録があるときは，これを

279

第2章　手続の流れ

乙土地の登記記録に移記するものとされる（達第11(C)163）。

Q157　筆界特定がなされたときは境界標が設置され，地積更正登記等がなされるか。

 筆界特定に伴って登記官の職権で境界標が設置されたり，地積更正登記等がなされたりすることはない。

解説　筆界特定がなされても，一般の表示に関する職権登記の場合を除いて，地積更正登記や地図訂正を連動して行う旨の特別の規定は設けられていないため，登記官が職権で地積更正登記を行うことはない。

関連する登記が必要とされる場合は，申請人においてそれらを申請して，なるべく登記をして正確を期しておくことが望ましいといえよう。

地図訂正を要する場合も同様であろう。

また，筆界特定がなされても，現地における筆界の位置は図面において示されるだけで，境界標を設置しなければならない旨の特別の規定は設けられていないので，法務局において登記官が職権で境界標を設置することはない。

ただ，できるだけ永続性のある境界標を設置することは将来のためにも望ましいといえるため，筆界特定の際には，申請人及び関係人に対し，永続性のある境界標を設置する意義及びその重要性について，適宜の方法により説明がなされることもあろう。

第2章 手続の流れ

Q158 筆界特定の手続の記録は公開されるか。

　筆界特定に関する記録は対象土地の所在地を管轄する登記所において保管され，一定のルールに基づいて公開される。

解説　筆界特定の手続が終了したときは，遅滞なく，対象土地の所在地を管轄する登記所に筆界特定手続記録が送付され（不登規233条1項），筆界特定の申請人に対する通知がされた場合における筆界特定の手続の記録（筆界特定手続記録）は，対象土地の所在地を管轄する登記所において保管される（不登145条）。

筆界特定手続記録の保存期間は，次のとおりである（不登規235条1項）。

(1) 筆界特定書に記載され，又は記録された情報は，永久
(2) 筆界特定書以外の筆界特定手続記録に記載され，又は記録された情報は，対象土地の所在地を管轄する登記所が筆界特定手続記録の送付を受けた年の翌年から30年間

筆界特定手続記録の公開については，写しの交付請求と閲覧請求とがある。
前者について，何人も，登記官に対し，手数料を納付して，筆界特定手続記録のうち筆界特定書又は次の図面の全部又は一部の写しの交付を請求することができ（不登149条1項），その請求は，手続番号等を記載した交付請求書をもって請求しなければならない（不登規238条1項，239条）。この場合，写しの交付を請求することができる図面は，筆界調査委員が作成した測量図その他の筆界特定の手続において測量又は実地調査に基づいて作成された図面（筆界特定図面を除く。不登令21条2項。）であり，申請人又は関係人等が提出した図面は含まない（達第11(B)158）。

後者について，何人も，登記官に対し，手数料を納付して，筆界特定手続記録の閲覧を請求することができるが，筆界特定書等以外のものについては，

281

第2章　手続の流れ

請求人が利害関係を有する部分に限られるため（不登149条2項），その閲覧の請求をするときは，利害関係を有する理由及び閲覧する部分等を記載した閲覧請求書をもって請求しなければならない（不登規238条2項，239条）。

公開に係る手数料については，次のとおりである（登記手数料令9条）。

(1)　筆界特定書の全部又は一部の写し（筆界特定書が電磁的記録をもって作成されているときは，当該記録された情報の内容を証明した書面）の交付についての手数料は，1通につき550円。ただし，1通の枚数が50枚を超えるものについては，550円にその超える枚数50枚までごとに100円を加算した額。

(2)　筆界特定の手続において測量又は実地調査に基づいて作成された図面（筆界図面を除く。）の全部又は一部の写し（当該図面が電磁的記録をもって作成されているときは，当該記録された情報の内容を証明した書面）の交付についての手数料は，1図面につき450円。

(3)　筆界特定手続記録（電磁的記録にあっては，記録された情報の内容を法務省令で定める方法により表示したもの）の閲覧についての手数料は，1手続に関する記録につき400円。

Q159　筆界特定の手続途中に代理人が選任されたときは，何らかの届出が必要か。

A　当該代理人の権限を証する情報を法務局又は地方法務局に提供しなければならない。

解説　筆界特定の申請がされた後，申請人又は関係人が代理人を選任した場合（当該代理人が支配人その他の法令の規定により筆界特定の手続において行為をすることができる法人の代理人である場合であって，当該申請を受けた法務局又は地方法務局が，当該法人についての当該代理人の登記を受けた登記所であり，か

第2章　手続の流れ

つ，特定登記所に該当しないときを除く。）における当該代理人の権限は，委任状
その他の代理権限証明情報が記載された書面の提出により確認するものとする（不登規243条3項，達第3(B)28）。

Q160 筆界特定の手続途中に申請人等に変動が生じたときは，以後の手続に影響があるか。

A 申請人の一般承継の場合，手続はそのまま進行し，特定承継の場合は地位承継申出がなければ却下される。新たに対象土地又は関係土地の所有権登記名義人等となった者は，関係人として取り扱われる。

解説　まず，筆界特定の申請がされた後，筆界特定の手続が終了する前に申請人が死亡したとき又は合併により消滅したときは，申請人の相続人その他の一般承継人が申請人の地位を承継したものとして，筆界特定の手続を進めることとなり（達第3(D)49），筆界特定の申請がされた後，筆界特定の手続が終了する前に対象土地の所有権登記名義人等でなくなった場合には，当該申請は，申請の権限を有しない者の申請として却下されることとなるが，その特定承継人から，地位承継申出書による申出があったときは，特定承継人が筆界特定の申請人の地位を承継するものとして，筆界特定の手続を進めることとなり，この場合，既に当該承継に係る申請人に係る意見聴取等の期日が開かれていたときも，改めて意見聴取等の期日を開くことを要しないとされている（達第3(D)50）。特定承継があった場合において，特定承継人から地位承継申出書による申出がないときは，当該特定承継人が申請人の地位を承継しない意思を明らかにしているときを除き，当該特定承継に係る申請を直ちに却下することなく，相当期間を定めて地位承継申出書を提出する機会が与えられる（達第3(D)51）。

第5編　筆界特定

283

第2章　手続の流れ

　筆界特定の申請がされた後，筆界特定の手続が終了する前に新たに対象土地又は関係土地の所有権登記名義人等となった者（申請人の一般承継人及び申請人の特定承継人であって申請人の地位を承継したものを除く。）は，以後，関係人として取り扱われることになる（達第3(D)52）。

　対象土地又は関係土地について一般承継があった場合において，当該一般承継を原因とする所有権の移転の登記がされていないときは，相続人その他の一般承継人は一般承継を証する情報を提供し，また，表題登記がない対象土地又は関係土地について特定承継があった場合には，特定承継人は所有権を有することを証する情報を提供することになる（達第3(D)53）。

284

第3章　申請方法

第3章 申請方法

Q161 | 筆界特定申請の申請先はどこか。

当該対象土地所在地を管轄する法務局又は地方法務局の本局に対して申請する。なお，対象土地の所在地を管轄する登記所を経由して申請することもできる。

解説　土地の所有権登記名義人等は，筆界特定登記官に対し，当該土地とこれに隣接する他の土地との筆界について，筆界特定の申請をすることができ（不登131条1項），その申請は，筆界特定の事務をつかさどる対象土地の所在地を管轄する法務局又は地方法務局（不登124条1項）の本局に対して行うことになる。

ただ，対象土地の所在地を管轄する登記所を経由して申請することができるため（不登規211条7項），登記の場合の管轄である支局又は出張所に筆界特定申請書を提出することもできる。

Q162 | 誰が筆界特定を申請することができるか。

特定したい筆界に接している土地の所有権登記名義人等が申請することができる。

第5編　筆界特定

285

第3章　申請方法

解説　　土地の所有権登記名義人等は，筆界特定登記官に対し，当該土地とこれに隣接する他の土地との筆界について，筆界特定の申請をすることができる（不登131条1項）。つまり，筆界特定は，特定したい筆界に接している土地の所有権登記名義人等のみが申請することができるということであり，土地の所有権登記名義人等とは，所有権の登記がある1筆の土地にあっては所有権の登記名義人，所有権の登記がない1筆の土地にあっては表題部所有者，表題登記がない土地にあっては所有者をいう（Q130）。所有権登記名義人等であれば，1筆の土地の所有権の登記名義人若しくは表題部所有者が二人以上あるとき又は表題登記がない土地が共有であるときの当該各所有権の登記名義人若しくは表題部所有者又は共有者の一人であっても，単独で筆界特定の申請をすることができる（達第3(A)16）。

　地上権者，賃借権者，抵当権者等は，所有権登記名義人等ではないことは明らかであり，筆界特定の申請をすることができず，また，それらの者が，債権者代位の方法によっても申請することはできないと解されている。

　所有権に関する仮登記の登記名義人も所有権登記名義人等には含まれないので（達第1-5），筆界特定を申請することはできない。

　もし，申請人が所有権の登記名義人又は表題部所有者である場合において，筆界特定申請情報中の申請人の氏名若しくは名称又は住所が登記記録と合致しないときは，筆界特定添付情報として，所有権の登記名義人又は表題部所有者の氏名若しくは名称又は住所についての変更又は錯誤若しくは遺漏があったことを証する市町村長，登記官その他の公務員が職務上作成した情報（公務員が職務上作成した情報がない場合にあっては，これに代わるべき情報）を提供すれば（不登規209条1項6号），登記記録を変更・更正せずに筆界特定の申請をすることができる（達第3(B)21）。

286

第3章　申請方法

Q163 土地の一部の所有権を取得した者は筆界特定を申請することができるか。

A 土地の一部の所有権を取得した者も筆界特定を申請することができる。

解説 　1筆の土地の一部の所有権を取得した者も，当該土地を対象土地の所有権登記名義人等に該当するため，筆界特定の申請をすることができる（不登規207条2項5号）。1筆の土地の一部の所有権を取得した原因は問わず，例えば，1筆の土地の一部を時効取得した者，1筆の土地の一部の所有権を売買その他の原因により承継取得した者のいずれも，1筆の土地の一部の所有権を取得した者として申請をすることができる。この場合，申請人が所有権を取得した土地の部分が筆界特定の対象となる筆界に接していることを要しない（達第3(A)14）。

Q164 隣接していない土地間にあっては筆界特定を申請することができないか。

A 相互に隣接していると認められない土地間にあっては筆界特定を申請することはできない。

解説 　筆界特定とは，1筆の土地及びこれに隣接する他の土地について，筆界の現地における位置を特定することをいう（Q127）。
　つまり，筆界特定は隣接する二つの土地の間の筆界を特定することであるから，申請に係る二つの土地が現地において相互に隣接していると認められ

287

第3章 申請方法

ない申請はすることができない（達第3(A)15）。

Q165 東日本大震災の復興に関連して筆界特定の申請者について特例は設けられていないか。

　原則として，土地収用法の事業認定等，所有者の承諾を要件として，復興整備事業の施行者による筆界特定の申請が認められている。

解説　筆界特定は，対象土地の所有権登記名義人等の申請を要するところ，復興特別区域法に基づく復興特区制度においては特例措置が設けられている。

これは，東日本大震災復興特別区域法第46条第6項の規定により公表された復興整備計画に記載された復興整備事業（土地収用法，公共用地の取得に関する特別措置法又は都市計画法の事業）の実施主体が，不動産登記法第131条第1項の規定にかかわらず，筆界特定登記官に対し，1筆の土地（復興整備事業の実施区域として定められた土地の区域内にその全部又は一部が所在する土地に限る。）とこれに隣接する他の土地との筆界について，筆界特定の申請をすることができるという特例である（東日本大震災復興特別区域法73条1項）。

この場合は，対象土地の所有権登記名義人等の承諾がある場合に限り，申請することができるが，当該所有権登記名義人等のうちにその所在が判明しない者がある場合は，その者の承諾を得ることを要しない（東日本大震災復興特別区域法73条2項）。

第3章 申請方法

Q166 筆界特定申請書にはどのような事項を記載するか。

 申請の趣旨，筆界特定の申請人の氏名又は名称及び住所，対象土地の表示等を記載する。

解説 筆界特定申請書には，次に掲げる事項を記載しなければならない（不登131条2項）。

(1) 申請の趣旨
(2) 筆界特定の申請人の氏名又は名称及び住所
(3) 対象土地に係る土地の所在する市，区，郡，町，村及び字並びに地番
   （表題登記がない土地にあっては，土地の所在する市，区，郡，町，村及び字）
(4) 対象土地について筆界特定を必要とする理由
(5) 前各号に掲げるもののほか，法務省令で定める事項

法務省令で定める事項は，次のとおりである（不登規207条2項）。
(1) 筆界特定の申請人が法人であるときは，その代表者の氏名
(2) 代理人によって筆界特定の申請をするときは，当該代理人の氏名又は名称及び住所並びに代理人が法人であるときはその代表者の氏名
(3) 申請人が所有権の登記名義人又は表題部所有者の相続人その他の一般承継人であるときは，その旨及び所有権の登記名義人又は表題部所有者の氏名又は名称及び住所
(4) 申請人が1筆の土地の一部の所有権を取得した者であるときは，その旨
(5) 対象土地が表題登記がない土地であるときは，当該土地を特定するに足りる事項
(6) 工作物，囲障又は境界標の有無その他の対象土地の状況

第5編 筆界特定

289

第3章　申請方法

　さらに，次の事項を筆界特定申請情報の内容とするものとされる（不登規207条3項）。

(1)　申請人又は代理人の電話番号その他の連絡先

(2)　関係土地に係る不動産所在事項又は不動産番号（表題登記がない土地にあっては，土地の所在する市，区，郡，町，村及び字及び当該土地を特定するに足りる事項（例えば，「何番地先」等といった土地の表示のほか，図面を利用する等の方法により具体的に明示された現地の状況により確認する方法をとる（達第3(B)29)))。

(3)　関係人の氏名又は名称及び住所その他の連絡先

(4)　工作物，囲障又は境界標の有無その他の関係土地の状況

(5)　申請人が対象土地の筆界として特定の線を主張するときは，その線及びその根拠

(6)　対象土地の所有権登記名義人等であって申請人以外のものが対象土地の筆界として特定の線を主張しているときは，その線

(7)　申請に係る筆界について民事訴訟の手続により筆界の確定を求める訴えに係る訴訟（筆界確定訴訟）が係属しているときは，その旨及び事件の表示その他これを特定するに足りる事項

(8)　筆界特定添付情報の表示

(9)　不動産登記法第139条第1項の規定により提出する意見又は資料があるときは，その表示

(10)　筆界特定の申請の年月日

(11)　法務局又は地方法務局の表示

　申請人又はその代表者若しくは代理人は，筆界特定申請書に署名し，又は記名押印しなければならず（不登規211条2項），委任による代理人によって筆界特定の申請をする場合には，申請人又はその代表者は，委任状に署名し，又は記名押印（復代理人によって申請する場合における代理人についても同様）しなければならない（不登規211条4項）。なお，申請書又は委任状に申請人の印鑑証明書を添付する必要はない（達第3(C)45)。

290

第3章　申請方法

　筆界特定申請書は，登記申請と同様，窓口申請のほか，書留郵便等により送付して提出することができる（不登規212条）。

> **Q167**　筆界特定申請書に記載すべき「申請の趣旨」はどのような内容か。

　「……甲地と乙地との筆界について，筆界の特定を求める。」となる。

解説　「申請の趣旨」とは，筆界特定登記官に対し対象土地の筆界の特定を求める旨の申請人の明確な意思の表示をいい，申請の趣旨が，筆界以外の占有界や所有権界の特定を求めるものや，筆界を新たに形成することを求めるものは，適法なものとはいえず，却下される（達第3(B)19）。
　具体的には，「……甲地と乙地との筆界について，筆界の特定を求める。」とすべきである。

> **Q168**　筆界特定申請書に記載すべき「対象土地について筆界特定を必要とする理由」はどのような内容か。

　筆界特定の申請に至る経緯その他の具体的な事情をいう。

第3章 申請方法

解説　「対象土地について筆界特定を必要とする理由」とは，筆界特定の申請に至る経緯その他の具体的な事情をいう（不登規207条1項）。

例えば，工作物等の設置の際，隣接地所有者と筆界の位置につき意見の対立が生じたことや，隣接地所有者による筆界の確認や立会いへの協力が得られないこと等の具体的な事情がこれに該当し，筆界特定を必要とする理由が明らかでない申請は却下される（達第3(B)30）。

対象土地について筆界特定を必要とする理由，それにより筆界特定登記官において速やかに事案の概要が把握でき，それにより円滑に処理がなされるためにも，できるだけ詳しく事情を書くことが望ましい（具体的記載は，東京法務局不動産登記部門地図整備・筆界特定室『筆界特定事例集2』（日本加除出版，2014）9・10頁参照。）。

Q169　筆界特定申請書に記載すべき「工作物，囲障又は境界標の有無その他の対象土地の状況」はどのように明示するか。

図面を利用する等の方法により，現地の状況を具体的に明示する。

解説　「工作物，囲障又は境界標の有無その他の対象土地の状況」は，図面を利用する等の方法により，現地の状況を具体的に明示するものとされている（不登規207条4項）。この場合の図面については，測量図に限られず，既存の図面類を利用して作成されたものであっても差し支えない（達第3(B)36）。

関係土地に係る工作物，囲障又は境界標の有無その他の状況についても，同様とされる（達第3(B)31）。

第3章 申請方法

Q170 筆界特定申請書には申請人が対象土地の筆界として特定の線を主張する線を明示しなければならないか。

 必ずしも明示する必要はない。

解説 　筆界特定申請書には，申請人が対象土地の筆界として特定の線を主張するときは，その線及びその根拠をも記載することとなるが（不登規207条3項5号），これは，その線を主張するときであるため，必ず記載しなければならないわけではない。

　また，対象土地の所有権登記名義人等であって申請人以外のものが対象土地の筆界として特定の線を主張しているときは，その線も記載することになるが（不登規207条3項6号），これも，申請人以外の対象土地の所有権登記名義人等が，その線を主張するときであるため，必ず記載しなければならないわけではない。

　したがって，これらの線が筆界特定申請情報の内容として提供されていない場合でも，申請は却下されない（達第3(B)32）。

　これらの線を明示するときには，図面を利用する等の方法により，現地の状況を具体的に明示するものとされ（不登規207条4項），この場合の図面については，測量図に限られず，既存の図面類を利用して作成されたものであっても差し支えないとされている（達第3(B)36）。

第3章 申請方法

Q171 複数の筆界について同一の申請書によって申請することができるか。

 対象土地の1を共通にする複数の筆界特定の申請は，1の筆界特定申請情報によって一括申請をすることができる。

解説 対象土地の1を共通にする複数の筆界特定の申請は，1の筆界特定申請情報によってすることができる（不登規208条）。このような場合には，複数の筆界について一括して筆界特定を申請することができるのである。

例えば次頁図15（250頁の図と同じ）において，点イカ間及び点カキ間の各筆界の特定については，H地の所有権登記名義人等は一括して申請することができ，また，C地の所有権登記名義人等とD地の所有権登記名義人等とは共同して一括して申請することができることになる。

また，点コイ間及び点サカ間の各筆界は連続していないものの，対象土地C地を共通にする複数の筆界であるため，一括して筆界特定を申請することができる。

他方，点ケオ間，点オア間及び点アエ間の各筆界は連続しているものの，対象土地の1を共通にしていないため，これらの筆界特定を一括して申請することはできない。このような場合には，点ケオ間及び点オア間の各筆界について一括申請することと同時に，点アエ間の筆界について筆界特定を申請するか，点アエ間及び点オア間の各筆界について一括申請することと同時に，点オケ間の筆界について筆界特定を申請することとなる。

第3章　申請方法

〈図15　筆界特定における対象土地〉

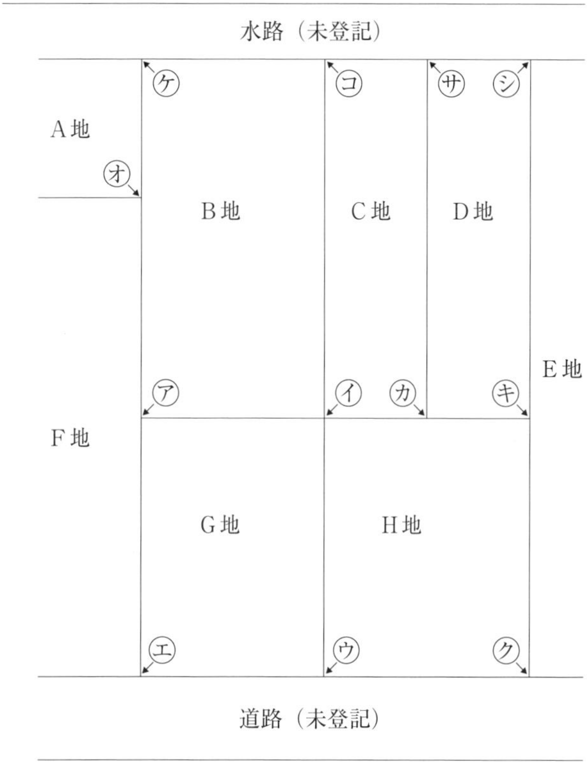

水路（未登記）

A地

B地　　C地　　D地

E地

F地

G地　　H地

道路（未登記）

Q172　筆界特定申請はどのようなときに却下されるか。

A　管轄違い，申請権限のない者による申請，申請が対象土地の所有権の境界の特定その他筆界特定以外の事項を目的とするものと認められるとき等の場合に，却下される。

第5編　筆界特定

第3章　申請方法

解説　筆界特定登記官は，次に掲げる場合には，理由を付した決定で，筆界特定の申請を却下しなければならない（不登132条1項本文）。

(1)　対象土地の所在地が当該申請を受けた法務局又は地方法務局の管轄に属しないとき。

(2)　申請の権限を有しない者の申請によるとき。

(3)　申請が前条第2項の規定（Q166）に違反するとき。

(4)　筆界特定申請情報の提供の方法がこの法律に基づく命令の規定により定められた方式に適合しないとき。

(5)　申請が対象土地の所有権の境界の特定その他筆界特定以外の事項を目的とするものと認められるとき。

(6)　対象土地の筆界について，既に民事訴訟の手続により筆界の確定を求める訴えに係る判決（訴えを不適法として却下したものを除く。）が確定しているとき。

(7)　対象土地の筆界について，既に筆界特定登記官による筆界特定がされているとき。ただし，対象土地について更に筆界特定をする特段の必要があると認められる場合を除く。

(8)　手数料（Q175）を納付しないとき。

(9)　予納（Q181）を命じた場合においてその予納がないとき。

　対象土地の所有権の境界の特定その他筆界特定以外の事項を目的とするものと認められるときは，当該筆界特定申請は却下されるが，「筆界特定以外の事項を目的とする」という申請人の意思は，申請の趣旨の記載のみから判断すべきものではなく，筆界特定以外の事項を目的とするものと解される申請は却下の対象となる。例えば，筆界特定申請情報として提供された申請の趣旨において，形式上，筆界の特定を求めているとしても，筆界特定を必要とする理由によれば，筆界とは無関係に所有権界の特定を求めていると判断するほかない場合には，筆界特定以外の事項を目的とするものと認めるべきである。申請が筆界特定以外の事項を目的とするものと疑われるときは，申請人に対し，適宜の方法でその真意を確認するものとされる（達第3(B)20）。

　なお，当該申請の不備が補正することができるものである場合において，

296

第3章　申請方法

筆界特定登記官が定めた相当の期間内に，筆界特定の申請人がこれを補正したときは，却下はされない（不登132条1項ただし書）。筆界特定申請書の補正については，筆界特定登記官は，筆界特定の申請の補正期間を定めることができ，その場合当該期間内は，当該補正すべき事項に係る不備を理由に当該申請を却下することができず（不登規216条），補正期間を申請人に告知するときは，電話その他の適宜の方法により行うものとされ，その他補正の方法については，登記申請の場合と同様とされる（達第4(C)66）。

Q173 | 既に筆界特定がなされている筆界については再び筆界特定を申請することはできないか。

A 原則としてできないが，対象土地について更に筆界特定をする特段の必要があると認められる場合は，再び筆界特定の申請をすることが認められる。

解　説 申請に係る筆界について，既に筆界特定がされていることが判明したときは，筆界特定の申請は却下されることとなるが，更に筆界特定をする特段の必要があると認められる場合は，却下の対象とされずにさらに筆界特定がなされることとなる（不登132条1項7号）。

この「更に筆界特定をする特段の必要があると認められる場合」とは，過去に行われた筆界特定について，例えば，以下に掲げる事由があることが明らかな場合をいい，また，既にされた筆界特定の結論が誤っていたことが明らかになった場合も，これに該当する（達第4(C)64）。

(1) 除斥事由がある筆界特定登記官又は筆界調査委員が筆界特定の手続に関与したこと。

(2) 申請人が申請の権限を有していなかったこと。

第5編　筆界特定

297

第3章　申請方法

(3)　刑事上罰すべき他人の行為により意見の提出を妨げられたこと。

(4)　代理人が代理行為を行うのに必要な授権を欠いたこと。

(5)　筆界特定の資料となった文書その他の物件が偽造又は変造されたものであったこと。

(6)　申請人，関係人又は参考人の虚偽の陳述が筆界特定の資料となったこと。

Q174　筆界特定の申請は筆界特定がなされるまでであれば当該申請はいつでも取り下げることができるか。

A　申請人に対する筆界特定の通知を発送した後は取り下げることができない。

解　説　筆界特定申請も，登記申請と同様，申請人において取り下げることができるが，不動産登記法第144条第1項の規定により申請人に対する筆界特定の通知を発送（Q124）した後は，もはや取り下げることができない（不登規245条2項）。

複数の筆界の特定について一括して申請を行っている場合は，その一部の筆界に係る申請のみを取り下げることができ，二人の申請人が1の筆界について共同して申請を行っている場合は，一部の申請人に係る申請を取り下げることもできる（達第4(E)80）。

298

第3章 申請方法

Q175 筆界特定の申請には手数料を納めなければならないか。

 政令で定めるところにより，手数料を納付しなければならない。

解説 　筆界特定の申請人は，政令で定めるところにより，手数料を（登録免許税ではなく）納付しなければならない（不登131条3項）。

筆界特定申請に係る手数料の額は，1件につき，対象土地の価額として「法務省令で定める方法により算定される額」の合計額の2分の1に相当する額に筆界特定によって通常得られることとなる利益の割合として法務省令で定める割合を乗じて得た額を基礎として，次のとおり算出される（登記手数料令8条）。

〈表10　筆界特定申請の手数料額〉

基礎となる額が100万円までの部分	その額10万円までごとに800円
基礎となる額が100万円を超え500万円までの部分	その額20万円までごとに800円
基礎となる額が500万円を超え1000万円までの部分	その額50万円までごとに1600円
基礎となる額が1000万円を超え10億円までの部分	その額100万円までごとに2400円
基礎となる額が10億円を超え50億円までの部分	その額500万円までごとに8000円
基礎となる額が50億円を超える部分	その額1000万円までごとに8000円

「法務省令で定める方法により算定される額」は，地方税法第341条第9号に掲げる固定資産課税台帳（課税台帳）に登録された価格のある土地については，次に掲げる当該土地に係る筆界特定の申請の日の属する日の区分に応じて，その掲げる金額に相当する価額によって算出し，課税台帳に登録され

第3章　申請方法

た価格のない土地については，当該土地に係る筆界特定の申請の日において
当該土地に類似する土地で課税台帳に登録された価格のあるものの次に掲げ
る当該申請の日の区分に応じ，その掲げる金額を基礎として筆界特定登記官
が認定した価額による方法とする（筆界特定申請手数料規則1条）。

(1)　筆界特定の申請の日がその年の1月1日から3月31日までの期間内で
あるものは，その年の前年12月31日現在において課税台帳に登録された
当該土地の価格に100分の100を乗じて計算した金額

(2)　筆界特定の申請の日がその年の4月1日から12月31日までの期間内で
あるものは，その年の1月1日現在において課税台帳に登録された当該
土地の価格に100分の100を乗じて計算した金額

「筆界特定によって通常得られることとなる利益の割合として法務省令で
定める割合」は，100分の5とされる（筆界特定申請手数料規則2条）。

以上のことから，通常，手数料算出の基礎となる額は，次の式で算出した
額に応じて，前記の表により算出して得た額となる。

手数料算出の基礎となる額＝（申請人所有対象土地の固定資産評価額＋
相手方対象土地の固定資産評価額）÷2×0.05

例えば，前記図15（250, 295頁参照）において，点イウ間の筆界特定をG地
の所有者が申請する場合，G地の評価額が金2200万円，H地の評価額が金
2600万円とすると，手数料算定の基礎となる額は，（2200＋2600）÷2×0.05
＝120万円となり，前出の表に当てはめると，100万円まで10万円ごとに800
円で8000円，100万円を超え120万円まで20万円ごとに800円で800円，合計で
手数料の額は8800円となる。

筆界特定書面申請においては，手数料の額に相当する収入印紙を申請書に
貼り付けて提出する方法のみが認められている（達第3（C)37)。

なお，1筆の土地の一部の所有権を取得した者による申請の場合であって
も，対象土地の価額，つまり土地の一部ではなく全体の評価額を基準に算出
しなければならない。

300

第3章　申請方法

Q176　対象土地の一方が未登記の道路など表題登記がない土地で課税台帳に登録された価格がない土地である場合，当該土地の価格はどのように取り扱うか。

A　原則として，便宜，他方の土地の面積と等しいものとして価格を算出する。

解説　対象土地の一方が未登記の道路など表題登記がない土地（課税台帳に登録された価格のある土地を除く。）であるときは，その面積は，便宜，他方の土地の面積と等しいものとして価格を算定するものとされる。ただし，当該表題登記がない土地につき，現地の使用状況又は自然の地形等により対象土地となるべき範囲を特定することができる場合には，当該範囲の面積を当該表題登記がない土地の面積として取り扱っても差し支えないとされている（達第3 (C)40）。

Q177　申請人所有でない対象土地の価格が正確に分からないときはどのように取り扱うか。

A　申請人所有地の評価額のみを基礎として仮に手数料を算出し，貼付し，申請後，筆界特定登記官から通知される額に基づいて，不足額を追納することで足りる。

解説　手数料の額は，筆界特定申請時において把握されているべきではあるが，手数算出の基礎となる対象土地は二つあり，一方は申請人所有であることから評価額は判明するが，他方は，通常は紛争の相手

第5編　筆界特定

301

第3章 申請方法

方の所有であることから申請人においてその評価額を知ることは困難であると思われ，正確な手数料の額を把握することは難しいことも少なくない。筆界特定手続は，登記手続でも民事訴訟手続でもないため，登記における価格通知制度，民事訴訟における評価証明書の交付制度は利用できないとされている。

このような場合は，申請人において把握できる対象土地，つまり申請人所有地の評価額のみを基礎として仮に手数料を算出し，その額に相当する収入印紙を貼り付けて申請することもできる。

そしてその申請後，筆界特定登記官から，他の対象土地の価額を調査して算出した手数料の額が通知され，後日不足額の追納することで手続が進行する。要するに，申請時に納付された手数料の額が納付すべき手数料の額に満たない場合であっても，申請人が不足額を追納しない意思を明らかにしているときを除き，手数料の納付がないことを理由として申請を却下されることなく，納付すべき手数料の額を通知のうえ補正の機会が与えることとなるわけである（達第3(C)38）。

Q178 一括申請の場合の手数料はどのように算定するか。

 一括申請の場合でも，筆界ごとに手数料の額を計算することになる。

解説 　一括申請の場合でも手数料の算出方法は，筆界ごとに計算する。したがって，重複する対象土地の価額についてはその回数分重複して算出の基礎とする。

ただし，同一の筆界に係る2以上の筆界特定の申請が1の手続においてされたときは，当該2以上の筆界特定の申請は，手数料の算出については，1の筆界特定の申請とみなされるため（登記手数料令8条2項）ので，このような場

302

第3章　申請方法

合には，1の筆界特定の申請の手数料額のみが納付されれば足りることになる。

　例えば，前記250頁，295頁の図15において，点イカ間及び点カキ間の各筆
界の特定についてH地の所有権登記名義人等は一括して申請するときは，H
地の評価額とC地の評価額とを基礎として算出した手数料の額と，H地の評
価額とD地の評価額とを基礎として算出した手数料の額を合算した額をもっ
て，一括申請全体の手数料とする。

　他方，前記図15において，点イウ間の筆界の特定についてG地の所有権登
記名義人等及びH地の所有権登記名義人等が一括して申請するときは，G地
の評価額とH地の評価額とを基礎として算出した額のみをもって手数料の額
とする（達第3(C)41）。

Q179　筆界特定申請書にはどのような書面を添付するか。

　　　代理人による申請の場合は委任状，相続人による申請の場合は相続
証明書，表題登記がない土地の所有者による申請の場合は所有権に関
する証明書，1筆の土地の一部の所有権を取得した者による申請の場合は所
有権に関する証明書，申請人である所有権の登記名義人の住所・氏名が登記
記録と異なる場合は変更・更正証明書を添付する。

解　説　　登記申請の場合と同様，申請人は，筆界特定申請書の添付書面
　　　　　　の原本の還付を請求することができる。ただし，当該筆界特定の
申請のためにのみ作成された委任状その他の書面については，還付請求を
することはできない（不登規213条1項）。

　筆界特定登記官は，添付書面の原本還付の請求があった場合には，却下事
由の有無についての調査完了後（却下事由の有無を審査するために添付書面の原本

第5編　筆界特定

303

第3章　申請方法

を留め置く必要がなくなった段階をいう（達第3(C)48)。），当該請求に係る書面の原本を還付しなければならず，この場合には，その謄本と原本を照合し，これらの内容が同一であることを確認した上，その謄本に原本還付の旨を記載（準則30条）し，これに登記官印を押印しなければならないとされる（不登規213条3項）。

　なお，偽造された書面その他の不正な筆界特定の申請のために用いられた疑いがある書面については，還付することはできない（不登規213条4項）。

◎　**不動産登記規則**
（筆界特定添付情報）
209条　筆界特定の申請をする場合には，次に掲げる情報を法務局又は地方法務局に提供しなければならない。
　一　申請人が法人であるときは，次に掲げる情報
　　イ　会社法人等番号を有する法人にあっては，当該法人の会社法人等番号
　　ロ　イに規定する法人以外の法人にあっては，当該法人の代表者の資格を証する情報
　二　代理人によって筆界特定の申請をするとき（申請人が前号イに規定する法人であって，支配人等が当該法人を代理して筆界特定の申請をする場合を除く。）は，当該代理人の権限を証する情報
　三　申請人が所有権の登記名義人又は表題部所有者の相続人その他の一般承継人であるときは，相続その他の一般承継があったことを証する市町村長，登記官その他の公務員が職務上作成した情報（公務員が職務上作成した情報がない場合にあっては，これに代わるべき情報）
　四　申請人が表題登記がない土地の所有者であるときは，当該申請人が当該土地の所有権を有することを証する情報
　五　申請人が1筆の土地の一部の所有権を取得した者であるときは，当該申請人が当該一筆の土地の一部について所有権を取得したことを証する情報
　六　申請人が所有権の登記名義人若しくは表題部所有者又はその相続人その他の一般承継人である場合において，筆界特定申請情報の内容である所有権の登記名義人又は表題部所有者の氏名若しくは名称又は住所が登記記録と合致しないときは，当該所有権の登記名義人又は表題部所有者の氏名若しくは名称又は住所についての変更又は錯誤若しくは遺漏があったことを

304

第3章　申請方法

証する市町村長，登記官その他の公務員が職務上作成した情報（公務員が
職務上作成した情報がない場合にあっては，これに代わるべき情報）
2　前項第1号及び第2号の規定は，国の機関の所管に属する土地について命
令又は規則により指定された官庁又は公署の職員が筆界特定の申請をする場
合には，適用しない。
3　第1項第1号の規定は，申請人が同号イに規定する法人であって，次に掲
げる登記事項証明書を提供して筆界特定の申請をする場合には，適用しない。
一　次号に規定する場合以外の場合にあっては，当該法人の代表者の資格を
証する登記事項証明書
二　支配人等によって筆界特定の申請をする場合にあっては，当該支配人等
の権限を証する登記事項証明書
4　前項各号の登記事項証明書は，その作成後1月以内のものでなければなら
ない。
5　法人である代理人によって筆界特定の申請をする場合において，当該代理
人の会社法人等番号を提供したときは，当該会社法人等番号の提供をもって，
当該代理人の代表者の資格を証する情報の提供に代えることができる。

Q180　筆界特定添付書面としての所有権に関する証明書にはどのような内容である必要があるか。

A　申請人が，表題登記がない土地の所有者であるときは，当該申請人
が当該土地の所有権を有することを証する情報，申請人が1筆の土地
の一部の所有権を取得した者であるときは，当該申請人が当該1筆の土地の
一部について所有権を取得したことを証する情報である。

解 説　筆界特定添付書面として所有権に関する証明書を添付する場合
は，まず，申請人が表題登記のない土地の所有者であるときであ
り，この場合は，当該申請人が当該土地の所有権を有することを証する情報

第5編　筆界特定

305

第3章　申請方法

が記載されていなければならない（不登規209条1項4号）。それは，土地表題登記におけるそれ（不動産登記令別表4ハ）と同様である（達第3(B)22）。

　もう一つの場合が，申請人が1筆の土地の一部の所有権を取得した者であるときであり，この場合は，申請人が1筆の土地の一部の所有権を取得した者であるときは，その旨が筆界特定申請情報の内容として提供されることを要し（不登規207条2項4号），この添付書面には，当該申請人が当該1筆の土地の一部について所有権を取得したことを証する情報が記載されていなければならない（不登規209条1項5号）。1筆の土地の一部の所有権取得証明書といえるためには，申請人の自己証明では足りず，例えば，確定判決の判決書の正本若しくは謄本その他の公文書によることを要し，又は，当該1筆の土地の所有権の登記名義人が作成した「当該申請人が当該1筆の土地の一部の所有権を取得したことを認めることを内容とする書面」であって，当該所有権の登記名義人の印鑑証明書が添付されたものであることを要する。また，1筆の土地の一部の所有権取得証明書において申請人が所有権を取得した土地の部分が具体的に明示されていることを要する（達第3(B)24）。

Q181　筆界特定の手続において手数料以外の金銭的負担が生じることがあるか。

　筆界特定の申請人は，筆界特定の手続における測量に要する費用等を負担する。

解説　筆界特定の手続における測量に要する費用その他の法務省令で定める費用（手続費用）は，筆界特定の申請人の負担とする（不登146条1項）。つまり，申請人以外の対象土地の所有権登記名義人等（筆界に関する紛争の相手方）に対しても，また，対象土地の所有権登記名義人等であっ

306

ても申請人でない者（関係人）に対しては，手続費用の負担は求められない。

この手続費用の額は，筆界特定登記官が相当と認める者に命じて行わせた測量，鑑定その他専門的な知見を要する行為について，その者に支給すべき報酬及び費用の額として筆界特定登記官が相当と認めたものとされる（不登規242条）。

その場合の報酬及び費用の額については，一定の基準（標準規程を踏まえる。）が定められ，これに従って算出されることとなる（達第5⒟95）。

筆界特定の申請人が二人以上ある場合の手続費用の分担方法は，次のとおりとなる。

(1) 筆界特定の申請人が二人ある場合において，その一人が対象土地の一方の土地の所有権登記名義人等であり，他の一人が他方の土地の所有権登記名義人等であるときは，各筆界特定の申請人は，等しい割合で手続費用を負担する（不登146条2項）。

(2) 筆界特定の申請人が二人以上ある場合において，その全員が対象土地の一方の土地の所有権登記名義人等であるときは，各筆界特定の申請人は，その持分の割合に応じて手続費用を負担する（不登146条3項）。

(3) 筆界特定の申請人が3人以上ある場合において，その一人又は二人以上が対象土地の一方の土地の所有権登記名義人等であり，他の一人又は二人以上が他方の土地の所有権登記名義人等であるときは，対象土地のいずれかの土地の一人の所有権登記名義人等である筆界特定の申請人は，手続費用の2分の1に相当する額を負担し，対象土地のいずれかの土地の二人以上の所有権登記名義人等である各筆界特定の申請人は，手続費用の2分の1に相当する額についてその持分の割合に応じてこれを負担する（不登146条4項）。

つまり，対象土地1筆を単位として平等に手続費用を分担し，また一つの対象土地の共有者については各持分割合に応じて分担することとなる。

例えば，前記250頁，295頁の図15において，点イ・カ間の筆界特定を申請する場合，C地の所有権登記名義人が甲，乙各2分の1の共有で，H地の所有権登記名義人が丙，丁，戊各々6分の3，6分の2，6分の1の共有で，

第3章　申請方法

それらすべての者が申請人である場合，手続費用の概算が60万円であるとすると，Ｃ地については30万円，Ｈ地についても30万円，そして，Ｃ地に関する負担額を，甲乙が共有持分割合の割合で分担し，甲15万円，乙15万円，Ｈ地に関する負担額を，丙丁戊が共有持分割合の割合で分担し，丙15万円となり，丁10万円，戊5万円となる。

　筆界特定登記官は，申請人の負担とされる手続費用の概算額を申請人に予納させなければならない（不登146条5項）。

　予納の告知は，適宜の方法で行われるが（達第10-146），予納の告知をした日から相当期間を経ても予納がないときは，納付期限を定めて予納命令を発するものとし，当該納付期限までに予納がないときは，筆界特定の申請は却下されることとなる（達第10-147）。

Q182　司法書士の業務に筆界特定の手続は含まれるか。

A 　筆界特定の手続において法務局へ提出する書類の作成，並びに一定の筆界特定の手続についての相談又は代理については，司法書士の業務の範囲に含まれる。

解説　筆界特定制度を創設した不動産登記法の改正（平成18年1月20日施行）に伴い司法書士法も改正され，司法書士の業務に，次の筆界特定に関する二つの業務が加えられた。

(1) 筆界特定の手続（筆界特定の手続又は筆界特定の申請の却下に関する審査請求の手続）において法務局若しくは地方法務局に提出し若しくは提供する書類若しくは電磁的記録を作成すること（司法3条1項4号）。

(2) 筆界特定の手続であって対象土地の価額として法務省令で定める方法

308

第3章　申請方法

により算定される額の合計額の2分の1に相当する額に筆界特定によって通常得られることとなる利益の割合として法務省令で定める割合を乗じて得た額が裁判所法第33条第1項第1号に定める額を超えないものについて，相談に応じ，又は代理すること（司法3条1項8号）。

前者，つまり筆界特定申請書等の作成については，対象土地の価額にかかわらず，すべての司法書士が行うことができることとなり，これは，申請の場面だけに限られていないため，申請人，関係人を問わず，意見等の提出等の場面においても，法務局へ提出する書類を作成することができる。

後者，つまり筆界特定手続の代理等については，簡裁訴訟代理等関係業務の認定を受けた司法書士だけが行うことができ，その代理権の範囲にも一定の制限がある（『簡裁訴訟』121頁）。この代理権の範囲については後述するが（Q183），代理権の範囲であれば，申請の代理だけでなく，申請人，関係人を問わず，意見等の提出の代理や，意見聴取等の期日における出頭の代理等も行うことができる。

なお，土地家屋調査士，弁護士は，筆界特定の手続に関する業務について，司法書士のような制限はない。

Q183　筆界特定手続に関して司法書士の代理権の範囲は。

申請人所有の対象土地の固定資産評価額と相手方所有の対象土地の固定資産評価額の合計額の2分の1の5パーセントが140万円以下である場合には，司法書士（簡裁訴訟代理等関係業務の認定を受けた者）の業務範囲となる。

第5編　筆界特定

第3章　申請方法

解　説　　　筆界特定手続に関して司法書士の代理権の範囲は，以下のように規定されている。

「筆界特定の手続であつて対象土地の価額として法務省令で定める方法により算定される額の合計額の２分の１に相当する額に筆界特定によって通常得られることとなる利益の割合として法務省令で定める割合を乗じて得た額が裁判所法第33条第１項第１号に定める額を超えないものについて，相談に応じ，又は代理すること」（司法３条１項８号）。

司法書士法第３条第１項第８号の法務省令で定める方法は，地方税法第341条第９号に掲げる固定資産課税台帳（課税台帳）に登録された価格のある土地については，次の各号に掲げる筆界特定の申請の日の属する日の区分に応じ当該各号に掲げる金額に相当する価額による方法とし，課税台帳に登録された価格のない土地については，当該土地に係る筆界特定の申請の日において当該土地に類似する土地で課税台帳に登録された価格のあるものの次の各号に掲げる当該申請の日の区分に応じ当該各号に掲げる金額を基礎として筆界特定登記官が認定した価額による方法とする（司法書士法施行規則１条の２第１項。『簡裁訴訟』121頁）。

(1)　筆界特定の申請の日がその年の１月１日から３月31日までの期間内であるものについては，その年の前年12月31日現在において課税台帳に登録された当該土地の価格に100分の100を乗じて計算した金額

(2)　筆界特定の申請の日がその年の４月１日から12月31日までの期間内であるものについては，その年の１月１日現在において課税台帳に登録された当該土地の価格に100分の100を乗じて計算した金額

司法書士法第３条第１項第８号の法務省令で定める割合は，100分の５とする。

以上の規定を整理すると，

> （申請人所有対象土地の固定資産評価額＋相手方所有対象土地の固定資産評価額）÷2×0.05≦140万円

であれば，司法書士（簡裁訴訟代理等関係業務の認定を受けた者）の代理権の範囲内となる。

逆算すると隣接する二つの土地の評価額の合計が5600万円を超えないときは代理権の範囲内となるわけである。

要するに，手数料の算定の基礎となる額（Q175）を算出し，その額を代理権の範囲に関する基準とすることになり，これは，未登記の道路など表題登記がない土地で課税台帳に登録された価格がない土地があっても，同様である（Q176）。

なお，土地境界（筆界）確定訴訟における訴額の算定方法とは異なるので，簡易裁判所における土地境界（筆界）確定訴訟に関する代理権の範囲とは差異が生じることになる。

Q184 筆界特定の申請を一括申請する場合の司法書士の代理権の範囲は。

1の筆界ごとに，代理権の有無を判定することとなる。

解説 対象土地の1を共通にする複数の筆界特定の申請は1の筆界特定申請情報によって一括申請をすることができ（Q171），その場合の手数料の算定の基礎となる額は筆界ごとに計算するが（Q178），司法書士の代理権の範囲についても，1の筆界ごとにその範囲を判定することになる。

第3章　申請方法

　つまり，筆界ごとに，その代理権の範囲の基礎となる基礎となる額を算出し，それが140万円以内であるときは，その筆界については司法書士の代理権の範囲内ということになる。

Q185 申請人所有地以外の対象土地の価格が不明であるときは司法書士の筆界特定手続に関する代理権はどうなるか。

A 　仮に，申請人所有地の平米単価と同額程度として算定し，代理権の有無を判定し，申請後，筆界特定登記官の調査によって正確な額が判明した段階で代理権の範囲を超えることが明らかになったときは辞任することとなる。

解説 　手数料の算出の場合と同様（Q178），通常は紛争の相手方の所有である対象土地の評価額を申請人又はその代理人において知ることは困難であると思われ，代理権の有無を正確に把握することは難しい。

　このような場合は，通常，隣接する他方の土地の平米単価は，申請人所有地の平米単価と同額程度と考えられるため，それと同額程度で計算して他方の土地の価額を仮定して算出し，代理権の有無を判定するのも一つの方法であると思われる。この方法により計算しても，対象土地の評価額の合計額が明らかに5600万円を超えるときは，代理権はないと思わざるを得ないが，それを超えないと思われるときは，一応，代理権を有するものとして当該筆界特定を代理申請することができるものと考えられる。

　その後，筆界特定登記官が他の対象土地の価額を調査して，対象土地の合計額の正確な額が判明した段階で代理権の範囲を超えることが明らかになったときは，その時点で辞任し，依頼者に説明の上，他の資格者代理人に交代するか，書類作成者として支援する方法をとる選択をすることになろう。

312

第3章　申請方法

　いずれにしても，代理権の範囲内であるのか否か疑問のある場合は，事前に依頼者に対して説明を尽くしておく必要があろう。

第6編 空き家

第1章 概説

Q186 空家等対策の推進に関する特別措置法はどのような目的で制定されたか。

A 空家等が与える地域住民への深刻な影響の現状に鑑み，地域住民の生命，身体又は財産を保護するなどし，もって公共の福祉の増進と地域の振興に寄与することを目的として制定された。

解説 空家等対策の推進に関する特別措置法（以下，「空家特措法」という。）は，第187回臨時国会において，平成26年11月14日，衆議院国土交通委員会で全会一致可決後，同日，衆議院本会議にて全会一致可決，さらに，平成26年11月18日，参議院国土交通委員会で全会一致可決後，翌19日，参議院本会議にて全会一致可決，成立し，平成26年11月27日法律第127号として公布された。

そして，平成27年2月26日に一部施行され，同年5月26日に完全施行された（平成27年2月20日政令第50号「空家等対策の推進に関する特別措置法の施行期日を定める政令」）。

先に施行された部分は第9条第2項から第5項まで，第14条及び第16条の規定以外の規定であり，後に施行された部分は第9条第2項から第5項まで，第14条及び第16条の規定である（空家附則1項）。

第1章 概 説

　そこで，空家特措法であるが，それは，「適切な管理が行われていない空家等が防災，衛生，景観等の地域住民の生活環境に深刻な影響を及ぼしていることに鑑み，地域住民の生命，身体又は財産を保護するとともに，その生活環境の保全を図り，あわせて空家等の活用を促進するため，空家等に関する施策に関し，国による基本指針の策定，市町村（特別区を含む。）による空家等対策計画の作成その他の空家等に関する施策を推進するために必要な事項を定めることにより，空家等に関する施策を総合的かつ計画的に推進し，もって公共の福祉の増進と地域の振興に寄与すること」を目的として制定された（空家1条）。

　つまり，空家等が与える地域住民への深刻な影響の現状に鑑み，まずもって地域住民の生命，身体又は財産を保護し，あわせて，空家等の利活用についても促進し，公共の福祉の増進と地域の振興が主目的とされている。

　なお，空家特措法が視野に入れる空き家問題には，例えば，腐朽した建築物の崩落等による「安全の確保」，空家等の中で繁茂した樹木が道路上にはみ出すこと等による「交通の妨害」等も含まれるであろうと考えられている（『空家解説』44頁）。

Q187　空家等とは何か。

　A　建築物又はこれに附属する工作物であって居住その他の使用がなされていないことが常態であるもの及びその敷地をいう（国・地方公共団体が所有・管理するものは除かれる。）。

　解説　「空家等」とは，建築物又はこれに附属する工作物であって居住その他の使用がなされていないことが常態であるもの及びその

第1章　概　説

敷地（立木その他の土地に定着する物を含む。）をいうが，国又は地方公共団体が所有し，又は管理するものは除かれる（空家2条1項）。

　一般に「空き家」という場合には，利用されていない建築物を指すものと思われるが，空家特措法における「空家等」とは，利用されていない建築物，それに附属する工作物だけでなく，その敷地や，その土地上の立木，定着物をも含むものとして定義されている。

　なお，空家等に該当することによって，市町村（特措法10条2項の規定以外は特別区（東京23区）を含む。以下同じ）の空家等対策計画（Q200）や市町村長による調査等（Q202）の対象とはなるものの，後述する特定空家等（Q209）に該当しない限りは，市町村長による指導・助言その他の強制的な措置（Q244）の対象とはならない。

Q188 空家等に該当することとなる建築物・附属する工作物とはどのような構造物か。

A 建築物とは建築基準法第2条第1号の建築物と同義であり，附属する工作物には建築物と一体となった壁付看板など，門又は塀以外の建築物に附属する工作物が該当する。

解　説 空家特措法における「建築物」とは，建築基準法第2条第1号の「建築物」と同義であり（Q31参照），土地に定着する工作物のうち，屋根及び柱又は壁を有するもの（これに類する構造のものを含む。），これに附属する門又は塀等（建基2条1号）をいう（指針7頁）。

　建築基準法における「建築物」とは，土地に定着する工作物のうち，屋根及び柱若しくは壁を有するもの（これに類する構造のものを含む。），これに附属する門若しくは塀，観覧のための工作物又は地下若しくは高架の工作物内に設ける事務所，店舗，興行場，倉庫その他これらに類する施設（鉄道及び軌道

317

第1章 概　説

の線路敷地内の運転保安に関する施設並びに跨線橋，プラットホームの上家，貯蔵槽その他これらに類する施設を除く。）をいい，建築設備を含むものとされ（建基2条1号），空家特措法における「建築物」は，「観覧のための工作物」以下のものを除く趣旨ではないと考えられている（『空家解説』46頁）。

「附属する工作物」には，建築物と一体となった壁付看板など，門又は塀以外の建築物に附属する工作物が該当する。ネオン看板（指針7頁）や，壁付看板など，門又は塀以外の建築物に附属する工作物も該当する（パブコメ結果24頁参照）。

つまり，空家等には，利用していない建築物の本体，その附属たる門，塀等，それから，建築物と一体となった工作物が含まれることになる（その他，空家等に含まれるものはQ187。）。

Q189　樹木や自立看板（建築物と一体となっていないもの）は空家等に該当しないか。

A 利用されていない建築物の敷地に生立する樹木や，建築物と一体となっていないものであっても，その土地に定着している物であるものは，空家等に該当する。

解説　空家等は，居住その他の使用がなされていないことが常態である建築物又はこれに附属する工作物だけでなく，その敷地も含まれ，その敷地には，立木その他の土地に定着する物を含む（Q187）。

つまり，居住その他の使用がなされていないことが常態である建築物又はこれに附属する工作物の敷地も空家等に該当し，さらに，その土地に生立している樹木や，建築物と一体となっていないものであっても，その土地の定着している自立看板（パブコメ結果24頁）などは，空家等に含まれることとなる。

318

第1章 概　説

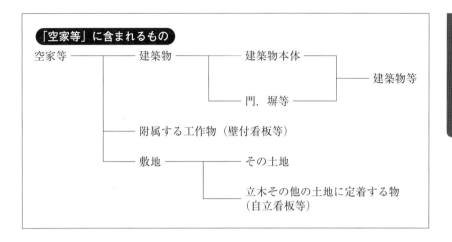

Q190 空家等の定義とされている「居住その他の使用がなされていないことが常態である」とはどのような状態のことか。

 人の日常生活が営まれていない，営業が行われていないなど当該建築物等を現に意図をもって使い用いていないことをいう。

解説　　人の日常生活が営まれていない，営業が行われていないなど当該建築物等を現に意図をもって使い用いていないことをいう（指針8頁）。

　この，「居住その他の使用がなされていないことが常態である」ということは，立入調査（空家9条1項）を行う一環として，調査時点での建築物等の状況を基に，建築物等の用途，建築物等への人の出入りの有無，電気・ガス・水道の使用状況及びそれらが使用可能な状態にあるか否か，建築物等及びその敷地の登記記録並びに建築物等の所有者等の住民票の内容，建築物等の適切な管理が行われているか否か，建築物等の所有者等によるその利用実績についての主張等から客観的に判断することが望ましいとされている（指

319

第 1 章　概　説

針 8 頁）が，その「常態である」の判断は，建築物等が長期間にわたって使用されていない状態をいい，例えば概ね年間を通して建築物等の使用実績がないことは一つの基準となると考えられている（指針 8 頁）。

　つまり，1 年以上にわたって使用実績がない建築物については，空家等であると判断されると考えられる。

　なお，空家特措法においては，条文上「使用」と「管理」とを区別し，「使用されていない空家等」との概念を用いていることから明らかなように単なる管理行為があるだけでは「空家等」に該当し得ることとなる（パブコメ結果 2 頁）。

Q191　適正に管理している建築物は空家等には該当しないか。

　適正に管理されている建物であっても，居住その他の使用がなされていないことが常態であるものは，空家等に該当する。

解説　空家等に該当するか否かは，管理の有無ではなく，使用の実態の有無である。

　したがって，年に 1 度，部屋の空気の入れ替えに来て「使用」している建物にあっては，適正に管理はされていても，使用の実態がない以上，「居住その他の使用」がなされていないと考えられることから，一般に空家等に該当すると考えられている（パブコメ結果 2 頁）。

　あるいは，所有者等が，当該建物とは別の地域に住んでおり，状況確認時に 1 泊し「使用」している建物にあっても，適正な管理がなされていても，使用の実態がない以上，「居住その他の使用」がなされていないと考えられることから，一般に空家等に該当すると考えられている（パブコメ結果 2 頁）。

第 1 章 概 説

Q192 物置，倉庫は空家等に該当するか。

 現に物品を保管する意図をもって「その他の使用」がなされている常態にあれば，空家等には該当しない。

解 説 　物置として「使用」している建物にあっては，当該家屋は住居として使用されるものではないものの，建築物として物品を保管する「物置」用に現に意図をもって使用されており「その他の使用」がなされていると考えられることから，一般に空家等には該当しないと考えられている（パブコメ結果2頁）。

同様に，現に居住してはいないが，週末には農作業のために訪れ，着替えや休憩の場所として利用し，農機具も置いている家屋についても，使用実態により，一般に空家等には該当しないと考えられている（『空家解説』52頁）。

ただ，物品を保管している物置であっても，所有者等が出入りすることが年間を通じてなく，あっても数年に1度というような場合は，物品を放置しているに過ぎず，「物置として使用している」と認められない結果，使用の実態がない以上，居住その他の使用がなされていないと考えられることから，一般に「空家等」に該当すると考えられている（パブコメ結果2頁）。

Q193 所有者等の物品が残置されている建築物は空家等とはいえないか。

 建築物の中に所有者等の物品が残っていても，放置されているようなときは，他に使用の実態がない限り，空家等に該当する。

321

第1章 概　説

解説　前述のように，物置，倉庫についても，建築物として物品を保管するために，現に意図をもって使用されている常態にあれば，空家等には該当しない。

　しかし，建築物の中に所有者等の物品が残っていても適切な管理がなされず放置されているときは，当該建築物は物置又は倉庫として物品の保管に使用している特段の事情がない限り，居住その他の使用がなされていないと考えられるため，空家等に該当すると考えられている（『空家解説』50頁）。

Q194　遺品が置かれている家屋は空家等とはいえないか。

　年に1，2度帰省して先祖供養をしている家屋や，時々，遺品を出し入れするために立ち入っている家屋は，空家等には該当しない。

解説　遺品などの物品を残している建築物についても，物置，倉庫と同様，物品を保管するために，現に意図をもって使用されている常態にあれば，空家等には該当せず，他方，そのような状態になければ空家等に該当し得ることになる。

　例えば，盆暮れ，彼岸などに年に1，2度帰省して先祖の供養を行うために用いている家屋や，時々，遺品を出し入れするために立ち入っている家屋は，空家等には該当しないと考えられているが，所有者等による出入りも管理も長期間なされないまま遺品が残っている家屋については，物品の保管に使用していると認められる特段の事情がない限り，空家等と認められる（『空家解説』54頁）。

第 1 章　概　説

Q195　いわゆるゴミ屋敷は空家等に該当するか。

A　居住その他の使用がなされていないことが常態であるものは空家等に該当するが、人が居住しているゴミ屋敷は空家等には該当しない。

解説　いわゆるゴミ屋敷であり、管理がなされておらず、敷地内にもゴミが散乱している家屋であっても、現に人が居住している以上、空家等には該当しない（『空家解説』56頁）。

Q196　大部分の住戸に居住者がいないマンションは空家に該当するか。

A　一部にでも住戸に居住者のいるマンションは、空家等には該当しない。

解説　空家等の対象となる建築物は建築基準法上の建築物を指すため（Q188）、マンションなどの集合住宅については、1棟全体で1個の建築物であり、マンションの1住戸は建築物の1区画に過ぎず、1部屋ごとに空家等か否かを判断するものではない（『空家解説』57頁）。

したがって、大部分の住戸に居住者がいない場合であっても、一部にでも住戸に居住者がいるマンションは、その全体として空家等には該当しない。

長屋や共同住宅の場合も同様に、建築物の一部のみが使用されていない場合には空家等に該当せず、これが区分建物として登記されているときであっても、個々の専有部分ではなく、1棟の建物全体として空家等に該当するか

323

第1章 概　説

否か判断することとなる（パブコメ結果2頁）。

Q 197 　将来使用する予定のある賃貸物件は空家等には該当しないか。

 現に使用の実態がない以上，空家等に該当することになろう。

解　説　　将来使用する意思が漠然とあるだけでは，建築物等を使用しているとは認められず，空家等と認められることもあろう（『空家解説』53頁）。

したがって，賃貸物件であり，入居者が決まり次第「使用」する建物については，使用の実態がない以上，「居住その他の使用」がなされていないと考えられることから，一般に「空家等」に該当すると考えられている（パブコメ結果2頁）。

ただし，近い将来，自ら居住し，又は他人に貸すなどして使用する具体的な予定があり，これに備えて当該建築物等の清掃や換気を行っているなど，具体的な使用に向けた準備行為があると認められる場合は，空家等ではないと認められると考えられている（『空家解説』53頁）。

第1章 概説

Q198 空家等に起因する周辺の生活環境に悪影響を及ぼすような問題の第一義的な責任の所在は誰にあるか。

 空家等の所有者等にある。

解説 空家等の管理責任が、まず、その所有者等にあることはいうまでもない。

空家特措法では、所有者等が管理放棄している危険な空家等が、行政によって除却されることも可能にし、結果的に、本来、所有者等が果たすべき責任を行政が肩代わりすることになる可能性もあるが、それによりモラルハザードが起きることは避けなければならない。

そこで、空家特措法には、空家等の所有者等の責務に関する規定が設けられ、空家等の所有者等は、周辺の生活環境に悪影響を及ぼさないよう、空家等の適切な管理に努めるものと規定された（空家3条）。ここで、所有者等とは所有者又は管理者を総称していう。

空家特措法における所有者は、民法上の所有者と同義であるため（パブコメ結果5頁）、空家等の当初の所有者（所有権権の登記名義人）が死亡しているときの所有者とは、その相続人全員をいうことになる。

Q199 空家特措法における国、都道府県、市町村の役割は。

 国が基本指針を定める。市町村には空家等に関する必要な措置を適切に講ずる責務があり、空家等対策計画を定め、協議会を設置し、そ

325

第1章 概 説

の他具体的な現実の空家等対策を実施する。都道府県は情報の提供，技術的
な助言その他必要な援助を行う。

解説 国土交通大臣及び総務大臣は，空家等に関する施策を総合的か
つ計画的に実施するための基本的な指針（基本指針）を定め，基
本指針においては，次に掲げる事項が定め，公表するものとされた（空家5
条）。

(1) 空家等に関する施策の実施に関する基本的な事項

(2) 空家等対策計画に関する事項

(3) その他空家等に関する施策を総合的かつ計画的に実施するために必要
な事項

これを受け，平成27年2月26日総務省告示・国土交通省告示第1号にて，
空家等に関する施策を総合的かつ計画的に実施するための基本的な指針（指
針）が公表された。

市町村は，その区域内で空家等に関する対策を総合的かつ計画的に実施す
るため，基本指針に即して，空家等に関する対策についての計画（空家等対
策計画）を定めることができ（空家6条1項），空家等対策計画の作成及び変更
並びに実施に関する協議を行うための協議会（協議会）を組織することができ
きる（空家7条1項）。市町村においては関係内部部局間の連携が求められ（指
針4頁・6頁），空家等対策計画を実施するに当たっては，必要に応じて，事
務の委託，事務の代替執行等の地方公共団体間の事務の共同処理の仕組みを
活用することもできるとされている（指針6頁）。

また，市町村は，都道府県知事に対し，空家等対策計画の作成及び変更並
びに実施に関し，情報の提供，技術的な助言その他必要な援助を求めること
ができ（空家6条4項），都道府県知事は，空家等対策計画の作成及び変更並
びに実施その他空家等に関しこの法律に基づき市町村が講ずる措置について，
当該市町村に対する情報の提供及び技術的な助言，市町村相互間の連絡調整
その他必要な援助を行うよう努めなければならないとされている（空家8条）。

都道府県による援助の具体例としては，県内の市町村間での空家等対策の

326

第1章　概　説

情報共有への支援，建築部局の存在しない市町村が，特定空家等に該当するか否かの判断に困難を来している場合における技術的な助言の提供や空家等対策を推進している都道府県内市町村相互間の意見交換の場を設ける，協議会の構成員を仲介又はあっせんするといった対応が考えられ，この場合，市町村に対して必要な援助を行うに際し，都道府県内の関係部局の連携体制を構築することが望ましく，このほか，特に建築部局の存在しない市町村に対しては，例えば都道府県の建築部局による専門技術的サポートを受けられるような体制作りを支援したり，協議会への参画を通じた協力をすることも考えられ，加えて，市町村が住民等からの空家等に関する相談に対応するための体制を整備するのに際し，宅地建物取引業者等の関係事業者団体や建築士等の関係資格者団体との連携を支援することも考えられている（指針4頁）。

Q200 空家等対策計画にはどのような事項が盛り込まれるか。

A 空家等の調査に関する事項，空家等の跡地）の活用の促進に関する事項，特定空家等に対する措置その他の特定空家等への対処に関する事項，住民等からの空家等に関する相談への対応に関する事項などが盛り込まれる。

解説　空家等対策計画においては，次に掲げる事項が定められ（空家6条2項），公表され，この計画が変更されたときも公表される（空家6条3項）。

(1) 空家等に関する対策の対象とする地区及び対象とする空家等の種類その他の空家等に関する対策に関する基本的な方針

(2) 計画期間

327

第 1 章　概　説

⑶　空家等の調査に関する事項

⑷　所有者等による空家等の適切な管理の促進に関する事項

⑸　空家等及び除却した空家等に係る跡地（空家等の跡地）の活用の促進に
　関する事項

⑹　特定空家等に対する措置（Q226）その他の特定空家等への対処に関す
　る事項

⑺　住民等からの空家等に関する相談への対応に関する事項

⑻　空家等に関する対策の実施体制に関する事項

⑼　その他空家等に関する対策の実施に関し必要な事項

　空家等対策計画については，定期的にその内容の見直しを行い，適宜必要
な変更を行うよう努めるものとされている（指針11頁）。

　なお，空家等対策計画が各市町村において定められることが望まれている
ものの，その策定は任意とされているが，同計画の策定がなくても，市町村
は空家特措法に基づく権限を行使することはできると考えられている（『空家
解説』75頁）。

Q201　協議会の構成員と協議事項は。

　　協議会は，市町村長のほか，地域住民，市町村の議会の議員，法務，
不動産，建築，福祉，文化等に関する学識経験者その他の市町村長が
必要と認める者をもって構成され，空家等対策計画の作成及び変更並びに実
施に関する事項を協議する。

解　説　市町村は，空家等対策計画の作成及び変更並びに実施に関する
協議を行うための協議会（協議会）を組織することができ（空家7

第1章　概　説

条1項），協議会は，市町村長のほか，地域住民，市町村の議会の議員，法務，不動産，建築，福祉，文化等に関する学者その他の市町村長が必要と認める者をもって構成され（空家7条2項），その他，協議会の運営に関し必要な事項は，協議会が定めることになっている（空家7条3項）。

　協議会の構成員は，具体的には，弁護士，司法書士，行政書士，宅地建物取引業者，不動産鑑定士，土地家屋調査士，建築士，社会福祉士の資格を有して地域の福祉に携わる者，郷土史研究家，大学教授・教員等，自治会役員，民生委員，警察職員，消防職員，法務局職員，道路管理者等公物管理者，まちづくりや地域おこしを行うNPO等の団体が考えられ，これに加え，都道府県や他市町村の建築部局に対して協力を依頼することも考えられており，地域住民等で構成する協議会を設置することも可能とされている（指針6頁，パブコメ結果25頁）。ただ，協議会には，必ず市町村長が出席しなければならないものではなく，市町村長は構成員となる必要があるが，あくまで市町村長を構成員とした上で，協議会の運営要領等において，代理人として他の者を任命することの可能と考えられている（パブコメ結果26頁）。

　協議会は，空家等対策計画の作成及び変更並びに実施に関する協議以外にも，同計画の実施の一環として，例えば，空家等が特定空家等に該当するか否かの判断，空家等の調査及び特定空家等と認められるものに対する立入調査の方針，特定空家等に対する措置の方針などに関する協議を行うための場として活用することが考えられている（指針6頁）。

　協議会は，各市町村に設置されることが望ましいが，その設置は任意であるため，必ず設置しなければならないわけではなく，あるいは，複数の市町村が共同して一つの協議会を設置したり，反対に，一つの市町村が複数の協議会を設置したりすることも可能であると考えられている（指針7頁，パブコメ結果26頁）。

　いずれにしても，議会における協議の過程で空家等の所有者等の氏名，住所などの情報が外部に漏えいすることのないよう，協議会の構成員は当該情報の取扱いには細心の注意を払う必要がある（指針7頁）。

第1章　概　説

> **Q 202** 市町村長は空家等の所在及び当該空家等の所有者等を把握するための調査をどのように行うか。

　聞き取り調査のほか，不動産登記情報，戸籍情報，固定資産税の情報などの書類調査などによる。

解説　市町村長は，当該市町村の区域内にある空家等の所在及び当該空家等の所有者等を把握するための調査その他空家等に関しこの法律の施行のために必要な調査を行うことができる（空家9条1項）。

　空家等の所在を把握することは当然として，所有者等が誰であるのかを把握することが空家等対策の基礎となることは明らかであり，以後の対策，調査の前提となるべきものである。現地において，敷地の外から建築物等の外観を調査することもあるだろう。

　すなわち，空家等の所在等を把握した市町村においては，まず，当該空家等の所有者等を特定するとともに，必要に応じて当該所有者等がその所有する空家等をどのように活用し，又は除却等しようとする意向なのかについて，併せて把握することが重要であり，これらの情報を把握するためには，後述する手段を用いて所有者等を確知し，当該所有者等に対して必要な調査に基づき聞き取り調査等を行うことが重要であるとされている（指針8頁）。

　そこで，空家等の所在する地域の近隣住民等への聞き取り調査に加え，法務局が保有する当該空家等の不動産登記簿情報及び市町村が保有する空家等の所有者等の住民票情報や戸籍謄本等，閉鎖外国人登録原票等を利用して調査することになる（指針9頁，パブコメ結果5頁）。さらに，電気，ガス等の供給事業者に，空家等の電気，ガス等の使用状況やそれらが使用可能な状態にあるか否かの情報の提供を求めたり，固定資産税の納税者等に関する固定資産課税台帳に記載された情報のうち空家等の所有者等に関するものを活用することが考えられ，とくに後者は所有者等を特定するうえで有力な手段であると考えられている（指針9頁）。

330

聞き取り調査の際に，敷地内にある玄関で呼び鈴をならす行為など，社会通念上相当と認められる行為は許されると考えられている（『空家解説』98頁）。

調査すべき情報当該市町村の内部資料だけに限られず，市町村長は，空家特措法の施行のために必要があるときは，関係する地方公共団体の長その他の者に対して，空家等の所有者等の把握に関し必要な情報の提供を求めることができるとされている（空家10条3項）。

空家特措法における所有者は，民法上の所有者と同義であり，空家等の当初の所有者（所有権登記名義人）が死亡しているときの所有者とは，その相続人をいうことになるため，この場合の所有者等の調査は，その相続人を調査することを意味することとなる。つまり，空家等の所有者等（相続人）については，追跡可能な範囲で特定するべきものであると考えられている（パブコメ結果6頁）。

なお，各市町村のどの部局が調査を行うかは，各市町村において判断されるものと考えられている（パブコメ結果6頁）。

空家特措法第9条第1項は，不動産登記情報や住民票情報を取り寄せるための公用請求の根拠となり，あるいは，空家等に関するデータベース（Q204）を整備するための調査も包含している（『空家解説』98頁）。

Q203 市町村は空家等及び空家等の跡地の利活用のためにどのような対策を講じるべきか。

A 空家等及び空家等の跡地に関する情報の提供その他これらの活用のために必要な対策を講ずるよう努めるものとされる。

市町村は，空家等及び空家等の跡地（土地を販売し，又は賃貸する事業を行う者が販売し，又は賃貸するために所有し，又は管理するものを除

第1章 概 説

く。）に関する情報の提供その他これらの活用のために必要な対策を講ずるよう努めるものとされている（空家13条）。

　具体的な空家等を有効に利活用する方策としては，例えば，利活用可能な空家等又はその跡地の情報を市町村が収集した後，当該情報について，その所有者の同意を得た上で，インターネットや宅地建物取引業者の流通ネットワークを通じて，広く当該空家等又はその跡地を購入又は賃借しようとする者に提供することが想定される。その際，空き家バンク等の空家等情報を提供するサービスにおける宅地建物取引業者等の関係事業者団体との連携に関する協定を締結することが考えられる。また，空家等を市町村等が修繕した後，地域の集会所，井戸端交流サロン，農村宿泊体験施設，住民と訪問客との交流スペース，移住希望者の住居等として当該空家等を活用したり，空家等の跡地を漁業集落等の狭隘な地区における駐車場として活用したりすることも考えられる。この際，空家等の用途変更に当たっては，建築基準法，都市計画法，景観法，消防法，旅館業法等の関係法令を遵守するものとする。なお，空家等の利活用方策については，空家等対策計画の実施に関する課題であることから，その検討を行う場として協議会を積極的に活用することが考えられている（指針12頁）。

> **Q204** 空家等に関して市町村が整備すべきデータベースにはどのような内容が載せられるか。

A 　空家等の所在地，現況，所有者等の氏名など，特定空家等に該当する旨並びに市町村長による当該特定空家等に対する措置の内容及びその履歴などである。

332

第1章 概 説

解 説　市町村は，空家等（建築物を販売し，又は賃貸する事業を行う者が販売し，又は賃貸するために所有し，又は管理するもの（周辺の生活環境に悪影響を及ぼさないよう適切に管理されているものに限る。）を除く。）に関するデータベースの整備その他空家等に関する正確な情報を把握するために必要な措置を講ずるよう努めるものとされている（空家11条）。

　空家等に関するデータベースには，具体的には，空家等の所在地，現況，所有者等の氏名などについて記載することと，これらに加えて，空家等のうち特定空家等に該当するものについては，データベース内に特定空家等に該当する旨並びに市町村長による当該特定空家等に対する措置の内容及びその履歴についても併せて記載することが考えられている（指針10頁）。

　空家等に関する正確な情報を把握するために必要な措置としては，例えば空家等の所在地を一覧表にし，又は地図上に示したものを市町村の内部部局間で常時確認できるような状態にしておくなど，空家等の所在地について市町村内の関係部局が情報共有できる環境を整備することが重要であると考えられている（指針8頁）。

　空家等に関するデータベースは，必ずしも電子媒体による必要はなく，各市町村の判断により，紙媒体によることも可能であるが，市町村が空家等に関する正確な情報を把握するために整備されるものであるため，そのデータベースの情報については，空家等の所有者等の了解なく市町村内から漏えいすることのないよう，その取扱いには細心の注意を払う必要があるとされている（指針10頁）。

　空家等に関するデータベースは，各市町村において整備されることが望ましいが，市町村が空家等に関する正確な情報を把握するため，市町村によっては，その区域内の空家等の数が多い，又は市町村内の体制が十分ではない等の事情から，把握した空家等に関する全ての情報についてデータベース化することが困難な場合も考えられが，そのような場合であっても，特定空家等に係る土地については固定資産税等の住宅用地特例の対象から除外される場合があり（Q249），その点で税務部局と常に情報を共有する必要があることから，少なくとも特定空家等に該当する建築物等についてはデータベース

333

第1章 概　説

化することが必要であると考えられている（指針10頁）。

　データベースを整備するため，空家等の所有者を特定し，不動産登記の情報を得たいときは，登記事項証明書又はインターネットによる登記情報提供サービスを利用することができるが，これ以外にも，不動産登記簿情報については関係する法務局長に対して，電子媒体による必要な不動産登記簿情報の提供を求めることができ，これは，空家等に関するデータベースを市町村が整備しようとする際に有効と考えられている（指針9頁）。

　さらに，市町村から委託された業者が，空家等対策部局からデータベースの作成目的で空家等の所有者等に関する情報の提供を受けることは可能であり，その際，当該情報の提供を行う市町村においては，委託予定の業者に対して，その契約の中で，個人情報である空家等の所有者等に関する情報の守秘義務を課す必要があると考えられ，このように民間事業者への業務委託を行う際には，情報の他用途利用の禁止，委託業務の再委託の禁止を徹底することなどにより，情報の厳正な取扱いが確保されるよう，十分ご留意する必要があるとされている（パブコメ結果7頁）。

　なお，空家等であっても，いわゆる空き物件，つまり，建築物を販売し，又は賃貸する事業を行う者が販売し，又は賃貸するために所有し，又は管理するもので，周辺の生活環境に悪影響を及ぼさないよう適切に管理されているものについては，データベース化する必要はない（指針11頁）。

Q205 市町村が空家等の所有者等に行う情報の提供，助言その他必要な援助については，例えばどのような体制を整備することが望まれるか。

　空家等の活用，除却等についてのノウハウの提供や，長期にわたって自宅を不在にせざるを得ない場合における対応方針の相談に迅速に

第1章　概説

対応すること等が可能な体制を整備すること（専門業者，資格者団体との連携を含む。）が望まれている。

解説　市町村は，所有者等による空家等の適切な管理を促進するため，これらの者に対し，情報の提供，助言その他必要な援助を行うよう努めるものとされる（空家12条）。

　例えば自ら所有する空家等をどのように活用し，又は除却等すればよいかについてのノウハウの提供や，引っ越し等により今後長期にわたって自宅を不在にせざるを得ない場合における今後の対応方針の相談を当該住宅等の所有者等が市町村に求めることが必要である場合が想定されるため，市町村はその要請に迅速に対応することが可能な体制を整備することが望ましいとされている（指針7頁）。

　また，空家等の所有者等に行う情報の提供，助言としては，例えば，所有者等による空家等の適切な管理を促進するため，市町村は，空家等の所有者等に対し，例えば時々の通水，換気，清掃等の適切な管理又は適宜の除草，立木竹の伐採，枝打ち等により空家等の劣化を防ぐことができる旨の助言を行ったり，空家等を日頃管理することが難しい所有者等については当該空家等を適切に管理する役務を提供する専門業者に関する情報を提供したりすることが考えられている（指針9頁）。

　このような体制整備に当たっては，空家等をめぐる一般的な相談はまず市町村において対応した上で，専門的な相談については宅地建物取引業者等の関係事業者や関係資格者等専門家の団体と連携して対応するものとすることも考えられている（指針7頁）。

　情報の提供，助言その他必要な援助の対象は，空家等の所有者に限られることはなく，例えば空家等の所在地の周辺住民からの当該空家等に対する様々な苦情や，移住，二地域居住又は住み替えを希望する者からの空家等の利活用の申入れに対しても，市町村は迅速に回答することができる体制を整備することが望ましいとされている（指針7頁）。

第6編　空き家

335

第 1 章 概　説

> **Q 206** 市町村長が適切な管理が行われていない空家等についての所有者等の事情を把握しようとするときは必ず特定空家等に対する措置によらなければならないか。

　例えば所有者等であると考えられる者に対し，事実確認のために連絡を取るなど事実行為として行うこともできる。

解説　適切な管理が行われていない空家等について，まずは所有者等に連絡を取り，当該空家等の現状を伝えるとともに，当該空家等に関する今後の改善方策に対する考えのほか，処分や活用等についての意向など，所有者等の主張を含めた事情の把握に努めることが望ましく，その際は，必ずしも書面で行う方法のみによる必要はなく，対面や電話等の通信手段を選択することも考えられ，このような事情把握は，必ずしも空家特措法第14条の特定空家等に対する措置として行う必要はなく，例えば所有者等であると考えられる者に対し，事実確認のために連絡を取るなど事実行為として行うことも考えられている。また，当該空家等が特定空家等に該当すると考えられる場合にあっても，直ち立入調査や指導等の手続を開始するのではなく，把握した当該特定空家等の所有者等の事情を勘案し，具体の対応方策を検討することが考えられ，例えば，「所有者等に改善の意思はあるものの，その対処方策が分からない。」，「遠隔地に居住しているために，物理的に自ら対策を講ずることができない。」，「経済的な対応の余地はあるが，身体的理由等により対応が困難である。」等の場合には，状況に応じて，空家等の除却，改修，管理等に関する相談窓口や活用できる助成制度を紹介すること等により，解決を図ることも考えられるとされている。一方，危険が切迫している等周辺の生活環境の保全を図るために速やかに措置を講ずる必要があると認められる場合は，市町村長は所定の手続を経つつも，勧告，命令又は代執行に係る措置を迅速に講ずることが考えられるとされている（特定空家等ガイドライン5頁）。

第1章　概　説

　市町村長が，事実行為として，適切な管理が行われていない空家等について の所有者等の事情を把握しようとするときは，外部の業者等に委託すること もできるが，その実施方法については市町村において判断して差し支えな いとされる（パブコメ結果13頁）。

Q207　行政が空家等に対応する場合の措置は空家特措法に基づ くものに限られるか。

A　空家特措法に限らず，他法令や条例により，各法令や条例の目的に 沿って必要な措置が講じられる場合が考えられる。

解　説　空家等に係る具体の事案に対し，行政が関与すべき事案である と判断された場合，どのような根拠に基づき，どのような措置を 講ずべきかを検討する必要があり，適切な管理が行われていない空家等に対 しては，空家特措法に限らず，他法令により各法令の目的に沿って必要な措 置が講じられる場合が考えられ，例えば，現に著しく保安上危険な既存不適 格建築物に対する建築基準法に基づく措置や，火災予防の観点からの消防法 に基づく措置のほか，立木等が道路に倒壊した場合に道路交通の支障を排除 する観点からの道路法に基づく措置，災害における障害物の除去の観点から の災害救助法に基づく措置などであるが（状況によっては，措置の対象物ごとに 異なる諸制度を組み合わせて適用することも考えられる。），各法令により，目的，講 ずることができる措置の対象及び内容，実施主体等が異なることから，措置 の対象となる空家等について，その物的状態や悪影響の程度，危険等の切迫 性等を総合的に判断し，手段を選択する必要があり，空家等に該当するか否 かに関わらず，当該建築物等が建築基準法など他法令に基づく措置の対象と なり得る場合に，その措置を活用することは妨げられないとされている（ガ

337

第1章 概 説

イドライン3頁，パブコメ結果2頁）。

　なお，条例に基づいて空家等に対して強制的措置をとる場合は，条例において，その要件が緩和されている場合であっても，条例の当該部分は無効となると解されているため（Q247），空家特措法で定められている要件（空家14条）は遵守しなければならない。

> **Q208** 空家特措法に基づく罰則はどのようなものか。

 措置命令違反，立入調査拒否等の場合に，過料の対象となる。

解 説　空家特措法第14条第3項の措置命令に違反した者は，50万円以下の過料，空家特措法第9条第2項立入調査を拒み，妨げ，又は忌避した者は，20万円以下の過料に処すると規定されている（空家16条）。

第2章 特定空家等に関する措置

Q 209 どのような空家等が特定空家等に該当するか。

A そのまま放置すれば倒壊等著しく保安上危険となるおそれのある状態、著しく衛生上有害となるおそれのある状態、適切な管理が行われていないことにより著しく景観を損なっている状態、又は、その他周辺の生活環境の保全を図るために放置することが不適切である状態にあると認められる空家等をいう。

解説 空家特措法では、空家のうちから、さらに「特定空家等」という概念が定義されている。

「特定空家等」とは、そのまま放置すれば倒壊等著しく保安上危険となるおそれのある状態又は著しく衛生上有害となるおそれのある状態、適切な管理が行われていないことにより著しく景観を損なっている状態、その他周辺の生活環境の保全を図るために放置することが不適切である状態にあると認められる空家等をいう（空家2条2項）。

つまり、空家等のうち、著しく危険であるもの、著しく不衛生で有害であるもの、著しく景観を損なっているもの、その他著しく不適切な状態であるものを、特定空家等ということになる。

特定空家等であると判断する主体は市町村であり（認定制度というものはない（パブコメ結果1頁）。）、特定空家等であると判断されると市町村長による指導・助言その他の強制的な措置（Q221）の対象となる。

特定空家等は、住宅地区改良法で定義される不良住宅と特定空家等とは異なる概念であるが（パブコメ結果1頁）、「そのまま放置すれば倒壊等著しく保安上危険となるおそれのある状態」の「おそれ」とは、現在、そのおそれが

第2章　特定空家等に関する措置

あることだけではなく，将来そのような状態になることが予見される場合が含まれる（特定空家等ガイドライン別紙1（20頁））。

　市町村長が，対象とする空家等を特定空家等と判断するに当たっては，将来の蓋然性を考慮した判断内容を含み，かつ，その判断に裁量の余地がある。よって，必ずしも定量的な基準により一律に判断することはなじまない。特定空家等に対する措置（Q226）を講ずるか否かについては，特定空家等と認められる空家等に関し，周辺の建築物や通行人等に対し悪影響をもたらすおそれがあるか否か，及び悪影響の程度と危険等の切迫性を勘案して，総合的に判断されるべきものである。なお，その際，協議会等において学識経験者等の意見を聞くことも考えられる。また，地域の特性や個々の空家等の現状を踏まえて判断すべきものであるため，一律に判断することはなじまないとされている（特定空家等ガイドライン2・4頁，パブコメ結果1頁）。

　特定空家等であるか否かの判断の際の参考として特定空家等ガイドラインが定められているが，これは，その判断する際に参考となる基準等が示されたものであるため，各市町村において個々の特定空家等に対処するに当たり，あらかじめ「特定空家等の判断基準等を定めるのか，個々の事案ごとに判断していくのか等については，各地域の実情に応じ，各市町村において判断されるべき事項であると考えられている。各市町村において定める特定空家等に該当するか否かの判断基準については，法上の位置付けはなく，また何らかの法令，条例等に根拠を有しなければ定められない性質のものではないことから，どのような位置付けとするかは各市町村において判断するべき事項と考えられ，空家等対策計画を定めることとした場合（Q200），同計画には「特定空家等に対する措置その他の特定空家等への対処に関する事項」を定める必要があり，この中に「特定空家等」に該当するか否かの判断基準を記載する方法も考えられている（パブコメ結果1頁）。

　なお，特定空家等に該当しただけで所有者等に通知することは空家特措法上は必要とされていないが（パブコメ結果1頁・24頁），助言又は指導を行う場合には，その所有者等に対して特定空家等に該当したことを告知する必要がある（Q238）。

340

第2章 特定空家等に関する措置

Q210 「そのまま放置すれば倒壊等著しく保安上危険となるおそれのある状態」であるか否かの判断に際して参考となる基準はなるか。

 建築物の著しい傾斜，建築物の構造耐力上主要な部分の損傷等の基準が特定空家等ガイドラインで参考として示されている。

解説 「そのまま放置すれば倒壊等著しく保安上危険となるおそれのある状態」であるか否かの判断に際して参考となる基準としては，「1．建築物が著しく保安上危険となるおそれがある。」と「2．擁壁が老朽化し危険となるおそれがある。」とに分けて示されている。

1においては，「(1)建築物が倒壊等するおそれがある。」と「(2)屋根，外壁等が脱落，飛散等するおそれがある。」場合の基準がある。(1)の場合は，「イ　建築物の著しい傾斜」と「ロ　建築物の構造耐力上主要な部分の損傷等」との場合の基準があり，さらにロでは「(イ)基礎及び土台」，「(ロ)柱，はり，筋かい，柱とはりの接合等」，(2)の場合は，「(イ)屋根ふき材，ひさし又は軒」，「(ロ)外壁」，「(ハ)看板，給湯設備，屋上水槽等」，「(ニ)屋外階段又はバルコニー」と「(ホ)門又は塀」との場合の基準がある。

これらの基準は，例示であることから，個別の事案に応じてこれによらない場合も適切に判断していく必要がある（特定空家等ガイドライン別紙1（20～22頁））。

この状態に当たるものとしては，次のような例が示されている。

- 下げ振り等を用いて建築物を調査できる状況にある場合，1/20超の傾斜が認められる場合
- 基礎のひび割れが著しく，土台に大きなずれが生じ，上部構造を支える役目を果たさなくなっている箇所が複数生じている場合．
- 土台において木材に著しい腐食，損傷若しくは蟻害があること又は緊結金物に著しい腐食がある場合
- 複数の筋かいに大きな亀裂や，複数の柱・はりにずれが発生しており，

第2章　特定空家等に関する措置

　地震時に建築物に加わる水平力に対して安全性が懸念される場合
・　目視でも，屋根ふき材が脱落しそうな状態を確認できる場合
・　目視でも，上部の外壁が脱落しそうな状態を確認できる場合
・　目視でも，看板，給湯設備，屋上水槽等の支持部分が腐食している状態を，確認できる場合
・　目視でも，屋外階段，バルコニーが傾斜している状態を確認できる場合
・　目視でも，門，塀が傾斜している状態を確認できる場合

Q211　倒壊した建築物や建築物取り壊し後に残された擁壁はもはや特定空家等には該当しないか。

　そのまま放置すれば倒壊等著しく保安上危険となるおそれのある等の状態にあれば，特定空家等であると判断されることもある。

|解説|　建築物が，老朽化等により既に倒壊した状態のものや，火災等により残材等が残る状態のものも建築物に該当し，空家特措法の定める状態にあると認められる空家等であれば，「特定空家等」に該当する（パブコメ結果1頁）。既に倒壊して残材が堆積している状態の建築物であっても，特定空家等の条件を満たすものであれば，特定空家等と判断することが可能である（パブコメ結果9頁）。
　また，擁壁が老朽化し危険であるために特定空家等と判断されたものについて，その後，その建築物を除却し，擁壁のみが残置された場合であっても，「特定空家等」に該当すると判断される原因となった擁壁については必要な措置が講じられていないときは，擁壁が残されている限り特定空家等に該当することとなると考えられている（パブコメ結果2頁）。

342

第2章 特定空家等に関する措置

Q212 建築物の立地条件等は特定空家等であるか否かの判断に影響を与えるか。

A 建築物の立地条件，気候条件等も，特定空家等であるか否かの判断に影響を与える可能性がある。

解説 建築物そのものの状態が同一の各建築物であっても，建築物の立地条件（パブコメ結果12頁），気候条件等の差異が，特定空家等であるか否かの判断に影響を与える可能性がある。

例えば，建築物が著しく保安上危険となるおそれがある場合において，広い敷地内で倒壊しても，敷地周辺へ影響しない場合も想定されるときと，倒壊のおそれのある空家等が狭小な敷地の密集市街地に位置している場合は倒壊した場合に隣接する建築物や通行人等に被害が及びやすいときでは，後者の方が，特定空家等として措置を講ずる必要性が高くなる（パブコメ結果8頁）。

気候条件についても同じようなことがいえ，老朽化した空家等が，大雪や台風等の影響を受けやすい地域に位置する場合等は，特定空家等として措置を講ずる必要性が高くなることが考えられている（パブコメ結果8頁）。

Q213 特定空家等について指導・勧告等を行っている途中で，当該空き家に占有者が現れた場合でも，特定空家等として取り扱うことになるか。

特定空家等には該当しなくなる。

343

第2章　特定空家等に関する措置

解説　　特定空家等と判断し，所有者等に指導・勧告等（Q228）を行っている途中で，改善措置がなされていない当該空家等に占有者が現れた場合は，その占有者の存在により，空家等の定義にある「居住その他の使用がなされていない」ことを満たさない（＝使用されている）こととなる場合には，特定空家等には該当しないこととなる（パブコメ結果2頁）。

Q 214　立木，看板，アンテナ等が危険な状態である場合も特定空家等と判断されるか。

建築物を含んだ一体のものとして，特定空家等と判断され得る。

解説　　特定空家等であるとの前提となる空家等とは，建築物又はこれに附属する工作物であって居住その他の使用がなされていないことが常態であるもの及びその敷地（立木その他の土地に定着する物を含む。）をいい（Q188），建築物等及び立木等を含むその敷地を一体として捉えたものである。

つまり，住宅とその敷地に定着する立木があり，立木のみが危険な状態であるとして，勧告の措置の内容が敷地内の立木のみの場合であっても，住宅を含めて特定空家等に該当することになる（パブコメ結果3頁）。

また，看板，給湯設備，屋上水槽，アンテナ等についても同様で，それらの転倒，剥離，破損又は脱落，支持部分の接合状況などを基に，特定空家等であるか否かが総合的に判断される（パブコメ結果9頁）。

第2章　特定空家等に関する措置

第6編　空き家

Q215
「そのまま放置すれば著しく衛生上有害となるおそれのある状態」であるか否かの判断に際して参考となる基準はなるか。

A 建築物又は設備等の破損等が原因，ごみ等の放置，不法投棄が原因とする基準が特定空家等ガイドラインで参考として示されている。

解　説　「そのまま放置すれば著しく衛生上有害となるおそれのある状態」であるか否かの判断に際して参考となる基準としては，「⑴建築物又は設備等の破損等が原因」と「⑵ごみ等の放置，不法投棄が原因」と分けて示されている。

これらの基準は，例示であることから，個別の事案に応じてこれによらない場合も適切に判断していく必要がある（特定空家等ガイドライン別紙2（23頁））。

この状態に当たるものとしては，次のような例が示されている。

・　吹付け石綿等が飛散し暴露する可能性が高い状況である（石綿の含有が疑われる場合を含む。パブコメ結果10頁）。

・　浄化槽等の放置，破損等による汚物の流出，臭気の発生があり，地域住民の日常生活に支障を及ぼしている。

・　排水等の流出による臭気の発生があり，地域住民の日常生活に支障を及ぼしている。

・　ごみ等の放置，不法投棄による臭気の発生があり，地域住民の日常生活に支障を及ぼしている。

・　ごみ等の放置，不法投棄により，多数のねずみ，はえ，蚊等が発生し，地域住民の日常生活に支障を及ぼしている。

345

第2章　特定空家等に関する措置

Q216 人の居住しない家屋の敷地に著しく不衛生な大量のゴミがあっても，それが不法投棄によるときは特定空家等には該当しないか。

A 敷地へのゴミの不法投棄の場合であっても，特定空家等に該当し得る。

解説　人の居住していないゴミ屋敷であって，著しく不衛生なものは，特定空家等に該当することとなるが，そのゴミが家屋内ではなく，家屋外の敷地に堆積されているときであっても，敷地も空家等の含まれるため，家屋も含めて特定空家等と判断することができる。

　また，ゴミの堆積が家屋の所有者等によって行われた場合に限らず，所有者等以外の者に不法投棄された場合であっても，結果として著しく衛生上有害となるおそれのある状態にあると認められれば，特定空家等として措置することは可能であるとされている（パブコメ結果10頁）。

Q217 「適切な管理が行われていないことにより著しく景観を損なっている状態」であるか否かの判断に際して参考となる基準はなるか。

A 適切な管理が行われていない結果，既存の景観に関するルールに著しく適合しない状態，その他，一定の状態にあり，周囲の景観と著しく不調和な状態の基準が特定空家等ガイドラインで参考として示されている。

第2章　特定空家等に関する措置

解　説　「適切な管理が行われていないことにより著しく景観を損なっている状態」であるか否かの判断に際して参考となる基準としては，「⑴適切な管理が行われていない結果，既存の景観に関するルールに著しく適合しない状態となっている。」と「⑵その他，一定の状態にあり，周囲の景観と著しく不調和な状態である。」とに分けて示されている。

これらの基準は，例示であることから，個別の事案に応じてこれによらない場合も適切に判断していく必要がある（特定空家等ガイドライン別紙3（24頁））。

この状態に当たるものとしては，次のような例が示されている。

・　景観法に基づき景観計画を策定している場合において，当該景観計画に定める建築物又は工作物の形態意匠等の制限に著しく適合しない状態となっている。

・　景観法に基づき都市計画に景観地区を定めている場合において，当該都市計画に定める建築物の形態意匠等の制限に著しく適合しない，又は条例で定める工作物の形態意匠等の制限等に著しく適合しない状態となっている。

・　地域で定められた景観保全に係るルールに著しく適合しない状態となっている（色彩も含まれ得る（パブコメ結果10頁）。）。

・　屋根，外壁等が，汚物や落書き等で外見上大きく傷んだり汚れたまま放置されている。

・　多数の窓ガラスが割れたまま放置されている。

・　看板が原型を留めず本来の用をなさない程度まで，破損，汚損したまま放置されている。

・　立木等が建築物の全面を覆う程度まで繁茂している。

・　敷地内にごみ等が散乱，山積したまま放置されている。

347

第2章　特定空家等に関する措置

Q218　「その他周辺の生活環境の保全を図るために放置することが不適切である状態」であるか否かの判断に際して参考となる基準はなるか。

A　立木が原因による場合，空家等に住みついた動物等が原因，建築物等の不適切な管理等が原因による場合の基準が特定空家等ガイドラインで参考として示されている。

解説　「その他周辺の生活環境の保全を図るために放置することが不適切である状態」であるか否かの判断に際して参考となる基準としては，「(1)立木が原因」による場合，「(2)空家等に住みついた動物等が原因」による場合と，「(3)建築物等の不適切な管理等が原因」による場合とに分けて示されている。

これらの基準は，例示であることから，個別の事案に応じてこれによらない場合も適切に判断していく必要がある（特定空家等ガイドライン別紙4（25頁））。

この状態に当たるものとしては，次のような例が示されている。

・　立木の腐朽，倒壊，枝折れ等が生じ，近隣の道路や家屋の敷地等に枝等が大量に散らばっている。

・　立木の枝等が近隣の道路等にはみ出し（雑草の繁茂も含まれる（パブコメ結果7頁），歩行者等の通行を妨げている。

・　動物の鳴き声その他の音が頻繁に発生し，地域住民の日常生活に支障を及ぼしている。

・　動物のふん尿その他の汚物の放置により臭気が発生し，地域住民の日常生活に支障を及ぼしている。

・　敷地外に動物の毛又は羽毛が大量に飛散し，地域住民の日常生活に支障を及ぼしている。

・　多数のねずみ，はえ，蚊，のみ等が発生し，地域住民の日常生活に支障を及ぼしている。

348

第2章　特定空家等に関する措置

- 住みついた動物が周辺の土地・家屋に侵入し，地域住民の生活環境に悪影響を及ぼすおそれがある。
- シロアリが大量に発生し，近隣の家屋に飛来し，地域住民の生活環境に悪影響を及ぼすおそれがある。
- 門扉が施錠されていない，窓ガラスが割れている等不特定の者が容易に侵入できる状態で放置されている。
- 屋根の雪止めの破損など不適切な管理により，空き家からの落雪が発生し，歩行者等の通行を妨げている。
- 周辺の道路，家屋の敷地等に土砂等が大量に流出している。

その他，敷地内の廃浄化槽，古井戸等が閉鎖されず，開口部から落下の恐れがある状態で放置されている状態であって，周辺の生活環境の保全を図るために放置することが不適切であると判断されれば，特定空家等に該当することもあり得る（パブコメ結果12頁）。

Q219　防犯，火災予防の観点から，特定空家等であることを判断することはできるか。

A　空家特措法に防犯の観点は含まれないが，火災予防の観点からは特定空家等であることを判断することができる。

解説　空家特措法に防犯の観点は含まれていないが，各地方公共団体の条例等において，空き家対策の目的として掲げることは妨げていないとされている（パブコメ結果12頁）。

なお，防犯の観点ではないものの，特定空家等ガイドラインにおいて，「その他周辺の生活環境の保全を図るために放置することが不適切である状態」としての「建築物等の不適切な管理等が原因による場合」の例として，

349

第2章 特定空家等に関する措置

「門扉が施錠されていない，窓ガラスが割れている等不特定の者が容易に侵入できる状態で放置されている。」が示されている。

火災の観点については，例えば外壁の防火材が剥落し空家等の延焼危険性が高まり，周辺の生活環境の保全を図るために放置することが不適切である状態であれば，「その他周辺の生活環境の保全を図るために放置することが不適切である状態」に含まれると考えられている（パブコメ結果2頁）。

Q 220 市町村長は空家等に対して立入調査を実施することができるか。

　特定空家等に対する措置の実施に必要な限度で，事前通知をすることを前提に，立入調査を実施することができる。

解説　市町村長は，特定空家等に対する措置の実施に必要な限度において，当該職員又はその委任した者に，空家等と認められる場所に立ち入って調査をさせることができる（空家9条2項）。

つまり，空家等に関する調査を行うことだけを目的として立入調査を実施することはできず，あくまでも特定空家等に対する措置の実施に必要な限度において，立入調査を実施することができることになる。

立入調査の結果，建物内に占有者がいる等使用実態があることが判明した場合は，当該建築物は特定空家等に該当しないこととなり，それ以降，立入調査を継続することはできないが（特定空家等ガイドライン7頁），この場合の占有者については，所有者等が知り得ない者かどうかに関わらないと考えられている（パブコメ結果15頁）。このような場合，建築物等に立ち入った時点において当該建築物等が，空家等と認められる場所であった以上，使用実態があることが判明する以前の立入調査は適法な行為であるとされている（特

第2章 特定空家等に関する措置

定空家等ガイドライン7頁）。

　立入調査の結果，建物内に占有者がいることが判明したため立入調査を中止した後は，占有者等の同意の下で社会通念上相当と認められる範囲で所有者等の確認等（例えば，所有者の確認，当該建築物をどのように使用しているのか等）を行うことは調査（空家9条1項）として許容されるものと解されている（特定空家等ガイドライン7頁）。

　立入調査では，調査対象の建築物等の敷地上だけでなく，当該建築物等の内部にまで立ち入ることができる（『空家解説』100頁）。

　市町村長が，立入調査を市町村職員以外の者に委任する場合は，例えば建築士や土地家屋調査士などに委任することが想定されている（指針12頁）。

Q221 特定空家等に対する措置の実施に必要な限度で立入調査を実施するときは当初の所有者が死亡している場合その相続人の一人に事前通知を行えば足りるか。

 相続人の全員に対して，5日前までに通知しなければならない。

解説　市町村長は，前項の規定により当該職員又はその委任した者を空家等と認められる場所に立ち入らせようとするときは，その5日前までに，当該空家等の所有者等にその旨を通知しなければならないが，当該所有者等に対し通知することが困難であるときは，この限りでないと規定されている（空家9条3項）。

　この場合に，立ち入ろうとする者は，その身分を示す証明書を携帯し，関係者の請求があったときは，これを提示しなければならない（空家9条4項）。

　ここで，立入調査に当たって事前通知する期間の「5日の期間の計算につ

351

第2章　特定空家等に関する措置

いては，期間の初日は参入しない」ものと解されている（特定空家等ガイドライン6頁）。

　この事前通知は所有者等にしなければならず，所有者等とは所有者と管理者を総称し，空家等の当初の所有者（所有権権の登記名義人）が死亡しているときは，その相続人全員をいう（Q198）。したがって，空家等に該当する土地所有者と建物所有者が異なるときは，その両者に通知しなければならず，登記上の所有者が既に死亡しており，その相続人が複数いる場合には，当該相続人全員に事前通知をする必要がある（パブコメ結果14頁）。

Q 222　所有者等に立入調査を拒否されたときであっても立入調査を実施することができるか。

　明示的な拒否がある場合は，物理的強制力を行使してまで立入調査をすることはできない。

解説　立入調査を実施するに当たっては，所有者等の承諾を要件とするものではないが（パブコメ結果14頁），明示的な拒否がある場合や，相手方の抵抗がある場合は，物理的強制力を行使したり，相手方の抵抗を排除してまで立入調査をすることは認められない（パブコメ結果26頁，特定空家等ガイドライン6頁）。

　所有者等が複数で，その全部に通知したところ，一部の者から明示的な拒否がある場合も同様であり，この場合，明示的な拒否をしたものが複数の相続人のうちの相続分が僅少であっても，その相続割合にかかわらず，立入調査を行う権限まで認められない（パブコメ結果14頁）。

　また，明示的な拒否がある場合には，物理的強制力の行使による立入調査を行う権限まで認められるものではなく，それは空家等の倒壊する可能性の

352

第2章　特定空家等に関する措置

高さや緊急性の高さにより変わるものではないため，倒壊する可能性の高い空家等については，明示的な拒否がある場合には，立入調査を行うことはできないと考えられている（パブコメ結果15頁）。

「関係者以外立入禁止」のような張り紙等が玄関・門等に貼ってあった場合には，それだけをもって，真の所有者等による個別具体的な立入調査に対する明示的な拒否がなされたものということはできないと解されている（『空家解説』102頁）。

一方，事前通知を行ったが応答がない場合，所有者等の明示の拒否がないと考えて差し支えないと考えられている（パブコメ結果15頁）。

なお，立入調査を拒否等した者は，過料の対象とされている（Q208）。この場合，関係者から身分証明書の開示請求があった場合において，これを提示しないで立入調査を行った場合には，正当な権限行使とはみなされず，関係者が立入を拒んだとしても，それには正当な理由があったものとして，罰則が科せられないと解されている（『空家解説』109頁）。

Q223　門扉が閉じられている敷地や鍵が施錠されている建物に立ち入ることもできるか。

A 物理的強制力の行使により立入調査の対象とする空家等を損壊させるようなことのない範囲内での立入調査は許容され得るが，施錠されている鍵を業者等に依頼し開錠させることは物理的強制力に当たる。

解説 空家等は，所有者等の意思を確認することが困難な場合があるところ，倒壊等の危険があるなどの場合に，空家等と認められる場所の門扉が閉じられている等敷地が閉鎖されていることのみをもって敷地内に立ち入れないとなると，法の目的が十分に達成できないおそれがあり，

353

また，立入調査を行っても，現に居住や使用がなされている建築物に比してそのプライバシーの侵害の程度は相対的に軽微であるため，門扉が閉じられている等の場合であっても，物理的強制力の行使により立入調査の対象とする空家等を損壊させるようなことのない範囲内での立入調査は許容され得るものと考えられている（特定空家等ガイドライン7頁）。そこで，特定空家等に該当すると認められる朽ち果てた家屋がある敷地が塀で囲まれており，又は門戸が閉まっているとしても，そのような塀や門戸を乗り越えて敷地に立ち入ることは，門戸（施錠も含む。）や塀を破壊するなどの物理的強制力を用いない限りにおいて許されると考えられている（パブコメ結果15頁）。

また，鍵が施錠されている建物については，錠前屋等により損壊させることなく開錠を行い，立入調査を行うことは，物理的強制力の行使にあたり得ると考えられているものの，ただ，既に窓，扉，壁等が破損されている場合に，物理的強制力を行使せずに，そこから建物内へ立ち入ることは，可能であると考えられている（パブコメ結果14頁・15頁）。

Q224 立入調査の際に必要とされる事前通知をしなくても差し支えない場合があるか。

 当該所有者等に対し通知することが困難であるときは，事前通知をする必要はない。

解説 市区町村長が，当該職員又はその委任した者を空家等と認められる場所に立ち入らせようとするときは，その5日前までに，当該空家等の所有者等にその旨を通知しなければならないが，当該所有者等に対し通知することが困難であるときは，この限りでないと規定されている（空家9条3項）。

第 2 章　特定空家等に関する措置

　ここで、「通知することが困難であるとき」とは、具体的には、所有者等又はその所在が、市町村がその職務を行う際に通常用いる手段、具体的には住民票情報、戸籍情報等、不動産登記簿情報、固定資産課税情報などで調査してもなお不明な場合が考えられている（パブコメ結果14頁）。業務多忙、担当者不在等の市町村の都合により通知することが困難である場合は含まれない（『空家解説』107頁）。

Q225　空家等の所有者等を把握するための調査として固定資産税の課税に関する情報を利用する場合はどのようなことに留意しなければならないか。

　空家等の所有者に関する氏名、住所等に限り、守秘義務を順守すること等に留意しなければならない。

解説　市町村長は、固定資産税の課税その他の事務のために利用する目的で保有する情報であって氏名その他の空家等の所有者等に関するものについては、空家特措法の施行のために必要な限度において、その保有に当たって特定された利用の目的以外の目的のために内部で利用することができ（空家10条1項）、東京都においては、都知事は、固定資産税の課税その他の事務で市町村が処理するものとされているもののうち特別区の存する区域においては都が処理するものとされているもののために利用する目的で都が保有する情報であって、特別区の区域内にある空家等の所有者等に関するものについて、当該特別区の区長から提供を求められたときは、空家特措法の施行のために必要な限度において、速やかに当該情報の提供を行うものとされている（空家10条2項）。
　つまり、固定資産税の課税情報等は、その課税のために保有されている情

第2章　特定空家等に関する措置

報であるため，その課税以外の目的のために利用することができないのが原則であるが，空家特措法の施行のために必要な限度において，利用の目的以外の目的のために内部で利用することができる。

　固定資産税の課税情報には，空家等の所有者等の現在の所在や，所有者等が死亡しているときには，その相続人の一人が納税管理人等として記録されていることもあるため，空家等の所有者等の登記簿上の住所地の住民票及び除票の交付を受けることができないような場合には，固定資産税の課税情報を利用することは，空家等の所有者等を把握するうえにおいて極めて重要な手段であろう（最終的には全相続人を把握するための調査を続行することになる。）。

　固定資産税の課税のために利用する目的で保有する情報であって空家等の所有者に関する氏名その他の法の施行のために必要な限度の情報は，具体的には，空家等の所有者（納税義務者）又は必要な場合における納税管理人の氏名又は名称並びに住所及び電話番号といった事項に限られている（内部利用等について）。住宅用地特例の適用の有無は，所有者等に関する情報とはいえない（パブコメ結果16頁）。

　また，空家等に該当するか否かを判断することも，空家特措法の施行の必要な限度といえることから，空家等であるかを調査するために，内部利用することができるとされている（パブコメ結果6頁）。

　内部利用とは，市町村の内部機関における当該情報の利用をいい，具体的には，市町村の空家等担当部局が，同じ市町村の税務部局から，固定資産税の課税事務のために利用する目的で保有する情報であって，氏名その他空家等の所有者等に関するものの提供を受けることが想定されている（『空家解説』116頁）。

　固定資産税の課税情報を内部利用する際，例えば，空家等担当部局が空家等に係る固定資産税の納税義務者本人又は必要な場合における納税管理人に対し，空家等の所有者を確認するために連絡をとる場面において固定資産税関係所有者情報を活用することは可能であるが，納税義務者本人又は必要な場合における納税管理人以外に固定資産税関係所有者情報を漏らす行為は，空家特措法の施行のために必要な限度においての利用とは解されず，正当な

356

理由なく固定資産税関係所有者情報を漏らす行為は，地方公務員法第34条の守秘義務に違反することにも留意が必要である（内部利用等について）。なお，固定資産税の課税情報を内部利用することは市町村長にのみ認められた措置であるため，市町村から委託された業者に対して税務当局が内部利用をさせることはできないとされている（パブコメ結果7頁）。

空家特措法第10条第1項の規定により市町村長が内部利用することができる情報は，固定資産税の課税情報以外には，例えば各市町村の個人情報保護条例などにより目的外利用が制限されている情報のうち，空家等の所有者等の氏名，住所等の情報（指針10頁），水道情報や国勢調査情報も含まれるとされる（パブコメ結果6頁）。電気，ガス等の供給事業者に，空家等の電気，ガス等の使用状況やそれらが使用可能な状態にあるか否かの情報の提供を求めることも可能である（指針9頁）。

Q226 市町村長が特定空家等の所有者等に対して空家特措法に基づいてとることができる措置にはどのようなものがあるか。

A 順に，助言又は指導，勧告，命令，行政代執行・略式代執行である。

解説 　市町村長は，所在，所有者等の調査（Q202），立入調査（Q220）の結果，対象とする空家等が特定空家等であると認めたときは，特定空家等の所有者等に対し，以下の，特定空家等に対する措置をとることができる。

まず，当該特定空家等の所有者等に対し，その除却，修繕，立木竹の伐採その他周辺の生活環境の保全を図るために必要な措置をとるよう助言又は指

第2章 特定空家等に関する措置

導をすることができ（Q228, 230），その後，その状態が改善されないときは勧告（Q232），さらに勧告に従わないときは命令（Q235），そして，命令が守られないときには，最終的に行政代執行（Q245）・略式代執行（Q246）を行うことができることになっている。

Q227 特定空家等に対する措置を講じようとする特定空家等について抵当権等が設定されていること等が判明した場合は市町村長が関係する権利者と調整を行う必要があるか。

 関係する権利者と必ずしも調整を行う必要はなく，基本的には当該抵当権者等と特定空家等の所有者等とによる解決に委ねられる。

解説 特定空家等に対する措置を講じようとする特定空家等について，その措置の過程で，抵当権等の担保物権や賃貸借契約による賃貸借権が設定されていること等が判明したとき，この場合，特定空家等に対する措置は，客観的事情により判断される特定空家等に対してなされる措置であるため，命令等の対象となる特定空家等に抵当権等が設定されていた場合でも，市町村長が命令等を行うに当たっては，関係する権利者と必ずしも調整を行う必要はなく，基本的には当該抵当権者等と特定空家等の所有者等とによる解決に委ねられるものと考えられている（特定空家等ガイドライン8頁）。

Q 228 特定空家等の所有者等に対して市町村長はどのような助言又は指導をするか。

 除却,修繕,立木竹の伐採その他周辺の生活環境の保全を図るために必要な措置をとるよう助言又は指導をする。

解説 特定空家等に対する措置としてとり得る第一番目の手段が,助言又は指導である。

市町村長は,特定空家等の所有者等に対し,当該特定空家等に関し,除却,修繕,立木竹の伐採その他周辺の生活環境の保全を図るために必要な措置をとるよう助言又は指導をすることができる（空家14条1項）。

この場合,そのまま放置すれば倒壊等著しく保安上危険となるおそれのある状態又は著しく衛生上有害となるおそれのある状態にない特定空家等については,建築物の除却するよう助言又は指導をすることはできない（空家14条1項括弧書き）。なお,この「建築物の除却」とは「建築物の全部除却」を意味するとされている（パブコメ結果17頁）。

Q 229 所有者等が複数いる場合や所有者等が死亡している場合はその一部に対して助言又は指導をすることで足りるか。

 所有者等,その相続人全員に対して助言又は指導をすることとなる。

解説 所有者等とは所有者と管理者を総称し,空家等の当初の所有者（所有権権の登記名義人）が死亡しているときは,その相続人全員を

第2章 特定空家等に関する措置

いう（Q198）。所有者等が死亡している場合、まず相続人の把握作業を進め、確知できた相続人全員に対して、助言又は指導をし（パブコメ結果6頁）、建物所有者と土地所有者が異なる空家等については、その双方の所有者に助言又は指導を行う必要がある（パブコメ結果17頁）。現実に固定資産税を負担している者に告知すれば足りるわけではない（パブコメ結果16頁）。

複数の所有者等の全員に指導又は助言を行うときは、全員に対して同時に行わなければならないわけではなく、別々に行うこともでき、それは各市町村において判断する事項であると考えられているが（パブコメ結果16頁）、空家等の複数の所有者等の一部（相続人の一部）が認知症である場合、指導又は助言をするに当たっては、成年後見人の選任は必須とされていない（パブコメ結果7頁）。

もし、成年後見人が選任されているときであって、その事実を市町村が把握している場合には、成年後見人は管理者として所有者等以外等するため、当該成年後見人にも助言又は指導がなされるものと思われる。

Q230 特定空家等の所有者等に対する助言又は指導はどのように行うか。

 書面又は口頭で、当該助言又は指導の内容及びその事由等を告知して行う。

解説 助言又は指導は、口頭によることも許容されており、書面でしなければならないということはないが、例え電話応対を行った場合でも、改善しなかった場合の措置を明確に示す必要がある場合には、電話対応の記録の形ではなく、措置の内容を明確に記述した書面を用意する方が望ましいと考えられている（パブコメ結果16頁）。

360

第2章　特定空家等に関する措置

　特定空家等の所有者等に対する助言又は指導については，まずこれらの行政指導により，所有者等自らの意思による改善を促すことから始められ，その場合は，告知を行って，以下のような内容の助言又は指導をする（特定空家等ガイドライン8頁）。

　まず，助言又は指導に携わる者は，その特定空家等の所有者等に対して，次の事項を明確に示さなければならないとされている。

　告知すべき事項は次のとおりである。

(1)　当該助言又は指導の内容及びその事由

(2)　当該助言又は指導の責任者

(3)　助言又は指導に係る措置を実施した場合は，遅滞なく当該助言又は指導の責任者に報告すること

(4)　助言又は指導をしたにも関わらず，なお当該特定空家等の状態が改善されないと認められるときは，市町村長は勧告を行う可能性があること

(5)　市町村長が勧告をした場合は，地方税法の規定に基づき，当該特定空家等に係る敷地について固定資産税等のいわゆる住宅用地特例の対象から除外されることとなること（パブコメ結果17頁）

　特定空家等の所有者等は当該特定空家等の状況を把握していない可能性があること等を考慮し，助言又は指導の趣旨を示す際には，根拠規定のみならず，次の事項等をその内容とし，分かりやすく示すことが望ましいとされている。

　また，助言又は指導の趣旨及び内容は次のとおりである。

(1)　どの建築物等が特定空家等として助言又は指導の対象となっているか

(2)　当該特定空家等が現状どのような状態になっているか

(3)　周辺の生活環境にどのような悪影響をもたらしているか

　また，指導又は助言については履行期間を定める必要はなく，指導回数についても一律の基準はない（パブコメ結果16頁）。

第6編　空き家

361

第2章　特定空家等に関する措置

Q 231 助言又は指導後においても状態が改善されないときや改善した後，再び元の状態になったときは直ちに勧告を行うか。

A 状態が改善されないとき，直ちに勧告を行うことなく，助言又は指導を繰り返すこともできる。改善した後再び元の状態になったときは，直ちに勧告を行うことはできず，改めて助言又は指導を行うことになる。

解説 　市町村長の助言又は指導により，その対象となった特定空家等の状態が改善された場合は，助言又は指導の内容は履行されたこととなるが，この場合においても，その履歴を記録しておくべきであるとされ，一方，助言又は指導を受けた特定空家等が改善されないと認められるときは，市町村長は，当該特定空家等の所有者等に対し，繰り返し助言又は指導を行うべきか，必要な措置を勧告すべきかどうか，勧告する場合はどのような措置とするか等について検討する（協議会において協議すること等も考えられている。）ものとされる（特定空家等ガイドライン 9 頁）。

　他方，助言又は指導により，状況が改善したが，ふたたび元の状態に戻ったときは，直ちに勧告をすることはできず，その時点で改めて助言又は指導を行うことになる（パブコメ結果24頁）。

362

第2章 特定空家等に関する措置

Q232 助言又は指導をした場合においても特定空家等の状態が改善されないと認めるときに市町村長が次にとることができる措置は。

必要な措置をとることを勧告することができる。

解説 　市町村長は，助言又は指導をした場合において，なお当該特定空家等の状態が改善されないと認めるときは，当該助言又は指導を受けた者に対し，相当の猶予期限を付けて，除却，修繕，立木竹の伐採その他周辺の生活環境の保全を図るために必要な措置（そのまま放置すれば倒壊等著しく保安上危険となるおそれのある状態又は著しく衛生上有害となるおそれのある状態にない特定空家等については，建築物の除却を除く。）をとることを勧告することができる（空家14条2項）。

　例えば，傾斜地に立地する特定空家等の敷地が大きく崩壊し，引き続き不安定な状態であり，かつ，その敷地に存する建築物が基礎とともに著しく傾斜した状態であって，倒壊の危険が高い場合でその全体を除却するほかない場合など，建築物を全て解体し，建築物を構成していた建材を現地に残存させることなく撤去するべき合理的な理由がある場合には，全部除去に係る勧告を行うことができると考えられている（『空家解説』136頁）。

　勧告は，措置の内容を明確にするとともに，勧告に伴う効果を当該特定空家等の所有者等に明確に示す観点から，書面（参考様式2（資料3参照））で行うものとされており，また，勧告の送達方法について具体の定めはなく，直接手交，郵送などの方法から選択することが考えられている（特定空家等ガイドライン10頁）。勧告は，措置の内容を明確にするとともに，勧告に伴う効果を当該特定空勧告は，相手方に到達することによって効力を生じ，相手方が現実に受領しなくとも相手方が当該勧告の内容を了知し得るべき場所に送達されたら到達したとみなされるため，的確な送達の方法を選択すべきであり，

363

第2章　特定空家等に関する措置

郵送の場合は，より慎重を期す観点から，配達証明郵便又は配達証明かつ内容証明の郵便とすることが望ましいとされている（特定空家等ガイドライン10頁）。

　勧告を行う場合は，その特定空家等の所有者等に対して，次の事項を明確にしなければならず，また，併せて，以下の事項も示すべきであるとされている（特定空家等ガイドライン9頁）。

　明確にすべき事項は次のとおりである。

(1)　当該勧告に係る措置の内容及びその事由

(2)　当該勧告の責任者

　併せて示すべき事項は次のとおりである。

(1)　勧告に係る措置を実施した場合は，遅滞なく当該勧告の責任者に報告すべきであること

(2)　正当な理由がなくてその勧告に係る措置をとらなかった場合，市町村長は命令を行う可能性があること

(3)　地方税法の規定に基づき，当該特定空家等に係る敷地について固定資産税等のいわゆる住宅用地特例の対象から除外されること

　この場合，住宅用地特例の適用の有無は，空家等の所有者等に関する情報とはいえないため，また事前にそのような情報を入手せずとも，勧告の対象者に対して「住宅用地特例の対象から除外されることとなる」点は連絡可能であると考えられている（パブコメ結果16頁）。

　勧告の際の「相当の猶予期限」とは，勧告を受けた者が当該措置を行うことにより，その周辺の生活環境への悪影響を改善するのに通常要すると思われる期間を意味し，具体の期間は対象となる特定空家等の規模や措置の内容等によって異なるが，おおよそのところは，物件を整理するための期間や工事の施工に要する期間を合計したものを標準とすることが考えられている（特定空家等ガイドライン10頁）。

　勧告に係る措置の内容は，当該特定空家等の所有者等が，具体的に何をどのようにすればいいかが理解できるように，明確に示す必要があるところ，例えば，「壁面部材が崩落しそうで危険なため対処すること」といった概念

364

第2章 特定空家等に関する措置

的な内容ではなく，このような場合には，「壁面部材が崩落しないよう，東側2階部分の破損した壁板を撤去すること」等の具体の措置内容を示すべきであるし，建築物を除却する場合にあっても，建築物全部の除却なのか，例えば2階部分等一部の除却なのか等除却する箇所を明確に示す必要があり，また，措置の内容は，周辺の生活環境の保全を図るという規制目的を達成するために必要かつ合理的な範囲内のものとしなければならないため，例えば改修により目的が達成され得る事案に対し，いたずらに除却の勧告をすることは不適切であると考えられている（特定空家等ガイドライン10頁）。

Q233 特定空家等の所有者等が複数存在するときは全員に対して勧告する必要があるか。

　所有者等の全員に対して，勧告する必要がある。

解説　市町村長が特定空家等に対して必要な措置に係る勧告を講ずるに当たり，特定空家等の所有者等が複数存在する場合には，市区町村長が確知している当該特定空家等の所有者等の全員に対して勧告を行う必要があることは（特定空家等ガイドライン10頁），助言又は指導の場合と同様である（Q229）。

第2章　特定空家等に関する措置

Q234　勧告後に特定空家等の一部又は全部の所有者に変動が生じたときであっても勧告の効力は継続するか。

A　変動のない所有者に対する勧告の効力は継続するが，建物及び敷地ともに所有者に変動が生じた場合は効力は失われるため，改めて勧告を行う必要がある。

解説　　市町村長による勧告を受けた特定空家等の建物部分とその敷地のいずれかが当該勧告後に売買された結果として所有者等が変わってしまったとしても，当該勧告は建物部分とその敷地とを切り離すことなく特定空家等の所有者等に対して講じられた措置であり，売買等による変更のなかった所有者等に対する効力は引き続き存続することから，建物部分又はその敷地の所有者等のいずれかが当該勧告に係る措置を履行しない限り，当該勧告に伴う効果は継続すると考えられているものの，このような場合において，新たに特定空家等の建物部分又はその敷地の所有者等となった者に対し，市町村長はできる限り迅速に，改めて勧告を講ずる必要がある（当然，助言又は指導から行う必要がある。特定空家等ガイドライン10頁）。所有者の変動原因が売買以外の原因，例えば，贈与や相続，合併等の場合も同様である（パブコメ結果17頁）。

他方，市町村長による勧告を受けた特定空家等の建物部分とその敷地のいずれもが売買等された結果として所有者等が変わってしまった場合には，勧告の効力が失われるため，本来元の所有者等により講じられるべきであった措置の履行を促す観点から，新たに当該特定空家等の所有者等となった者に対し，市町村長はできる限り迅速に，改めて勧告を講ずる必要があり，その際，勧告の効力の有無は，固定資産税等のいわゆる住宅用地特例の適用関係に影響を与えるため，税務部局とも十分連携を図る必要があるとされている（特定空家等ガイドライン10頁）。

いずれにしても，新たに特定空家等の所有者等（建物部分又は敷地の部分の所

366

第2章 特定空家等に関する措置

有者等となった者を含む。）に対し，市町村長はできる限り迅速に，改めて勧告を講ずる必要がある（当然，助言又は指導から行う必要がある。）。

Q235 勧告をした場合においても当該勧告に係る措置をとらなかったときに市町村長が次にとることができる措置は何か。

 勧告に係る措置をとることを命令することができる。

解説 　市町村長は，勧告を受けた者が正当な理由がなくてその勧告に係る措置をとらなかった場合において，特に必要があると認めるときは，その者に対し，相当の猶予期限を付けて，その勧告に係る措置をとることを命ずることができる（空家14条3項）。

つまり，勧告を受けた特定空家等の所有者等が当該勧告に係る措置をとらなかったときは，命令（措置命令）の対象となるが，正当な理由があることにより当該勧告に係る措置をとらなかったときは，措置命令の対象とはならない。

勧告を受けた者が，その勧告に係る措置をとらなかった場合は，勧告に係る措置をとらなかった場合において特に必要があると認めるときに命令の対象となるとされており，必ず措置命令以降の手続に進むものではないが（パブコメ結果21頁），市町村長が，対応すべき事由がある場合において的確な権限行使を行うことは当然認められると考えられている（特定空家等ガイドライン11頁）。

命令の際の「相当の猶予期限」も，勧告の際（Q232）における「相当の猶予期限」と同義である（特定空家等ガイドライン10・11頁）。

命令の形式については，命令の内容を正確に相手方に伝え，相手方への命

367

第2章　特定空家等に関する措置

令の到達を明確にすること等処理の確実を期す観点から、書面で行うものとされ、命令の送達方法について具体の定めはないが、勧告の送達方法に準じる（Q232）ものとされている（特定空家等ガイドライン11頁）。

Q236　特定空家等の所有者等が複数存在するときは全員に対して命令を発する必要があるか。

　所有者等（正当理由のある者を除く。）の全員に対して、命令を発する必要がある。

解説　市町村長が特定空家等に対して措置命令を発するに当たり、特定空家等の所有者等が複数存在する場合には、市町村長が確知している当該特定空家等の所有者等（正当理由のある者を除く。）の全員に対して命令を発する必要があることは、勧告の場合と同様である（Q236）。

特定空家等の当初の所有者等の複数の法定相続人のうち1名を地方税法第343条第2項の「家屋を現に所有している者」として固定資産税を賦課している場合でも、当該法定相続人のうち複数名が実態として当該特定空家等を所有等している場合には、所有者等が複数存在する場合に当たる（パブコメ結果13頁）。

Q237 勧告を受けた特定空家等の所有者等のうち命令の対象とならない正当理由を有する者とは。

 勧告に係る措置を行う権原がない者をいい，措置を行うに必要な金銭がない者は当たらない。

解 説　特定空家等の所有者等への命令については，正当な理由がなくてその勧告に係る措置をとらなかった場合に実施できることとされており，確知している所有者等全員のうち，正当な理由のない，つまり，措置を行う権原がある者に対して行うこととなる（パブコメ結果13頁）。

この「正当な理由」とは，例えば所有者等が有する権原を超えた措置を内容とする勧告がなされた場合等を想定しており，単に措置を行うために必要な金銭がないことは「正当な理由」とはならないと解されている（特定空家等ガイドライン11頁）。

正当理由とは，例えば，特定空家等の建築物の所有者と土地の所有者が異なる場合に，その両者に必要な措置を勧告したものの，当該土地所有者より，自らには当該建築物に対しては必要な措置を講ずる権限がない，あるいは，勧告後，自然災害等が発生したため，当該特定空家等が滅失し，そもそも必要な措置を講ずる必要がなくなってしまった場合等が想定されている（『空家解説』146頁）。

第2章　特定空家等に関する措置

> **Q238** 市町村長が措置命令をしようとするときに事前にとらなければならない手続があるか。

 当該特定空家等の所有者等又は代理人に，意見書や自己に有利な証拠を提出する機会を与えなければならない。

解説　市町村長は，措置命令をしようとする場合においては，あらかじめ，その措置を命じようとする者に対し，その命じようとする措置及びその事由並びに意見書の提出先及び提出期限を記載した通知書を交付して，その措置を命じようとする者又はその代理人に意見書及び自己に有利な証拠を提出する機会を与えなければならない（空家14条4項）。

つまり，措置命令を受ける前には，措置命令の対象者たる特定空家等の所有者等が意見書や自己に有利な証拠を提出することが保障されている。

この通知は，書面（通知書：参考様式3（資料4参照））を交付して行わなければならないとされ，通知書においては，その命じようとする措置及びその事由並びに意見書の提出先及び提出期限のほか，当該通知書の交付を受けた者は，その交付を受けた日から5日以内に，市町村長に対し，意見書の提出に代えて公開による意見の聴取を行うことが請求できること（空家14条5項）について，あらかじめ示すことが望ましいとされ，また，「命じようとする措置」とは，「勧告に係る措置」のことであり，措置の内容は，同様に明確に示さなければならないとされている（特定空家等ガイドライン12頁）。

通知書における措置の事由，単に根拠法令の条項を示すだけでは不十分であると考えられ，当該特定空家等がどのような状態にあって，どのような悪影響をもたらしているか，その結果どのような措置を命ぜられているのか等について，所有者等が理解できるように提示すべきであるとされ，意見書及び証拠の提出は，命令の名あて人となるべき者にとって自己の権利利益を擁護するために重要な機会となるものであるから，行政手続法第15条第1項を踏まえれば，提出期限は意見書や証拠の準備をするのに足りると認められる

期間を設定しなければならないとされている（特定空家等ガイドライン12頁）。

　以上の手続において，特定空家等の所有者等は，代理人を選任できることができる。

　代理人は，当該措置命令に関する一切の行為をすることができるが，行政手続法第16条の規定を踏まえ，代理人の資格は書面で証明しなければならないとともに，代理人がその資格を失ったときは，当該代理人を選任した者は，書面でその旨を市町村長に届け出なければならないとされている（特定空家等ガイドライン12頁）。

Q239 勧告に係る措置の命令の事前通知書の交付を受けた者は意見書の提出以外の方法で意見陳述をすることはできないか。

意見書の提出に代えて公開による意見の聴取を行うことを請求することができる。

解説　措置命令の際の事前通知書の交付を受けた者は，その交付を受けた日から5日以内に，市町村長に対し，意見書の提出に代えて公開による意見の聴取を行うことを請求することができる（空家14条5項）。この「5日」の期間の計算については，期間の初日は算入しないものと解されている（特定空家等ガイドライン13頁）。

　そして，市町村長は，その意見の聴取の請求があった場合においては，当該特定空家等の所有者等又はその代理人の出頭を求めて，公開による意見の聴取を行わなければならない（空家14条6項）。

　意見の聴取を行う場合においては，市町村長は，命じようとする措置並びに意見の聴取の期日及び場所を，期日の3日前までに，当該特定空家等の所

第2章 特定空家等に関する措置

有者等又はその代理人に通知するとともに，これを公告しなければならない（空家14条7項）。

この「3日」の期間の計算についても，期間の初日は算入しないものと解され，通知の方式について定めはなく，口頭での通知も可能と解されるが，処理の確実性を期する観点からは，書面によることが望ましく，公告の方式についても定めはなく，当該市町村で行われている通常の公告方式でよいと考えられている（特定空家等ガイドライン13頁）。

Q240 公開による意見の聴取に際して証人を出席させることもできるか。

 証人を出席させ，かつ，自己に有利な証拠を提出することができる。

解説 措置命令の際の事前通知書の交付を受けた当該特定空家等の所有者等又はその代理人は，意見の聴取に際して，証人を出席させ，かつ，自己に有利な証拠を提出することができる（空家14条8項）。

公開による意見の聴取の「公開による」とは，意見聴取を傍聴しようとする者がある場合にこれを禁止してはならないというにとどまり，場内整理等の理由により一定者数以上の者の入場を制限することまで否定するものではないとされ，この際，市町村長は，意見聴取の円滑な進行のため，過度にわたらない程度に証人の数を制限し，また証拠の選択をさせることは差し支えないと解されている（特定空家等ガイドライン13頁）。

372

第2章　特定空家等に関する措置

> **Q241**　空家特措法に基づく行政代執行と行政代執行法に基づく行政代執行との関係はどのようになるか。

　特定空家等に関する行政代執行について定めた空家特措法第14条第9項の規定は、行政代執行法第2条の特則である。

解　説　特定空家等に関する行政代執行について定めた空家特措法第14条第9項の規定は、行政代執行法第2条の特則であり、他人が代わってすることのできる義務（代替的作為義務）に限られること、及び、当該特定空家等による周辺の生活環境等の保全を図るという規制目的を達成するために必要かつ合理的な範囲内のものとしなければならないことの2つの要件を満たす必要がある他は、その他手続等については、全て行政代執行法の定めるところによるため（特定空家等ガイドライン15頁）、次に、行政代執行法の条文を載せる。

◎**行政代執行法**（昭和23年5月15日法律第43号、最終改正：昭和37年9月15日法律第161号）
第1条　行政上の義務の履行確保に関しては、別に法律で定めるものを除いては、この法律の定めるところによる。
第2条　法律（法律の委任に基く命令、規則及び条例を含む。以下同じ。）により直接に命ぜられ、又は法律に基き行政庁により命ぜられた行為（他人が代つてなすことのできる行為に限る。）について義務者がこれを履行しない場合、他の手段によつてその履行を確保することが困難であり、且つその不履行を放置することが著しく公益に反すると認められるときは、当該行政庁は、自ら義務者のなすべき行為をなし、又は第三者をしてこれをなさしめ、その費用を義務者から徴収することができる。
第3条　前条の規定による処分（代執行）をなすには、相当の履行期限を定め、その期限までに履行がなされないときは、代執行をなすべき旨を、予め文書で戒告しなければならない。

第2章　特定空家等に関する措置

2　義務者が，前項の戒告を受けて，指定の期限までにその義務を履行しないときは，当該行政庁は，代執行令書をもつて，代執行をなすべき時期，代執行のために派遣する執行責任者の氏名及び代執行に要する費用の概算による見積額を義務者に通知する。

3　非常の場合又は危険切迫の場合において，当該行為の急速な実施について緊急の必要があり，前二項に規定する手続をとる暇がないときは，その手続を経ないで代執行をすることができる。

第4条　代執行のために現場に派遣される執行責任者は，その者が執行責任者たる本人であることを示すべき証票を携帯し，要求があるときは，何時でもこれを呈示しなければならない。

第5条　代執行に要した費用の徴収については，実際に要した費用の額及びその納期日を定め，義務者に対し，文書をもつてその納付を命じなければならない。

第6条　代執行に要した費用は，国税滞納処分の例により，これを徴収することができる。

2　代執行に要した費用については，行政庁は，国税及び地方税に次ぐ順位の先取特権を有する。

3　代執行に要した費用を徴収したときは，その徴収金は，事務費の所属に従い，国庫又は地方公共団体の経済の収入となる。

そこで，特定空家等に関する行政代執行においても，行政代執行法第3条以下に規定された手続を踏まなければならない。

①　文書による戒告

　　代執行をなすには，相当の履行期限を定め，その期限までに義務の履行がなされないときは，代執行をなすべき旨を，予め文書（参考様式6（資料7参照））で戒告しなければならない。また，戒告を行う際には，行政不服審査法第57条第1項の規定に基づき，書面で必要な事項を相手方に示さなければならない。

②　再戒告

　　戒告において定められた措置命令の履行期限までに履行がなされない

374

第2章　特定空家等に関する措置

ときは，市町村長は，直ちに代執行令書による通知の手続に移らず，再度戒告を重ね，義務者自らそれを履行する機会を与えることも認められると考えられている（特定空家等ガイドライン15頁）。

③　代執行令書

　義務者が前述の戒告を受けて，指定の期限までにその義務を履行しないときは，市町村長は，代執行令書（参考様式7（資料8参照））をもって，代執行をなすべき時期，代執行のために派遣する執行責任者の氏名，及び代執行に要する費用の概算による見積額を義務者に通知する。

　なお，代執行令書を通知する際には，行政不服審査法第57条第1項の規定に基づき，書面で必要な事項を相手方に示さなければならない。

　非常の場合又は危険切迫の場合において，命令の内容の実施について緊急の必要があり，前述の戒告及び代執行令書による通知の手続をとる暇がないときは，その手続を経ないで代執行をすることができる。もちろん，空家特措法第14条に規定する助言・指導から勧告，命令までの手続を省略することはできない。

　なお，代執行の対象となる特定空家等の中に相当の価値のある動産が存する場合，まず，所有者に運び出すよう連絡し，応じない場合は保管し，所有者に期間を定めて引き取りに来るよう連絡することが考えられている（特定空家等ガイドライン16頁）。

　代執行に要した一切の費用は，行政主体が義務者から徴収する。当該費用について，行政主体が義務者に対して有する請求権は，行政代執行法に基づく公法上の請求権であり，義務者から徴収すべき金額は代執行の手数料ではなく，実際に代執行に要した費用であるため，作業員の賃金，請負人に対する報酬，資材費，第三者に支払うべき補償料等は含まれるが，義務違反の確認のために要した調査費等は含まれないとされている（特定空家等ガイドライン16頁）。

【判　例】

■ 1棟の建物全部の解体撤去の代執行に関する事例

　収用地と非収用地にまたがって存在する1棟の建物について，収用地に

375

第2章　特定空家等に関する措置

かかる部分のみを切り取り撤去することが建物全体の効用を著しく損ない，建築構造上も残存建物を維持することが危険であり，これを維持するには多額の補強，補修費を要する等判示の事情がある場合には，当該建物全部の解体撤去の代執行は，正当として是認することができる（最二小判昭52・5・27裁判集民120号595頁）。

■国又は地方公共団体が専ら行政権の主体として国民に対して行政上の義務の履行を求める訴訟の適否

　国又は地方公共団体が専ら行政権の主体として国民に対して行政上の義務の履行を求める訴訟は，裁判所法第3条第1項にいう法律上の争訟に当たらず，これを認める特別の規定もないから，不適法というべきである（最三小判平14・7・9民集56巻6号1134頁）。

> **Q 242**　空家特措法に基づく略式代執行の要件である「過失がなくてその措置を命ぜられるべき者を確知することができない」とはどのような状況をいうか。

A　「過失がなくて」とは，市町村長がその職務行為において通常要求される注意義務を履行し，「確知することができない」とは，措置を命ぜられるべき者の氏名及び所在をともに確知しえない場合及び氏名は知りえても所在を確知しえない場合をいう。

解説　略式代執行をするための要件は，過失がなくてその措置を命ぜられるべき者を確知することができないこと，及び，その措置が，他人が代わってすることができる作為義務（代替的作為義務）であること，並びに，事前の公告が必要である他は，行政代執行の場合と同様である。

　ここで，「過失がなくて」とは，市町村長がその職務行為において通常要

376

求される注意義務を履行し，「確知することができない」とは，措置を命ぜられるべき者の氏名及び所在をともに確知しえない場合及び氏名は知りえても所在を確知しえない場合をいうものと解されている（特定空家等ガイドライン17頁）。

　事前の公告は，相当の期限を定めて，当該措置を行うべき旨，及び，その期限までに当該措置を行わないときは，市町村長又はその措置を命じた者若しくは委任した者がその措置を行うべき旨が公告される。公告の方法としては，当該市町村の掲示板に掲示し，かつ，その掲示があったことを官報に少なくとも1回掲載することを原則とするが，相当と認められるときは，官報への掲載に代えて，当該市町村の「広報」・「公報」等に掲載することをもって足りるものと解され，公告の期間については，最後に官報等に掲載した日又はその掲載に代わる掲示を始めた日から2週間を経過した時に，相手方に到達したものとみなされるものと解されている（特定空家等ガイドライン18頁）。

　代執行の対象となる所有者が不明の特定空家等の中に相当の価値のある動産が存する場合，まず，運び出すよう公示し，連絡が無い場合は保管し，期間を定めて引き取りに来るよう公示することが考えられている（特定空家等ガイドライン18頁）。

　略式代執行は行政代執行法の規定によらないものであることから，代執行に要した費用を強制徴収することはできない。すなわち，義務者が後で判明したときは，その時点で，その者から代執行に要した費用を徴収することができるが，義務者が任意に費用支払をしない場合，市町村は民事訴訟を提起し，裁判所による給付判決を債務名義として民事執行法に基づく強制執行に訴えることとなる（特定空家等ガイドライン18頁）。

377

第2章　特定空家等に関する措置

Q 243　いつ措置命令は発令されるか。

　　　意見書の提出がなく又は公開による意見の聴取の際に出頭がなかっ
たときのほか，意見書の提出又は意見聴取を経てもなお当該命令措置
が不当でないと認められた場合に発令される。

解説　　　まず，意見聴取の請求がなく，事前通知書に定める期限を経過
した場合には，意見書の提出期限の経過をもって，直ちに命令を
することができるとされ，また，意見書の提出に代えて公開による意見の聴
取が請求されたものの，特定空家等の所有者等又はその代理人の出頭がな
かった場合は，意見聴取の請求がない場合と同様に取り扱って差し支えない
と解されている（特定空家等ガイドライン13頁）。

　その他，意見書の提出又は意見聴取を経てもなお当該命令措置が不当でな
いと認められた場合は，当該措置を命令することができるとされている（特
定空家等ガイドライン13頁）。

　措置命令は，命令はその内容を正確に相手方に伝え，相手方への命令の到
達を明確にすること等処理の確実性を期す観点から，書面（参考様式4（資料
5参照））で行うものとし，また，当該命令は行政争訟の対象となる処分であ
り，当該命令に対し不服がある場合は，行政不服審査法第6条の規定により
当該市町村長に異議申立てを行うことができるため，命令においては，行政
不服審査法第57条第1項の規定に基づいて，当該処分につき不服申立てをす
ることができる旨，不服申立てをすべき行政庁，不服申立てをすることがで
きる期間について，示さなければならないとされている（特定空家等ガイドラ
イン14頁）。

Q244 措置命令が守られないときは市町村は強制力を発動することができるか。

 行政代執行,略式代執行を行うことができる。

解説　市町村長は,措置命令をした場合において,その措置を命ぜられた者がその措置を履行しないとき,履行しても十分でないとき又は履行しても,相当の猶予期限までに完了する見込みがないときは,行政代執行法の定めるところに従い,自ら義務者のなすべき行為をし,又は第三者をしてこれをさせることができる(空家14条9項)。

また,措置命令をしようとした場合において,過失がなくてその措置を命ぜられるべき者を確知することができないとき(過失がなくて助言若しくは指導又は勧告が行われるべき者を確知することができないため,措置命令を行うことができないときを含む。)は,市町村長は,その者の負担において,その措置を自ら行い,又はその命じた者若しくは委任した者に行わせることができ,この場合においては,相当の期限を定めて,その措置を行うべき旨及びその期限までにその措置を行わないときは,市町村長又はその命じた者若しくは委任した者がその措置を行うべき旨をあらかじめ公告しなければならない(空家14条10項)。公告の方法としては,市区町村の掲示板に掲示し,かつ,その掲示があったことを官報に少なくとも1回掲載することを原則とするが,相当と認められるときは,官報への掲載に代えて,当該市町村の広報,公報等に掲載することをもって足りるものと解されている(『空家解説』161頁)。

いずれも強制的な措置であるところ,前者の手続は行政代執行であり,後者の手続は略式代執行と呼ばれている。

なお,略式代執行の要件である「過失がなくてその措置を命ぜられるべき者を確知することができないとき」とは,特定空家等の所有者及びその所在につき,市町村が空家特措法第10条に基づき(Q225),例えば,住民票情報,

第2章　特定空家等に関する措置

戸籍謄本等，不動産登記簿情報，固定資産課税情報などを利用し，空家特措法第9条に基づく調査（Q202）を尽くした場合が想定されている（『空家解説』160頁）。勧告書が受取人不明で返送されたときであっても，必ずしも略式代執行に移行するものではないとされている（パブコメ結果20頁）。

　代執行は，物を取り除くことに限られるものではなく，外壁の修繕についての勧告の場合，最終的に行政が代執行により修繕というのは考えられるとされている（パブコメ結果21頁）。

Q245　複数の所有者等の一部についてだけ確知できないときは行政代執行の対象となるか。

　確知でき，勧告を受けた所有者等だけでは当該措置をとる権原が無い場合は，略式代執行の対象となる。

解説　例えば，登記簿上の所有者等が死亡しており複数の相続人があり，その一部について行方不明者がいる場合，相続人の把握作業を進め，確知できた相続人（＝所有者等）全員に対して，助言または指導，勧告を行うこととし，この場合，命令は，勧告を受けた者が正当な理由がなくてその勧告に係る措置をとらなかった場合にしかできないので，確知できた相続人だけでは措置をとる権原がない場合，所定の手続を踏んだ上で，略式代執行を講ずることも考えられるとされている（パブコメ結果8頁）。

　また，特定空家等の建物部分とその敷地の所有者が別な場合で，建物部分の所有者が確知できず，敷地の所有者のみ確知している場合，敷地所有者に措置を行う権原がある場合，敷地所有者に対する措置は，助言・指導，勧告，命令，代執行という順になり，敷地所有者に措置を行う権原が無い場合，敷地所有者に助言・指導，勧告のステップを踏んだ上で，過失がなくてその措

第2章　特定空家等に関する措置

置を命ぜられるべき者（建物所有者）を確知することができないときに該当することから，略式代執行を行うことが可能であると考えられている（パブコメ結果14頁）。

第6編　空き家

Q 246　過失がなくてその措置を命ぜられるべき者を確知することができないときは略式代執行の措置をとる以外の手段はないか。

A　市町村が，民法上の財産管理人の選任の申立てを行うこともできる場合がある。

解説　例えば不動産登記簿上の所有者等が死亡している場合，まず相続人の把握作業を進め，確知できた相続人（＝所有者等）全員に対して，助言又は指導，勧告を行うべきところ，相続人を確知することができない場合においては，略式代執行措置を講ずる対象となるが，各市町村が民法に基づく財産管理人の申立てを行うこともできる場合がある。略式代執行の対象となる特定空家等は，固定資産課税情報等を活用してもなお，所有者等を確知することができない特殊な状態のものであるため，たとえば不動産としての価値がほぼ無いものや，固定資産税滞納等をはじめ不動産に関連づけられる複数の債務が残存するものなど，売却することで債権が十分に回収できないものもあると思われるため，相続財産管理人を選任するか否かは，個別の事案に即して各市町村長において判断されることになると考えられている（パブコメ結果6頁・8頁）。

特定空家等の所有者等の相続人が不存在の場合（相続放棄による場合を含む。），相続財産管理人の選任によって対応することも可能であるが，略式代執行も行えると考えられている（パブコメ結果23頁）。

381

第2章　特定空家等に関する措置

> **Q247**　緊急事態においては特定空家等に対する措置について助言又は指導，勧告，命令を経ずして行政代執行を行うことができるか。

　必ず，助言・指導，勧告，命令のステップを経なければならない。

解説　特定空家等に関する措置は，必ず，助言・指導，勧告，命令のステップを経なければ（命令を受けるべき者が不明の場合でなければ），行政代執行，略式代執行はできない。

したがって，緊急事態において応急措置を講ずる必要がある場合であっても，空家特措法第14条に基づく助言又は指導，勧告，命令の手続を，順を経て行う必要がある（特定空家等ガイドライン2頁）。

また，条例で，助言又は指導，勧告を前置せずに命令を行うことを規定している場合であっても，当該条例の命令に関する規定は無効となると解されている（特定空家等ガイドライン2頁）。

> **Q248**　措置命令は公示されるか。

　標識の設置その他の方法により公示される。

解説　市町村長は，措置命令をした場合においては，標識の設置その他国土交通省令・総務省令で定める方法により，その旨を公示し

382

第2章　特定空家等に関する措置

なければならず（空家14条11項），この標識は，措置命令に係る特定空家等に
設置することができ，この場合においては，当該特定空家等の所有者等は，
当該標識の設置を拒み，又は妨げてはならない（空家14条12項）。

　標識の設置その他国土交通省令・総務省令で定める方法とは，市町村の公
報への掲載，インターネットの利用その他の適切な方法とされている（空家
等対策の推進に関する特別措置法施行規則）。

　市町村長は，措置命令をした場合は，第三者に不測の損害を与えることを
未然に防止する観点から，必ず標識（参考様式5（資料6参照））の設置をする
とともに，市町村の公報への掲載，インターネットの利用その他市町村が適
切と認める方法により措置命令が出ている旨を公示しなければならず，この
標識は，命令に係る特定空家等に設置することができ，当該特定空家等にお
いて，目的を達成するのに最も適切な場所を選定してよいと解されているが，
社会通念上標識の設置のために必要と認められる範囲に限られている（特定
空家等ガイドライン14頁）。

Q249　空家等の敷地の固定資産税については固定資産税等の住宅用地特例の適用がなくなるか。

A　空家特措法第14条第2項の勧告を受けた場合，当該特定空家等に
係る敷地について固定資産税等の住宅用地特例の対象から除外され
る。

解説　国及び都道府県は，市町村が行う空家等対策計画に基づく空家
等に関する対策の適切かつ円滑な実施に資するため，空家等に関
する対策の実施に要する費用に対する補助，地方交付税制度の拡充その他の
必要な財政上の措置を講ずるものとされ，国及び地方公共団体は，そのほか，

383

第2章　特定空家等に関する措置

市町村が行う空家等対策計画に基づく空家等に関する対策の適切かつ円滑な実施に資するため，必要な税制上の措置その他の措置を講ずるものとされている（空家15条）。

　人の居住の用に供する家屋の敷地のうち一定のものについては，地方税法第349条の3の2及び同法第702条の3に基づき，当該敷地の面積に応じて，その固定資産税の課税標準額を6分の1（200平方メートル以下の部分の敷地）又は3分の1（200平方メートルを超える部分の敷地）とするとともに，その都市計画税の課税標準額を3分の1（200平方メートル以下の部分の敷地）又は3分の2（200平方メートルを超える部分の敷地）とする特例措置（固定資産税等の住宅用地特例）が講じられている。この固定資産税等の住宅用地特例が，管理状況が悪く，人が住んでいない家屋の敷地に対して適用されると，比較的地価が高い地域においては当該家屋を除却した場合と比べて固定資産税等が軽減されてしまうため，空き家の除却や適正管理が進まなくなる可能性があるとの指摘が存在する（固定資産税等の住宅用地特例が適用されない場合の税額は，課税標準額の上限を価格の7割とするなどの負担調整措置及び各市町村による条例減額制度に基づき決定されることとなる。）。空家等の中でも，「特定空家等」は地域住民の生活環境に深刻な影響を及ぼしているものであり，その除却や適正管理を促すことは喫緊の課題である。以上を踏まえ，空家等対策の適切かつ円滑な実施にまさに「必要な税制上の措置」として，平成27年度税制改正の大綱（平成27年1月14日閣議決定）において「法に基づく必要な措置の勧告の対象となった特定空家等に係る土地について，住宅用地に係る固定資産税及び都市計画税の課税標準の特例措置の対象から除外する措置を講ずる。」旨の記載がなされた。また，あわせて，人の居住の用に供すると認められない家屋の敷地に対しては，そもそも固定資産税等の住宅用地特例は適用されないことに留意が必要であるとされている（指針14頁）。

　勧告を受けたときは，空家特措法第14条に基づく措置の施行日である平成27年5月26日以降，市町村長が必要な措置の勧告を行った特定空家等について，その所有者等が当該必要な措置を講じない限り，勧告の時点以降の最初の1月1日を賦課期日とする年度分から，当該特定空家等の敷地に適用され

384

ていた固定資産税等の住宅用地特例が解除されることとなると考えられている（パブコメ結果3頁）。

修繕や立木の伐採等の生活環境の保全についての措置をとることを勧告した場合，その措置がなされた場合は，勧告は撤回され，固定資産税等の住宅用地特例の要件を満たす家屋の敷地については，再度当該特例の適用対象となると考えられている（パブコメ結果24頁）。

Q250 勧告の措置の内容が敷地内の立木のみの場合は当該敷地については住宅用地特例から除外されることはないか。

　敷地内の立木のみの場合であっても当該敷地については住宅用地特例から除外されることになる。

解説　勧告があれば，その内容によって固定資産税の住宅用地特例の対象から除外され，これは除却の勧告に限定されていないため，限定的な運用は認められていない（パブコメ結果3頁）。

つまり，勧告の措置の内容が敷地内の立木等のみの場合であっても，特定空家等の前提となる空家等は，建築物等及び立木等を含むその敷地を一体として捉えたものであるため，勧告の措置の内容が敷地内の立木等のみであったとしても，住宅を含めて特定空家等に該当することとなり，したがって，勧告の措置の内容が敷地内の立木等のみの場合でも，当該特定空家等の敷地は住宅用地特例から除外されると考えられている（パブコメ結果3頁）。

付　録

- 資　料
- 索　引

【1】建築協定許可（変更・廃止）申請書

第6号様式の2の3(第9条の2第1項)

建築協定認可(変更、廃止)申請書

年　　月　　日

(申請先)
横浜市長

申請者住　所
　　　　氏　名　　　　　　　　　　㊞
　　　　[法人の場合は、名称・
　　　　 代表者の氏名　　　　　]
　　　　電　話

建築基準法第70条第1項・第76条の3第2項(第74条第1項、第76条第1項)の規定による認可を受けたいので、関係図書を添えて申請します。

1 建築協定の名称				
建築協定の概要	2 区域の地名地番			
	3 建築物に関する基準	建築物の敷地、位置、構造、用途、形態、意匠、建築設備に関する基準		
	4 有効期間	年		
	5 協定違反のあった場合の措置			
6 建築協定区域の面積、規模			m²	区画
7 建築協定区域隣接地の面積、規模			m²	区画
8 建築協定区域等の地域地区		第一種低層住居専用、第二種低層住居専用、第一種中高層住居専用、第二種中高層住居専用、第一種住居、第二種住居、準住居、近隣商業、商業、準工業、工業、工業専用、指定なし		防火、準防火、風致、その他(　　)

9 土地の所有者等の人数	土地の所有者	借地権を有するもの		法第77条に規定する建築物の借主	合　計
		地上権者	賃借権者		
	人	人	人	人	人
10 9のうち合意者の人数	人	人	人	人	人
※ 権利者に対する合意者の割合	%				
※ その他必要な事項					
※ 受付欄					

(注意)　1　3及び8欄は、該当するものを○で囲んでください。
　　　　　2　※印のある欄は、記入しないでください。

(A4)

出典：横浜市都市整備局ホームページ

付　録

【2】立入調査員証

〔参考様式1 ： 第9条第4項　立入調査員証〕

（表面）

○○第○○号

立入調査員証

所　　属
職　　名
氏　　名
生年月日　　　　年　月　日

刻印

（写真）

　　上記の者は、空家等対策の推進に関する特別措置法第9条第2項の
規定に基づく立入調査の権限を有する者であることを証明する。

　　　　年　月　日 発行(　　　年　月　日まで有効)
　　　　　　　　　　　　　　　　　　○○市長 ○○ ○○ 印

（裏面）

空家等対策の推進に関する特別措置法（平成26年法律第127号）（抜粋）
第9条　（略）
2　市町村長は、第14条第1項から第3項までの規定の施行に必
　要な限度において、当該職員又はその委任した者に、空家等と認
　められる場所に立ち入って調査をさせることができる。
3　市町村長は、前項の規定により当該職員又はその委任した者を
　空家等と認められる場所に立ち入らせようとするときは、その5
　日前までに、当該空家等の所有者等にその旨を通知しなければな
　らない。ただし、当該所有者等に対し通知することが困難である
　ときは、この限りでない。
4　第2項の規定により空家等と認められる場所に立ち入ろうと
　する者は、その身分を示す証明書を携帯し、関係者の請求があっ
　たときは、これを提示しなければならない。
5　第2項の規定による立入調査の権限は、犯罪捜査のために認め
　られたものと解釈してはならない。

注意
　この証票は、他人に貸与し、又は譲渡してはならない。

出典：特定空家等ガイドライン（26頁）

【3】勧告書

【3】勧告書

〔参考様式2 ： 第14条第2項 勧告書〕

平成○年○月○日
○○第○○号

○○市○○町○丁目○番地○号
　　○○　○○　殿

○○市長
　○○　○○　　　印
（担当　○○部○○課）

勧　告　書

　貴殿の所有する下記空家等は、空家等対策の推進に関する特別措置法（平成26年法律第127号。以下「法」という。）第2条第2項に定める「特定空家等」に該当すると認められたため、貴殿に対して対策を講じるように指導してきたところでありますが、現在に至っても改善がなされていません。
　ついては、下記のとおり速やかに周辺の生活環境の保全を図るために必要な措置をとるよう、法第14条第2項の規定に基づき勧告します。

記

1．対象となる特定空家等
　　所在地　　　　○○市××町×丁目×番地×号
　　用　途　　　　住宅
　　所有者の住所及び氏名
　　　　　　　　　○○市○○町○丁目○番地○号　　○○　○○

2．勧告に係る措置の内容
　　（何をどのようにするのか、具体的に記載）

3．勧告に至った事由
　　（特定空家等がどのような状態にあって、どのような悪影響をもたらしているか、当該状態が、
　　　①そのまま放置すれば倒壊等著しく保安上危険となるおそれのある状態
　　　②そのまま放置すれば著しく衛生上有害となるおそれのある状態
　　　③適切な管理が行われていないことにより著しく景観を損なっている状態
　　　④その他周辺の生活環境の保全を図るために放置することが不適切である状態
　　　のいずれに該当するか具体的に記載）

4．勧告の責任者　　○○市○○部○○課長　　○○　○○
　　　　　　　　　連絡先：○○○○－○○－○○○○

5．措置の期限　　平成○年○月○日

・ 上記5の期限までに上記2に示す措置を実施した場合は、遅滞なく上記4に示す者まで報告をすること。
・ 上記5の期限までに正当な理由がなくて上記2に示す措置をとらなかった場合は、法第14条第3項の規定に基づき、当該措置をとることを命ずることがあります。
・上記1に係る敷地が、地方税法（昭和25年法律第226号）第349条の3の2又は同法第702条の3の規定に基づき、住宅用地に対する固定資産税又は都市計画税の課税標準の特例の適用を受けている場合にあっては、本勧告により、当該敷地について、当該特例の対象から除外されることとなります。

出典：特定空家等ガイドライン（27頁）

付　録

【4】命令に係る事前の通知書

　　〔参考様式3　：　第14条第4項　命令に係る事前の通知書〕

平成○年○月○日
○○第○○号

○○市○○町○丁目○番地○号
　　　　　○○　○○　殿

○○市長
○○　○○　　　印
（担当　○○部○○課）

命令に係る事前の通知書

　貴殿の所有する下記空家等は、空家等対策の推進に関する特別措置法（平成26年法律第127号。以下「法」という。）第2条第2項に定める「特定空家等」に該当すると認められたため、平成○年○月○日付け○○第○○号により必要な措置をとるよう勧告しましたが、現在に至っても当該措置がなされていません。

　このまま措置が講じられない場合には、法第14条第3項の規定に基づき、下記のとおり当該措置をとることを命令することとなりますので通知します。

　なお、貴殿は、法第14条第4項の規定に基づき、本件に関し意見書及び自己に有利な証拠を提出することができるとともに、同条第5項の規定に基づき、本通知の交付を受けた日から5日以内に、○○市長に対し、意見書の提出に代えて公開による意見の聴取を行うことを請求することができる旨、申し添えます。

記

1．対象となる特定空家等
　　所在地　　　　　　　○○市××町×丁目×番地×号
　　用　途　　　　　　　住宅
　　所有者の住所及び氏名
　　　　　　　　　　○○市○○町○丁目○番地○号　　○○　○○

2．命じようとする措置の内容
　　（何をどのようにするのか、具体的に記載）

3．命ずるに至った事由
　　（特定空家等がどのような状態にあって、どのような悪影響をもたらしているか、具体的に記載）

4．意見書の提出及び公開による意見の聴取の請求先
　　　○○市○○部○○課長　宛
　　　送付先：○○市○○町○丁目○番地○号
　　　連絡先：○○○○－○○－○○○○

5．意見書提出期限　平成○年○月○日

・上記2に示す措置を実施した場合は、遅滞なく上記4に示す者まで報告をすること。

出典：特定空家等ガイドライン（28頁）

【5】命令書

［参考様式4 ： 第14条第3項 命令書］

平成○年○月○日
○○第○○号

○○市○○町○丁目○番地○号
　　○○　○○　殿

○○市長
　○○　○○　　印
（担当　○○部○○課）

命　令　書

　貴殿の所有する下記空家等は、空家等対策の推進に関する特別措置法（平成26年法律第127号。以下「法」という。）第2条第2項に定める「特定空家等」に該当すると認められたため、平成○年○月○日付け○○第○○号により、法第14条第3項の規定に基づく命令を行う旨事前に通知しましたが、現在に至っても通知した措置がなされていないとともに、当該通知に示した意見書等の提出期限までに意見書等の提出がなされませんでした。
　ついては、下記のとおり措置をとることを命令します。

記

1．対象となる特定空家等
　　　所在地　　　　　　○○市××町×丁目×番地×号
　　　用　途　　　　　　住宅
　　　所有者の住所及び氏名
　　　　　　　　　　　　○○市○○町○丁目○番地○号　　○○　○○

2．措置の内容
　　　（何をどのようにするのか、具体的に記載）

3．命ずるに至った事由
　　　（特定空家等がどのような状態にあって、どのような悪影響をもたらしているか、具体的に記載）

4．命令の責任者　○○市○○部○○課長　○○　○○
　　　　　　　　　連絡先：○○○○－○○－○○○○

5．措置の期限　　平成○年○月○日

・上記2に示す措置を実施した場合は、遅滞なく上記4に示す者まで報告をすること。
・本命令に違反した場合は、法第16条第1項の規定に基づき、50万円以下の過料に処せられます。
・上記5の期限までに上記2の措置を履行しないとき、履行しても十分でないとき又は履行しても同期限までに完了する見込みがないときは、法第14条第9項の規定に基づき、当該措置について行政代執行の手続に移行することがあります。
・この処分について不服がある場合は、行政不服審査法（昭和37年法律第160号）第6条及び第45条の規定により、この処分があったことを知った日の翌日から起算して60日以内に○○市長に対し異議申立てをすることができます。

注：平成26年に成立した行政不服審査法（平成26年法律第68号）において、不服申立ての手続を審査請求に一元化することとなっており（新法第2条）、新法施行後は当該市町村長に審査請求を行うことになる。（新法第4条第1号、なお、新法の施行日は、公布の日（平成26年6月13日）から起算して2年を超えない範囲において政令で定める日。）　また、新法における審査請求期間は、処分があったことを知った日の翌日から起算して3月を経過するまで（新法第18条第1項）となる。

出典：特定空家等ガイドライン（29頁）

付 録

【6】標 識

〔参考様式5 ： 第 14 条第 11 項 標識〕

標 識

　下記特定空家等の所有者は、空家等対策の推進に関する特別措置法（平成２６年法律
第１２７号。以下「法」という。）第１４条第３項の規定に基づき措置をとることを、
平成○年○月○日付け○○第○○号により、命ぜられています。

記

1．対象となる特定空家等
　　　所在地　　　　　○○市××町×丁目×番地×号
　　　用　途　　　　　住宅

2．措置の内容
　　　（何をどのようにするのか、具体的に記載）

3．命ずるに至った事由
　　　（特定空家等がどのような状態にあって、どのような悪影響をもたらしているか、具体
　　　的に記載）

4．命令の責任者　　○○市○○部○○課長　　○○　　○○
　　　　　　　　　　連絡先：○○○○－○○－○○○○

5．措置の期限　　　平成○年○月○日

出典：特定空家等ガイドライン（30頁）

【7】戒告書

【7】戒告書

〔参考様式6 ： 第14条第9項の規定に基づく行政代執行　戒告書〕

平成〇年〇月〇日
〇〇第〇〇号

〇〇市〇〇町〇丁目〇番地〇号
　　　〇〇　〇〇　殿

〇〇市長
〇〇　〇〇　　㊞
（担当　〇〇部〇〇課）

戒　告　書

　貴殿に対し平成〇年〇月〇日付け〇〇第〇〇号により貴殿の所有する下記特定空家等の（除却）※を行うよう命じました。この命令を平成〇年〇月〇日までに履行しないときは、空家等対策の推進に関する特別措置法（平成26年法律第127号）第14条第9項の規定に基づき、下記特定空家等の（除却）※を執行いたしますので、行政代執行法（昭和23年法律第43号）第3条第1項の規定によりその旨戒告します。

　なお、代執行に要するすべての費用は、行政代執行法第5条の規定に基づき貴殿から徴収します。また、代執行によりその物件及びその他の資材について損害が生じても、その責任は負わないことを申し添えます。

記

特定空家等
　(1) 所在地　　〇〇市××町×丁目×番地×号
　(2) 用　途　　住宅
　(3) 構　造　　木造2階建
　(4) 規　模　　建築面積　約　60㎡
　　　　　　　　延べ床面積　約100㎡
　(5) 所有者の住所及び氏名
　　　　　　　　〇〇市〇〇町〇丁目〇番地〇号　　〇〇　〇〇

・ この処分について不服がある場合は、行政不服審査法（昭和37年法律第160号）第6条及び第45条の規定により、この処分があったことを知った日の翌日から起算して60日以内に〇〇市長に対し異議申立てをすることができます。

注：平成26年に成立した行政不服審査法（平成26年法律第68号）において、不服申立ての手続を審査請求に一元化することとなっており（新法第2条）、新法施行後は当該市町村長に審査請求を行うことになる。（新法第4条第1号、なお、新法の施行日は、公布の日（平成26年6月13日）から起算して2年を超えない範囲において政令で定める日。）　また、新法における審査請求期間は、処分があったことを知った日の翌日から起算して3月を経過するまで（新法第18条第1項）となる。

※措置の内容（除却、修繕、立木竹の伐採等）に応じて記載

出典：特定空家等ガイドライン（31頁）

付　録

【8】 代執行令書

〔参考様式7 ： 第14条第9項の規定に基づく行政代執行　代執行令書〕

平成○年○月○日

○○第○○号

○○市○○町○丁目○番地○号

　　○○　○○　殿

○○市長

○○　○○　　　印

（担当　○○部○○課）

代執行令書

　平成○年○月○日付け○○第○○号により貴殿の所有する下記特定空家等を平成○年○月○日までに（除却）※するよう戒告しましたが、指定の期日までに義務が履行されませんでしたので、空家等対策の推進に関する特別措置法（平成26年法律第127号）第14条第9項の規定に基づき、下記のとおり代執行をおこないますので、行政代執行法（昭和23年法律第43号）第3条第2項の規定により通知します。

　また、代執行に要するすべての費用は、行政代執行法第5条の規定に基づき貴殿から徴収します。また、代執行によりその物件及びその他の資材について損害が生じても、その責任は負わないことを申し添えます。

記

1．（除却）※する物件

　　○○市××町×丁目×番地×号

　　住宅（附属する門、塀を含む）約100㎡

2．代執行の時期

　　平成○年○月○日から平成○年○月○日まで

3．執行責任者

　　○○市○○部○○課長　○○　○○

4．代執行に要する費用の概算見積額

　　約 ○，○○○，○○○円

・ この処分について不服がある場合は、行政不服審査法（昭和37年法律第160号）第6条及び第45条の規定により、この処分があったことを知った日の翌日から起算して60日以内に○○市長に対し異議申立てをすることができます。

注：平成26年に成立した行政不服審査法（平成26年法律第68号）において、不服申立ての手続を審査請求に一元化することとなっており（新法第2条）、新法施行後は当該市町村長に審査請求を行うことになる。（新法第4条第1号、なお、新法の施行日は、公布の日（平成26年6月13日）から起算して2年を超えない範囲において政令で定める日。）　また、新法における審査請求期間は、処分があったことを知った日の翌日から起算して3月を経過するまで（新法第18条第1項）となる。

※措置の内容（除却、修繕、立木竹の伐採等）に応じて記載

出典：特定空家等ガイドライン（32頁）

【9】執行責任者証

〔参考様式8 ： 第14条第9項の規定に基づく行政代執行　執行責任者証〕

(表面)

執行責任者証

○○第○○号

○○部○○課長　○○○○

　上記の者は、下記の行政代執行の執行責任者であることを証する。

　平成○年○月○日

○○市長

○○○○　　印

記

1．代執行をなすべき事項

　代執行令書（平成○年○月○日付け○○第○○号）記載の○○市××町×丁目×番地×号の建築物の除却

2．代執行をなすべき時期

　平成○年○月○日から平成○年○月○日までの間

(裏面)

空家等対策の推進に関する特別措置法（平成26年法律第127号）（抜粋）
第14条　　（以上略）
9　市町村長は、第3項の規定により必要な措置を命じた場合において、その措置を命ぜられた者がその措置を履行しないとき、履行しても十分でないとき又は履行しても同項の期限までに完了する見込みがないときは、行政代執行法（昭和23年法律第43号）の定めるところに従い、自ら義務者のなすべき行為をし、又は第三者をしてこれをさせることができる。
10〜15　（略）

行政代執行法（昭和23年法律第43号）（抜粋）
第4条
　代執行のために現場に派遣される執行責任者は、その者が執行責任者たる本人であることを示すべき証票を携帯し、要求があるときは、何時でもこれを呈示しなければならない。

出典：特定空家等ガイドライン（33頁）

付　録

【10】国有財産時効取得確認申請書

別紙　第1-1号様式（1号申請書）

年　　月　　日

　　長　殿

申請者　住　所

氏　名　　　　　　　㊞

国有財産時効取得確認申請書

　私が占有している下記の財産については、民法第 162 条第　　項の規定に基づく取得時効が完成し、すでに私の所有物となっていると思われますので、その旨を確認していただきたく、証拠資料を添えて申請します。

記

1　財産の表示

所　在　地	区　分	種　目	数　量	備　　　考

2　占有開始の時期
3　占有開始者の住所、氏名
4　占有開始及び現在に至る間の経緯
5　占有及び利用の現況

添付資料：

出典：「取得時効事務取扱要領」（平13・3・30財理1268号財務省理財局長通知）別紙（抄）

【10】国有財産時効取得確認申請書

別紙　第1−2号様式（2号申請書）

年　　月　　日

　　長　殿

申請者　住　所

氏　名　　　　　　㊞

国有財産時効取得確認申請書

　私が占有している下記の土地については、民法第 162 条第　　項の規定に基づく取得時効が完成し、すでに私の所有物となっていると思われますので、その旨を確認していただきたく、証拠資料を添えて申請します。

記

1　土地の表示

所　在　地	筆　数	面　積	備　　　考
	筆	㎡	内訳は別添のとおり

添付資料：

出典：「取得時効事務取扱要領」（平13・3・30財理1268号財務省理財局長通知）別紙（抄）

付録

付　録

別　添

1 申請物件の表示	所　在					
	（仮）地番					
	地　目					
	面　積		㎡	㎡	㎡	㎡
2 現在の状況	隣接本地の地番					
	申請物件の利用の現況	イ　田の畦畔 ロ　畑の畦畔 ハ　その他（　）	イ ロ ハ	イ ロ ハ	イ ロ ハ	
3 占有開始時の状況	①占有開始の時期		年　月　日	年　月　日	年　月　日	年　月　日
	②占有開始者		イ　申請者本人 ロ　申請者本人以外	イ ロ	イ ロ	イ ロ
	③占有開始者の住所氏名等（②でロに〇印をした場合のみ記入）	住　所				
		氏　名				
		本人との関係				
	④占有開始の事由（隣接本地の取得事由）		イ　売買 ロ　贈与 ハ　相続 ニ　その他	イ ロ ハ ニ	イ ロ ハ ニ	イ ロ ハ ニ
	⑤占有開始時の利用状況	隣接本地	イ　田 ロ　畑 ハ　その他（　）	イ ロ ハ	イ ロ ハ	イ ロ ハ
		申請物件	イ　田の畦畔 ロ　畑の畦畔 ハ　その他（　）	イ ロ ハ	イ ロ ハ	イ ロ ハ
4 申請者が前主の占有を承継したときの状況（3の②で、ロに〇印をした場合のみ記入）	①申請者本人の占有承継時期		年　月　日	年　月　日	年　月　日	年　月　日
	②被承継者	住　所				
		氏　名				
		本人との関係				
	③占有承継の事由（隣接本地の取得事由）		イ　売買 ロ　贈与 ハ　相続 ニ　その他	イ ロ ハ ニ	イ ロ ハ ニ	イ ロ ハ ニ
5 補足説明事項						

（記入要領）
1　各記入欄に「イ、ロ、ハ、ニ」で表示した個所は、該当するものを〇印で囲む。なお、「その他（　　）」に該当するときは（　　）内にその内容を簡記する。
2　3の「占有開始時の状況」は、国有財産時効取得確認申請の基礎となった占有が、開始されたときの状況を記入する。
3　申請者本人の占有期間のみにより取得時効の完成を主張する場合は、3の③及び4の欄は記入を要しない。
4　4の欄は、申請者が前主の占有を承継したときの状況を記入する。この場合、3の③に記入した占有開始者の占有を直接承継しているときは、4の②欄は、「3の③に同じ」と記入する。
5　5の欄には、申請者が、3の③に記入した占有開始者の占有を直接承継していない場合に、その間の占有承継の経緯を4の欄に準じて記入するほか、補足する事項があれば、それを記入する。

出典：「取得時効事務取扱要領」（平13・3・30財理1268号財務省理財局長通知）別紙（抄）

【10】国有財産時効取得確認申請書

別紙　第2号様式

時効確認調査記録カード

申請書整理簿番号											年度区分	年度
調査物件の種類				調査期間			調査者					
畦畔	脱落	用引	誤信	開始年月日	完了年月日							

時効申請者の住所氏名		年齢	職業

占有物件の所在地	数量	価格	国有台帳記載事項

調査事項

月	日	公簿照合結果	
月	日	公図照合結果	
月	日	物件の所在地確認	
月	日	位置、環境、立地条件等現地調査の結果	

位置	
環境	
立地条件	

占有の範囲が図面と合致しているかどうか	（検測　年　月　日）
利用区分図と現況は合致しているかどうか	
隣接地との境界について問題はないか	
占有の態様はどうか	
占有の始期についてその調査	
精通者等の意見	
市町村長等のその他の参考意見	

調査経過並びに調査事績の点検欄

月	日	調査事項	課長・統括	上席・主任	監査官・管理官	担当者

出典：「取得時効事務取扱要領」（平13・3・30財理1268号財務省理財局長通知）別紙（抄）

事 項 索 引

【数字】

2号様式の交付請求書 ·················· 24

14条地図 ····························· 262

【あ】

空地 ······························· 61

空家等対策計画 ····················· 327

字図（字限図，改租図）··············· 261

【い】

囲繞地通行権（袋地通行権）············ 48

【え】

越境した枝 ························· 64

【き】

境界損壊罪 ························· 70

境界標 ······················ 60, 62, 70

行政代執行 ····················· 373, 379

【け】

権限確認書面 ······················ 16

建築物の高さの制限 ·············· 136, 141

建築面積 ························· 102

建ぺい率 ························· 131

【こ】

公用請求 ························· 17

【し】

敷地面積 ························· 101

指定道路 ························· 154

私道 ····························· 151

地盤面 ··························· 105

取得時効 ························· 205

承水義務 ························· 84

職務上請求 ························· 17

所有権界 ························· 59

所有者の所在の把握が難しい土地 ······· 6

人格権的通行権（通行の自由権）

··························· 159, 165

【す】

水利権 ··························· 92

【せ】

接道義務 ························· 152

占有意思 ························· 177

占有改定 ························· 180

占有権 ················· 177, 189, 196, 199

【た】

第三者請求 ························· 13

代執行令書 ························· 375

宅地 ····························· 68

【ち】

中間検査合格証 ····················· 112

【つ】

通水権 ··························· 89

通水工作物使用権 ··················· 91

401

事項索引

【て】

手続番号‥‥‥‥‥‥‥‥‥‥‥256

【と】

統一請求書‥‥‥‥‥‥‥→職務上請求
特定空家等‥‥‥‥‥‥‥‥‥‥339
土地境界（筆界）確定訴訟‥‥‥‥241
土地台帳附属地図（公図）‥‥‥‥261

【に】

日照妨害‥‥‥‥‥‥‥‥‥‥‥169

【の】

軒の高さ‥‥‥‥‥‥‥‥‥‥‥105

【ひ】

筆界‥‥‥‥‥‥‥‥‥‥246, 247
　──調査委員‥‥‥‥‥‥254, 263
　──特定‥‥‥‥‥‥‥239, 287
　──特定書‥‥‥‥‥‥‥‥277
　──特定申請書‥‥‥‥‥‥‥289

【ふ】

袋地‥‥‥‥‥‥‥‥‥‥‥‥48

【ほ】

法定通路‥‥‥‥‥‥‥‥‥‥‥53
本人等請求‥‥‥‥‥‥‥‥‥‥11

【み】

みなし道路（2項道路）‥‥‥‥‥155

【む】

無償囲繞地通行権‥‥‥‥‥‥‥56

【め】

目隠し‥‥‥‥‥‥‥‥‥‥‥68

【ゆ】

床面積‥‥‥‥‥‥‥‥‥‥‥103

【よ】

容積率‥‥‥‥‥‥‥‥‥‥‥127

【ら】

ライフライン‥‥‥‥‥‥‥72, 78

【り】

略式代執行‥‥‥‥‥‥‥‥‥379
隣地立入権（隣地使用権）‥‥‥‥45

402

条 文 索 引

●空家等対策の推進に関する特別措置法

1条 ………………………………316

2条

　——1項 …………………………317

　——2項 …………………………339

3条 ………………………………325

5条 ………………………………326

6条1項 …………………………326

7条1項 …………………………326

　——2項 …………………………329

　——3項 …………………………329

8条 ………………………………326

9条1項 ……………319, 330, 351

　——2項 …………………………350

　——3項 ………………351, 354

10条1項 …………………………355

11条 ………………………………333

12条 ………………………………335

13条 ………………………………332

14条1項 …………………………359

　——2項 ………………363, 383

　——6項 …………………………371

　——9項 …………………………379

　——12項 ………………………383

15条 ………………………………384

16条 ………………………………338

●ガス事業法

16条 …………………………………75

●河川法

1条 …………………………………93

2条 …………………………………93

23条 …………………………………93

23条の3 ……………………………93

34条 …………………………………94

87条 …………………………………94

●河川法施行令

6条 …………………………………93

●行政代執行法

1条 ………………………………373

3条 ………………………………374

●刑法

262条の2 …………………………70

●下水道法

10条 …………………………………73

11条 …………………………………73

●建築基準法

1条 …………………………………99

2条1号 ……………………………99

　——2号 …………………………100

条文索引

——3号·······100	——7項·······131
3条1項·······100	53条の2·······133
4条·······109	——第2項·······134
6条1項·······107	54条·······134
——2項·······109	55条3項·······136
7条1項·······111, 113, 174	56条1項·······136
——4項·······112	57条の4·······143
7条の2·······112	58条·······143
7条の6第1項·······113	59条·······132
8条1項·······148	60条1項·······130, 143
9条1項·······149	——2項·······135
——10項·······149	61条·······144
——11項·······149	62条·······145
——12項·······149	67条·······145
10条2項·······114	68条·······143
——3項·······114	——2項·······135
——4項·······114	——3項·······134
19条1項·······115	68条の9·······146
——2項·······115	69条·······146
——4項·······115	70条·······146
42条	71条·······147
——1項3号·······154	72条·······147
——1項5号·······154	73条·······147
——2項·······152, 155	75条·······147
43条·······152	76条·······147
44条·······157	76条の2·······148
45条·······157	別表第1·······110
48条·······125	別表第2·······117
52条1項·······127, 131	別表第3·······138
——3項·······129, 132	別表第4·······141
——4項·······129	
——5項·······129	●建築基準法施行令
——6項·······129, 132	2条1項1号·······101

404

条文索引

―― 1 項 2 号 ·················· 102
―― 1 項 3 号 ·················· 103
―― 1 項 5 号 ·················· 104
―― 1 項 6 号 ·················· 105
―― 1 項 8 号 ·················· 106
2 条 2 項 ······················· 105
9 条 ····························· 108
14条の 2 ······················· 113
135条の21 ······················ 135

●戸籍法

10条 1 項 ························· 11
―― 2 項 ······················· 13
10条の 2 第 1 項 ················· 13
――第 2 項 ······················ 17
――第 3 項 ······················ 20
――第 4 項 ······················ 19
10条の 3 ························· 20
――第 2 項 ·················· 16, 18
10条の 4 ························· 15
12条の 2 ························· 12

●戸籍法施行規則

11条の 2 ························· 20
11条の 3 ························· 22
11条の 4 第 1 項 ················· 16
――第 2 項 ······················ 16

●司法書士法

3 条 1 項 ························· 19
―― 1 項 4 号 ·············· 268, 308
―― 1 項 8 号 ············ 268, 309, 310

●司法書士法施行規則

1 条の 2 第 1 項 ················ 310
31条 1 号 ························· 24

●住民基本台帳の一部の写しの閲覧及び住民票の写し等の交付に関する省令

4 条 1 項 ························· 26
―― 2 項 ························· 26
5 条 ····························· 31
6 条 ····························· 33
8 条 1 項 ························· 28
―― 2 項 ························· 28
9 条 ····························· 31
10条 1 項 ························· 30
―― 2 項 ························· 30
12条 ····························· 34

●住民基本台帳法

6 条 ····························· 26
7 条 ····························· 26
12条 1 項 ························· 25
―― 2 項 ························· 26
―― 4 項 ························· 33
―― 5 項 ························· 28
―― 6 項 ························· 28
12条の 2 第 1 項 ················· 28
――第 2 項 ······················ 28
――第 3 項 ······················ 31
――第 4 項 ······················ 29
12条の 3 第 2 項 ················· 30
――第 3 項 ·················· 30, 32
――第 5 項 ······················ 32

405

条文索引

——第8項 ………… 35	2条 ……………………300
——第9項 ………… 35	**●不動産登記規則**
16条 ………………… 36	77条1項 ……………207
17条 ………………… 36	111条 ………………100
20条1項 …………… 36	207条2項 …………289
——2項 …………… 36	——2項5号 …287, 293
——3項 …………… 37	——3項 ……………290
——4項 …………… 37	——3項7号 ………243
——5項 …………… 37	——4項 ……………292
	208条 ………………294
●住民基本台帳法施行令	209条 ………………304
6条の2 …………… 27	209条1項4号………306
	——1項6号 ………286
●水道法	211条2項 …………290
15条 ……………… 74	——4項 ……………290
	——7項 ……………285
●電気事業法	212条 ………………291
18条 ……………… 74	213条1項 …………303
	——3項 ……………304
●登記手数料令	214条2項 …………256
8条 ………………299	216条 ………………297
——2項 …………302	217条3項 …………257
9条 ………………282	218条1項 …………267
	——1項4号 ………268
●農地法	——2項 ……………268
3条の3 …………210	220条 ………………267
	221条 ………………267
●東日本大震災復興特別区域法	223条1項 …………269
73条1項 …………288	224条1項 …………273
——2項 …………288	225条 ………………271
	231条4項 …………277
●筆界特定申請手数料規則	——5項 ……………278
1条 ………………300	

234条‥‥‥‥‥‥‥‥‥‥279	——3項‥‥‥‥‥‥‥‥‥255
235条1項‥‥‥‥‥‥‥278	——4項‥‥‥‥‥255, 259
242条‥‥‥‥‥‥‥‥‥‥307	135条2項‥‥‥‥‥‥‥‥59
245条2項‥‥‥‥‥‥‥298	138条‥‥‥‥‥‥‥‥‥‥260
246条‥‥‥‥‥‥‥‥‥‥278	140条‥‥‥‥‥‥‥‥‥‥246

●不動産登記事務取扱手続準則

30条‥‥‥‥‥‥‥‥‥304	——1項‥‥‥‥‥269, 271
72条2項‥‥‥‥‥‥‥207	——2項‥‥‥‥‥‥‥271

●不動産登記法

123条1号‥‥‥‥‥‥‥59	——3項‥‥‥‥‥‥‥273
——2号‥‥‥‥‥‥‥245	——4項‥‥‥‥‥‥‥274
——3号‥‥‥‥‥‥‥250	141条‥‥‥‥‥‥‥‥‥275
——5号‥‥‥‥‥‥‥252	142条‥‥‥‥‥‥‥‥‥275
124条1項‥‥‥‥‥‥‥285	143条‥‥‥‥‥‥245, 276
128条‥‥‥‥‥‥‥‥‥254	145条‥‥‥‥‥‥‥‥‥281
129条‥‥‥‥‥‥‥‥‥254	146条1項‥‥‥‥‥‥‥306
130条‥‥‥‥‥‥‥‥‥256	——5項‥‥‥‥‥‥‥308
131条‥‥‥‥‥‥‥‥‥246	147条‥‥‥‥‥‥‥‥‥242
——1項‥‥‥‥‥285, 286	148条‥‥‥‥‥‥241, 243
——2項‥‥‥‥‥‥‥289	149条1項‥‥‥‥‥‥‥281
——3項‥‥‥‥‥‥‥299	158条‥‥‥‥‥‥‥‥‥239
132条‥‥‥‥‥‥‥‥‥246	
——1項‥‥‥‥‥‥‥296	●民法
——1項5号‥‥‥‥59, 241	144条‥‥‥‥‥‥‥‥‥217
——1項6号‥‥‥241, 242	145条‥‥‥‥‥‥‥‥‥220
——1項7号‥‥‥‥‥297	146条‥‥‥‥‥‥‥‥‥220
133条‥‥‥‥‥‥‥‥‥246	147条‥‥‥‥‥‥‥‥‥221
——1項‥‥‥‥‥‥‥257	148条‥‥‥‥‥‥‥‥‥224
——2項‥‥‥‥‥‥‥258	149条‥‥‥‥‥‥‥‥‥222
134条‥‥‥‥‥‥‥‥‥246	151条‥‥‥‥‥‥‥‥‥222
——1項‥‥‥‥‥‥‥255	152条‥‥‥‥‥‥‥‥‥222
	153条‥‥‥‥‥‥‥‥‥222
	154条‥‥‥‥‥‥‥‥‥222
	155条‥‥‥‥‥‥‥‥‥222
	156条‥‥‥‥‥‥‥‥‥225

条文索引

157条	221	212条	55
158条	226	213条	56
159条	227	214条	84
160条	227	215条	85
161条	227	216条	86
162条1項	200	217条	85
——2項	200	218条	87
163条	161	219条	88
164条	221	220条	89
177条	163	221条	91
180条	177	222条	92
181条	178	223条	60
182条	180	224条	60
183条	180	225条	61
185条	183	226条	61
186条1項	185, 189	227条	61
187条	191	229条	62
188条	193	230条	63
189条	194	231条	63
190条	194	232条	63
191条	195	233条	64
198条	196	234条1項	65
199条	196	——2項	65
200条	196	235条	68
201条2項	197	236条	66
202条	197	237条	71
203条	199	238条	71
204条	199	251条	63
209条1項	45	283条	161
——2項	47	397条	205
210条1項	48	414条2項	64
——2項	50	1029条	235
211条	53	1030条	235

判 例 索 引

東京地判明42・12・10 ················ 89

大判明43・1・25················ 221

大判大3・8・10················ 49

大判大4・9・29················ 181

大判大4・12・28················ 182

大判大5・7・22················ 197

大判大5・11・28················ 189

大判大6・11・8················ 192

大判大7・10・9················ 226

大判大8・2・24················ 236

大判大8・4・5················ 88

大判大8・4・8················ 197

大判大8・10・13················ 190

大判大9・7・15················ 198

大判大9・7・16········ 204, 206, 2012

大判大10・1・24············84, 197

大判大10・2・1················ 237

大判大10・11・3················ 224

大判大11・10・25················ 193

大判大13・10・7················ 206

大判昭2・10・10················ 208

大判昭2・12・17················ 181

大判昭3・6・11················ 199

大判昭4・12・11················ 237

大判昭5・10・31················ 197

大判昭6・5・7················ 181

大判昭6・11・27················ 66

大判昭7・11・9················ 198

大判昭9・5・28················ 192

大判昭10・6・10················ 179

大判昭10・10・5················ 81

大判昭12・11・19················ 198

大判昭13・2・4················ 225

大判昭13・4・12················ 193

大判昭13・6・7················ 49

大判昭14・7・19················ 213

大判昭15・10・24················ 198

最二小判昭25・12・1················ 95

最二小判昭28・4・24················ 182

最二小判昭28・7・3················ 181

東京高判昭29・3・25················ 49

最一小判昭30・2・18················ 199

最一小判昭30・6・2················ 181

最三小判昭30・12・26········53, 164

最一小 判昭31・12・27················ 179

最二小判昭32・2・15················ 179

佐賀地判昭32・7・29················ 87

山口地判昭32・12・12················ 72

最二小判昭33・2・14················ 162

最一小判昭33・8・28················ 214

最一小判昭34・1・8················ 194

最一小判昭35・7・27········ 214, 218

最二小判昭35・9・2········ 201, 227

最二小判昭36・3・24············51, 52

最一小判昭36・7・20················ 217

最一小判昭37・3・15················ 54

東京地判昭37・5・26················ 49

東京地判昭37・10・3················ 54

409

最三小判昭37・10・30 ………………… 57

最二小判昭38・1・18 ………………… 222

最二小判昭38・1・25 ………………… 198

横浜地判昭38・3・25 ………………… 47

東京地判昭38・9・9 ………………… 53

大阪地決昭38・11・18 ………………… 52

最二小判昭38・12・13 ………………… 207

東京地判昭39・3・17 ………………… 60

熊本簡判昭39・3・31 ………………… 53, 54

最三小判昭39・5・26 ………………… 181

最三小判昭39・11・17 ………………… 95

最一小判昭40・3・4 ………………… 197

最三小判昭40・12・7 ………………… 62

東京地判昭40・12・17 ………………… 57

最二小判昭41・4・15 ………………… 189

東京地判昭41・9・28 ………………… 78, 91

最二小判昭41・9・30 ………………… 202

最二小判昭41・10・7 ………………… 178

最三小判昭41・11・22 ………………… 214

長岡簡判昭42・5・17 ………………… 79

最二小判昭42・6・9 ………………… 237

最二小判昭42・7・21 ……… 202, 204, 212

米子簡判昭42・12・25 ………………… 49

最一小判昭43・3・28 ……… 50, 54, 57

最二小判昭43・6・28 ………………… 70

大阪高判昭43・7・31 ………………… 76

最二小判昭43・9・6 ………………… 202

最大判昭43・11・13 ………………… 223

最一小判昭43・12・19 ………………… 190

最三小判昭43・12・24 ………………… 190

最一小判昭44・5・22 ……… 186, 238

最三小判昭44・7・15 ………………… 221

最三小判昭45・5・19 ………………… 202

最一小判昭45・6・18 ………………… 186

最三小判昭46・3・30 ………………… 178

最二小判昭46・11・5 ………………… 218

最一小判昭46・11・11 ………………… 190

最三小判昭46・11・30 ………………… 183

最二小判昭47・4・14 ………………… 49, 51

最三小判昭47・6・27 ……… 66, 169

最二小判昭47・9・8 ………………… 188

最三小判昭47・12・12 ………………… 225

最三小判昭48・3・6 ………………… 150

東京高判昭48・3・6 ………………… 49

名古屋地判昭48・12・20 ………………… 79

大阪高判昭49・3・28 ………………… 162

最三小判昭49・4・9 ………………… 55

東京高判昭49・5・9 ………………… 162

東京地判昭49・8・20 ………………… 79

大阪簡判昭49・9・20 ………………… 80

最二小判昭49・11・22 ………………… 192

東京高判昭49・11・26 ………………… 157

高松高判昭49・11・28 ………………… 46

最一小判昭50・9・25 ………………… 210

神戸簡判昭50・9・25 ………………… 82

札幌地判昭50・12・23 ………………… 52

最一小判昭51・12・2 ………………… 184

最二小判昭51・12・24 ………………… 237

最一小判昭52・3・3 ………………… 184

最二小判昭52・5・27 ………………… 376

山口地徳山支判昭52・12・13 ……… 55

最二小判昭53・3・6 ………………… 193

横浜地判昭53・5・11 ………………… 90

大阪高判昭53・9・26 ………………… 77

最一小判昭53・12・21 ………………… 94

東京高判昭54・5・30 ………………… 51

最三小判昭54・7・31 ……………………185
宇都宮地栃木支判昭55・4・10 ……… 55
最三小判昭55・7・15 ……………………66
奈良地判昭55・8・29 ……………………54
仙台高判昭55・10・14 …………………163
最一小判昭56・3・19 …………………198
最一小判昭56・7・16 ……………………77
大阪高判昭56・7・22 ……………………82
東京高判昭56・8・27 ……………………56
奈良地判昭57・3・26 ……………………76
東京地判昭57・4・28 ……………………82
和歌山地決昭57・10・4 …………………82
最一小判昭58・3・24 …………………185
最二小判昭59・5・25 …………………203
最判昭59・7・17……………………………156
最二小判昭59・10・26 …………………175
大阪地判昭60・4・22 ……………………82
東京地判昭60・4・30 ……………………49
東京地判昭60・6・24 ……………………54
大阪高判昭60・9・26 …………………163
大阪地判昭60・11・11 ……………………80
大分地判昭61・1・20 ……………………80
東京地判昭61・8・27 ……………………80
最三小判昭61・12・16 ……………………97
横浜地判昭62・8・10 ……………………83
東京高判昭62・8・31 ……………………83
東京高判昭63・6・29 ……………………52
最三小判昭63・12・6 …………………203
最三小判平元・3・28 …………………223
大阪高判平元・9・14 ……………………64
最三小判平元・9・19 ……………………67
最二小判平元・10・13 …………………223
大阪地決平2・8・29 ……………………77

最三小判平2・11・20 ……………………58
東京地判平3・1・22 ……………………69
東京地判平3・1・29 ……………………82
福岡高判平3・1・30 ……………………83
最二小判平3・4・19 …………… 159, 165
名古屋地判平3・5・30 ……………………81
横浜地判平3・9・12 ……………………64
東京地判平4・1・28 ……………………67
東京地判平4・4・28 …………………83, 90
仙台高判平4・7・24 …………………178
東京地判平4・12・9 ……………………76
最三小判平5・2・18 ……………………77
仙台地判平5・5・25 ……………………91
東京高判平5・5・31 ……………………69
最二小判平5・9・24 …………………83, 90
最二小判平5・11・26 ………… 160, 166
最三小判平5・12・17 ……………………58
最一小判平6・3・24 …………………173
最三小判平6・9・13 …………………187
熊本地判平6・12・15 ……………………69
最二小判平6・12・16 …………………162
最二小判平7・12・15 …………………187
東京地判平8・9・25 ……………………81
最三小判平8・11・12 …………………184
最二小判平9・3・14 …………………236
東京地判平9・7・10 ……………………78
東京高判平9・9・30 ……………………90
最一小判平9・12・18 ……… 159, 160, 165
大阪高判平10・1・30 ……………………67
最二小判平10・2・13 ………… 164, 215
最三小判平11・10・26 …………………176
最三小判平13・7・10 …………………229
最二小判平13・10・26 …………………187

411

判例索引／先例索引

最三小判平14・1・22 …………174
最一小判平14・3・28 …………174
最三小判平14・7・9 …………376
最二小判平15・10・31 …………219

最二小決平17・6・24 …………110
最三小判平18・1・17 …………216
最一小判平18・3・30 …………171
最二小判平24・3・16 …………217

先 例 索 引

明44・6・22民414号民事局長回答……208
昭27・1・18建設省建河18号河川局
　長通達 ……………………… 95
昭27・3・4民甲228号民事局長通
　達 ……………………………… 97
昭31・11・10民甲2612号民事局長事
　務代理回答 …………………… 97
昭33・4・11民三203号民事第三課
　長事務代理回答 ……………… 97
昭34・6・26民甲1287号民事局長通
　達 ……………………………… 97
昭36・2・17民三発173号民事第三
　課長心得通知 ………………… 97
昭36・11・9民甲2801号民事局長回
　答 ……………………………… 98
昭38・5・6民甲1285号民事局長回
　答 ……………………………211
昭41・4・21蔵国有1305号国有財産
　局長通達 ……………………237

昭41・11・22民三発1190号民事第三
　課長依命通知 ………………209
昭46・4・28民1453号民事局長通達…238
昭51・11・5民二5641号民事局長通
　達 ……………………………… 13
昭52・8・22民三4239号民事第三課
　長依命通知 …………………210
昭55・1・10民三482号民事局第三
　課長依命通知 ………………238
昭57・4・28民三2986号民事第三課
　長回答 ………………………214
平2・7・12民二2939号民事局長回
　答 ……………………………… 15
平5・6・24建設省告示1437号 ………102
平12・12・26建設省告示2465号 ………102
平14・6・3民一1328号民事第一課
　長通知 ………………………… 15
平20・4・7民一1000号民事局長通
　達（千号通達） ……………… 13

著者略歴

末光　祐一（すえみつ　ゆういち）

司法書士，土地家屋調査士，行政書士（以上，愛媛県会）

昭和63年　司法書士試験合格・土地家屋調査士試験合格・行政書士試験合格
昭和64年　愛媛大学工学部金属工学科中退
平成元年　司法書士登録・土地家屋調査士登録・行政書士登録
平成３年　愛媛県司法書士会理事
平成７年　愛媛県司法書士会常任理事研修部長
平成８年　日本司法書士会連合会司法書士中央研修所所員
平成11年　愛媛県司法書士会副会長総務部長
平成12年　社団法人（現：公益社団法人）成年後見センター・リーガルサポートえひめ支部長
平成13年　日本司法書士会連合会司法書士中央研修所副所長
平成15年　日本司法書士会連合会理事
平成21年　日本司法書士会連合会執務調査室執務部会長
平成23年　国土交通省委託事業「都市と農村の連携による持続可能な国土管理の推進に関する調査検討委員会」委員（三菱UFJリサーチ＆コンサルティング株式会社）
平成24年　国土交通省委託事業「持続可能な国土管理主体確保のための検討会」委員（三菱UFJリサーチ＆コンサルティング株式会社）
平成24年　愛媛大学法文学部総合政策学科司法コース不動産登記非常勤講師
平成25年　司法書士総合研究所業務開発研究部会主任研究員
平成27年　日本司法書士会連合会空き家・所有者不明土地問題等対策部委員
平成24年　松山地方法務局筆界調査委員

Q&A 隣地・隣家に関する法律と実務
―相隣・建築・私道・時効・筆界・空き家―

定価：本体4,100円（税別）

平成28年7月6日　初版発行

著　者　末　光　祐　一

発行者　尾　中　哲　夫

発行所　日本加除出版株式会社

本　社　郵便番号 171-8516
東京都豊島区南長崎3丁目16番6号
T E L　(03)3953 - 5757（代表）
　　　　(03)3952 - 5759（編集）
F A X　(03)3953 - 5772
U R L　http://www.kajo.co.jp/

営業部　郵便番号 171-8516
東京都豊島区南長崎3丁目16番6号
T E L　(03)3953 - 5642
F A X　(03)3953 - 2061

組版・印刷　㈱郁文　／　製本　㈱渋谷文泉閣

落丁本・乱丁本は本社でお取替えいたします。
ⓒ Y. Suemitsu 2016
Printed in Japan
ISBN978-4-8178-4322-7 C2032 ¥4100E

JCOPY 〈出版者著作権管理機構　委託出版物〉
　本書を無断で複写複製（電子化を含む）することは，著作権法上の例外を除き，禁じられています。複写される場合は，そのつど事前に出版者著作権管理機構（JCOPY）の許諾を得てください。
　また本書を代行業者等の第三者に依頼してスキャンやデジタル化することは，たとえ個人や家庭内での利用であっても一切認められておりません。

〈JCOPY〉　H P：http://www.jcopy.or.jp/，e-mail：info@jcopy.or.jp
　　　　　　電話：03-3513-6969，FAX：03-3513-6979

Q&A 農地・森林に関する法律と実務
登記・届出・許可・転用

末光祐一 著

2013年5月刊 A5判 616頁 本体5,600円+税 978-4-8178-4085-1
商品番号：40509　略号：農地森林

- 416問のQ&Aで、農地・森林に関する法律実務に必要な知識を網羅。
- 先例・判例や申請書・契約書のひな形を多数収録。
- 農地法・森林法の改正経緯、関連する旧民法の知識、その他「農地転用」、「開発行為」、「建築確認」、「接道義務」などついても解説。

Q&A 道路・通路に関する法律と実務
登記・接道・通行権・都市計画

末光祐一 著

2015年6月刊 A5判 584頁 本体5,300円+税 978-4-8178-4233-6
商品番号：40588　略号：道通

- 宅地、不動産取引に不可欠な道路、通路などの法的知識や実務のポイントを全205問のQ&Aで解説した一冊。判先例も多数収録。
- 登記実務にとどまらず、公道、私道の両面から様々な実務の疑問に有益な情報を紹介。

日本加除出版

〒171-8516　東京都豊島区南長崎3丁目16番6号
TEL（03）3953-5642　FAX（03）3953-2061（営業部）
http://www.kajo.co.jp/